U0498843

作者简介

欧姆瑞·本–沙哈尔（Omri Ben-Shahar），芝加哥大学法学院里奥·赫泽尔讲席教授，科斯–桑德尔法经济学研究院院长，《消费者合同法重述》重述人。

艾利尔·普锐理（Ariel Porat），特拉维夫大学法学院阿兰·波埃尔讲席教授，特拉维夫大学校长，以色列科学院院士，艾迈特艺术科学与文化奖获得者。

译者简介

王俣璇，北京交通大学法学院副教授、硕士生导师，涉外经济法律研究中心主任。山东大学与加州大学伯克利分校联合培养民商法学博士，北京交通大学应用经济学博士后，加州大学伯克利分校法律硕士（LL.M.）。在Hong Kong Law Journal、《法律科学》、《法学论坛》等核心期刊发表论文多篇，主持国家社科基金、北京市社科基金、中国博士后科学基金等项目。出版专著《格式陷阱：消费时代的格式条款规制理论及其改进》。

PERSONALIZED
LAW

Different Rules For Different People

私人定制的
法律

为不同人制定不同规则

〔美〕欧姆瑞·本-沙哈尔
〔以〕艾利尔·普锐理　著

王俣璇　译　　耿利航　审校

商务印书馆
The Commercial Press

Omri Ben-Shahar, Ariel Porat

PERSONALIZED LAW

Different Rules for Different People

法律的"美丽新世界"是否可能？

——中译本序

一

《私人定制的法律：为不同人制定不同规则》由欧姆瑞·本-沙哈尔与艾利尔·普锐理两位法学界领军学者基于其多年来跨学科、跨领域研究沉淀撰写而成。

欧姆瑞·本-沙哈尔任教于被誉为"法经济学出生地"的芝加哥大学法学院，并担任该校著名研究机构"科斯-桑德尔法经济学研究院"的执行院长，主要从事合同法、消费者保护法、法经济学、隐私法等研究。近年来，本-沙哈尔教授针对格式条款规制、信息披露制度、行为法经济学理论的大量著述为其赢得了广泛的国际声誉与影响力。2015年，其与卡尔·E.施奈德（Carl E. Schneider）教授合著的《过犹不及：强制披露的失败》一书的中文版问世，亦在国内学界引发了众多关注。本-沙哈尔教授可能不为国人所熟知的身份是美国《消费者合同法重述》（又被称为"第三次合同法重述"）的联合报告人。在《消费者合同法重述》中，本-沙哈尔与奥伦·巴-吉尔（Oren Bar-

Gill）两位重述人强调了消费者合同规范相对于传统合同规范的"个性"和区分规制思路，这实则与本书的私人化法律理论内在是一脉相承的。本书另一作者同样深孚众望，艾利尔·普锐理为特拉维夫大学校长与法学院阿兰·波埃尔讲席教授、以色列科学院院士、美国法律协会成员，曾任教于芝加哥大学、加州大学伯克利分校、斯坦福大学、哥伦比亚大学、纽约大学等著名学府，主要从事合同法、侵权法研究。

两位作者为多年的同事，又同样深耕于信息披露、合同规制等研究领域，近年来在学术层面开展诸多合作与对话。二人在私人定制法律领域的首次合作是于 2016 年发表在《纽约大学法律评论》的《私人化过失责任法》（Personalizing Negligence Law）一文。三年后，二人又于《芝加哥大学法律评论》发表论文《私人化合同法强制性规定》（Personalizing Mandatory Rules in Contract Law）。《私人定制的法律：为不同人制定不同规则》为两位作者的再度联袂之作，更进一步，在侵权法与合同法的具体情境基础上提炼并试图形成私人定制法律统一方法论，从法理层面细致入微地展现了作者对于法律发展的崭新构想。

二

何为"私人定制的法律"，书中将其称为一种因人而异的新型"精确性法律"，其以"个体化"和"信息的机器处理"为主要特征。道路限速因个人驾驶技术而异，罚单金额因个人收入而异，药品信息披露因个人病史而异——这均为私人化法律的典型样貌（参见第 4 页*）。

随着数字革命扩展到越来越多的生活领域，基于大数据分析的技术可能性，新的数据驱动的高度个性化的商业模式正在快速发展，定向广告、搜索引擎结果和电影推荐列表都是基于对消费者个人数据的收集和使用，以预测和逐渐塑造消费者的偏好和购买行为，个人数据还被广泛用于互联网个性化营销乃至个性化定价。同样，公共机构正在利用大数据的技术可能性，道路交通监管部门发布预测性交通信息、通过红绿灯等控制道口流量，警察通过大数据进行"预测性警务"打击犯罪，等等。现在信息技术正在改变社会的运行面貌。

对于科技革命和法学变革的研究，如今大都集中在规范个人数据的收集和处理，并为数据驱动的商业模式设计监管框架，"私人化法律"或者说"个性化法律"则是新近兴起的、更为激进的对于大数据如何改变法律实践本身的研究，大数据和人工智能的兴起可能从根本上改变法律规范的设计和结构，从而改变法律体系和运行本身，学者们试图展示一个法律的"美丽新世界"。私人化法律并非仅是本书两位学者的个人构想，2019 年第 86 期《芝加哥大学法律评论》专期刊登了私人化法律论坛，主要研究学者畅所欲言，对私人化法律在财产法、合同法、数据法、刑法等领域的发展现状和前景进行了阶段性的总结。

---

* 　此页码为原书页码，即本书边码。余同。

三

"私人定制"法律并非一个新概念，定制化意味着从抽象走向具体。法律通常采用抽象的规范，这些抽象规范意图涵盖大量的具体个案。用汉斯·凯尔森的话来说，"立法意味着概括"。但概括的规范总是和大千世界脱节，如何使法律和具体情况结合以落地，总是法律的一个核心诉求。正如安东尼·凯西（Anthony Casey）和安东尼·尼布利特（Anthony Niblett）教授所指出的那样，"法律应该被调整以更好地适应其适用的相关背景，这一观点是显而易见的，而且与法律概念本身一样早就存在了"。

不同法律规范在多大程度上结合了具体情况有所不同。在光谱的一端是生硬的、放之四海而皆准的"规则"，比如每个人都必须遵守的速度限制，另一个经典例子是参照年龄确定法律行为能力，而不对一个人的实际认知能力和成熟程度进行调查；在光谱的另一端，法律使用广义抽象的"标准"（如侵权法中的"合理注意义务"）允许法院或执法机关根据每个案件的事实和情况来校准结果，而主要通过法律人所熟知的"类型化"这个常用工具进行具体化。如拉伦茨所称："当抽象——一般概念及其逻辑体系不足以掌握某生活现象或意义的多样表现，大家首先会想到的补助思考形式是'类型'。通过类型化思维可以对抽象概念向具体事实进行不同层次或深度的展开，创造有意义秩序的某些类别，这也是法律发现的过程，法律解释抑或是法律漏洞的填补也均是通过类型案件的比较与类推所得。"

标准和规则各有其优缺点。标准灵活但不确定，这使得人们很难事先知道他们是否遵守了法律标准。如果法律允许驾驶员以任何"合理和适当的"速度行驶,那么到底什么速度是"合理和适当的"?通过类型化可以解决一部分问题(如为医疗或法律专业人员设立合理的专业标准),但类型化仍是相当粗糙的一刀切的法律规范,类型还经常忽视了"个人方程式",将某些异质的情况视为同类,比如不同地区或医院的医生专业水平并不相同,专业标准也不应该相同。规则可以很确定,但可能包含不足或过度,如霍姆斯所称:"法律的标准是普遍适用的标准。法律没有考虑到性格、智力和教育的无限差异,这些差异使得不同的人在特定行为的内在特征上如此不同。"当然从理论上讲,人们也可以使用大量(可能是复杂的)规则来使任何给定的一组情况与任何期望的法律结果相匹配,比如根据白昼还是黑夜、晴朗还是雨雪天气、高速还是乡间小道来区分限速。但在实践中,复杂的规则使人们更难理解法律是什么,以及如何遵守这样的法律,复杂的规则也难以有效执行。

耶林在其代表作《罗马法的精神》中对法律类型化的使用进行了分析。根据耶林的观点,类型化的使用与"实质可实现性"和"形式可实现性"之间的二分法密切相关。"形式可实现性"是指将抽象标准应用于具体案例的容易性和确定性;"实质可实现性"是指法律规范通过调整法律后果来回应案件的个别情况的能力,法律对个案的个别情况进行更精确的反应通常是有代价的,具有高度实质可实现性的规范在适用时往往是复杂和不确定的。立法者必须在实质与形式之间找到一种妥协,如其举例说,立法者必须淡化实体法概念(如法律行为能力的概念)原本的纯洁性,以便将其纳入一种便于实际应用的形式

（如 18 岁的年龄限制），从而在形式可实现性和实质可实现性之间找到平衡。在耶林的《罗马法的精神》发表 140 多年后，美国法律经济学学者路易斯·卡普罗（Louis Kaplow）与耶林有着相同的思想，而用标准和规则说法替代了"形式可实现性"和"实质可实现性"，更复杂的规则具有更高程度的实质精确性，但较低程度的形式可实现性。法律规范越复杂，规则起草、遵守和裁决就越困难，因而也就越昂贵。在卡普罗的模型中，这些复杂性成本与人类有限的信息处理能力直接相关，即法律规则的最佳复杂性，或者说法律体系的颗粒度，受到人类信息处理能力的限制。广泛使用标准或粗略类型化本质上是对信息问题的回答，是对人类管理的法律体系的不完善的让步。

如同本书作者总结的，"最优的私人化是'所产生的收益'与'所付出的成本'相权衡的结果"（第 53 页）。而立法者总在尽力动用其所处时代的有限的信息处理能力与可承受的信息成本，使"现实"尽可能接近"理想"，形式可实现性尽可能追赶实质可实现性。

四

"私人化法律"的总体思路是构建"细粒度法律规范"，利用有关个体行为者的现有数据，使法律适合他们的具体需要和能力。而大数据和算法则为监管提供了技术方案，技术进步可以使立法者制定复杂的立法目标，大数据、超人的信息处理能力和人工智能可以重新定义法律规则的最佳复杂性，并将其内容细化到以往无法实现的颗粒度水平，即从基于"粗颗粒"广泛使用类型化的非个人法律向基于"细粒度"法律规范的更个性化的法律的转变。这种法律是为个人目标量身定制的。新信息技术的出现,使得规则和标准的成本之间的权衡消失,立法者或执法者或许不再需要在实质可实现性和形式可实现性这两个相互冲突的目标之间作出艰难选择。

关于私人化法律的新兴文献提出了各种各样的例子,说明如何将私人化应用于从合同法和侵权法、消费者法到家庭和继承法等不同私法领域的定制缺省规则、披露或助推。比如平台线上交易,经销商须在签订合同之前告知消费者商品或服务的主要特征等信息,但由于没有任何关于消费者和产品预期用途的信息,经销商只能提供相当笼统的信息。而私人化强制性披露通过个性化方式,有可能为消费者提供适合其情况、偏好、人口特征和认知能力的信息,这种知情的(个人化的)信息而不是标准化的(非个人的)信息可以减少所提供的信息的数量,同时增加披露与信息的个人接受者的相关性。比如,根据消费者的购买历史,网上商店的经营者可以有根据地猜测消费者对哪些"商品或服务的特征"感兴趣。再比如,如果消费者的购买历史显示他往往会错过撤销权的最后期限,并且经常在截止日期过后将商品退回,那么私人化法律可以要求卖家在该客户在线订购商品时强调撤销期限。类似地,医疗机构可能有义务考虑患者的既往病史与健康需求,以便定制药物副作用的警告信息(参见第 40 页)。基于客户数据的个性化披露更像是一个了解客户的交易员给出的个人建议,而不是惯常消费者法的典型标志(一长串标准化信息),"人们通常更喜欢建议而不是数据"。为了不断改进结果,个性化披露应该被看作是一个动态的

（学习的）系统，信息的内容和呈现方式会随着时间而改变，以有效提升所提供信息的有用性。

另一个适宜使用私人化法律规则的法律领域是侵权法。通过抛弃"理性的人"标准，私人化侵权法将引入本-沙哈尔和普锐理所称的"理性的你"标准，这是一种个性化的勤勉程度，要求个体行为人满足基于有关该行为人具体特征的信息而定制的注意标准。在这种方法下，如果一个驾驶员的健康状况最近不佳，即使他以适用于特定情况的道路交通规则所允许的速度驾驶，他也会被视为疏忽。在作者看来，私人化法律看重的不是一般人的能力，而是具体人的能力，具体人的行为是分析的对象（参见第61—62页）。

五

大数据和人工智能（尤其是机器学习）的进步，使得一些直到最近才被认为可想象的事情成为可能，这就是本-沙哈尔和普锐理雄心勃勃且具有开创性的著作《私人定制的法律：为不同人制定不同规则》的背景，即根据不同人的个人需求和偏好量身定制法律规则，私人化法律的基本思想是，监管者可以使用复杂的分析技术、大量的数据和功能强大的计算机，在相似（但不相同）的情况下做出严格的区分，并赋予它们不同的法律后果。根据作者的展望，速度限制、侵权法中的注意标准、消费者保护、危险活动的年龄限制，甚至投票权都可以个人化。这即是本-沙哈尔和普锐理向我们展示的"美丽新世界"。然而，法律的私人定制是否可能？又或者，我们需要这样一个"新世界"吗？

　　法律的私人定制是否可能？量体裁衣的监管并不会零成本实现。为了使法律定制化，立法者必须能够获取和处理有关个人和群体的详细信息。政府日常收集的数据可能并不总是足以制定私人化法律，政府可能会投入更多资源来收集数据，或者选择获得由私营公司收集的数据。资源不是刚性限制，可以预料立法者和执法者可能很快就会拥有将指令与高度特定的个人特征联系起来的技术能力，但这并不意味着立法者或执法者可以获得他们想要的所有信息。私人定制法律对大量数据的需求会引发隐私问题。使用大数据使产品个性化的私营公司需要加以监管，而对于基于授权查阅个人资料的政府来说，这也是一个公法上的问题。公民同意的必要性和政府收集数据是否也应该有所限制？政府是否应该因使用公民数据而对公民进行补偿？谁应该代表政府收集数据？私人化法律对数据需求的最大限制可能不是监管机构了解个人的能力，而是收集和使用大量数据的规范性和适当性。如果数据主体也有博弈的空间，大多数人也许会同意与私人公司分享他们与商品和服务有关的信息，但当其信息将被用于产生不利的法律后果时（监管机关可能使用这些信息来惩罚或限制他们），人们可能不愿意分享他们的信息，或者可能故意把数据弄混，作为抵御监管的一种手段。

　　如何构建算法模型？算法决策并不意味着人类被排除在决策过程之外。即使设定了目标，人类也将参与建立、训练、编码和评估算法优点的所有阶段。算法首先需要确定特定事件的权重，这需要立法明确各个因素的确切政策评价，需要识别和增加相关的背景因素，去除不相关的因素，以提高准确性以及减少执法偏见。但法律的目标并不总是同向的，法律很少在一个维度上起作用，总是利益平衡的结果，而对于这个平衡，立法者很少明示或概而言之。比如，在新就业形态下，劳动法的目标应该是什么？立法者应该在减少失业、社会公平问题上给予多少重视？确定雇员和独立承包商（或承揽人）之间区别背后的具体情节是哪些？不同情节应该给多少权重？如果立法者不愿意直接回答这些问题，法律的私人化就会停滞不前。

如何监督私人化法律的实施效果？尽管立法和执法过程复杂，而且术语繁多，但立法和执法都是用外在语言来完成的，当事情出错时，"如何出错"以及"为什么出错"相对容易被观察并理解，而法律也必须为公众所理解和解释，这不仅因为法律过程容易被发现错误和被滥用，还因为法律的适用应该是一种民主机制，其不只是发布规则和裁决，还应当提供理由。然而，在本-沙哈尔和普锐理的世界里，文字角色是次要的，更需要具有专业知识的工作者来实施私人化法律：创建算法的计算机科学家，提供输入的数据管理人员，以及检查结果的统计学家。虽然或许没有理由认为计算机科学家、数据管理人员和统计学家在忠实执行立法判断时不如立法者、律师和法官可信，但是他们的错误和滥用却不那么明显。使用机器学习来合成数百万条数据的算法中的缺陷或技巧，可能只有那些具有识别或理解它的技术专业知识的人才能理解。这本质上是把部分立法（或解释）工作交给了技术人员。

而且，人工智能是在一个黑盒子里运作的。机器学习算法被编程为尝试许多不同的方法来分析数据，评估输出，然后使用这些评估结果来进一步开发流程。在数千次、数万次或数百万次迭代之后，内在计算过程可能非常复杂，以至于输出的结论无法解包或理解，那些编程让机器学习的人最终也可能并不知道盒子里发生了什么，也许只能通过对输出进行抽样来评估程序的成功与否。当私人定制法律的目标是对不同的人精确区别对待，惩罚一些人而不惩罚另一些人时，机器却又使法律判断内部运作难以捉摸，游戏规则反而晦暗难懂。那么，在什么情况下，人类应该无视算法的建议，或在算法做出决定后进行调整？

私人化法律更绕不开其本身是否符合"法律面前人人平等"的责问。私人化法律项目是一项雄心勃勃的法律改革计划，法律平等将被"不同的人适用不同的法律"所取代，正如作者所承认的那样，法律的统一性是如此普遍被接受，而私人化的法律公然蔑视此类规定。为什么这样做？本-沙哈尔和普锐理的回答很简单。私人化法律可以更好地实现任何规则体系的目标（参见第10页），即通过更精确地识别和解决社会不同成员的个人需求、利益和偏好，大规模增加社会福利。然而这个典型福利主义者（功利主义者）的观点是否符合法律的基本目标在法理学上有着根本分歧。也许没有人会质疑，个性化合同缺省规则、信息个性化披露或对某些消费者的针对性加强保护是一个好主意，个性化的缺省规则比非个性化的缺省规则更能实现这一法律预设目标；但另一方面，将诸如投票权之类的宪法权利进行私人定制是否适当呢？法律解决的不仅是治理需求，其正当性更建立在社会公平、自由的伦理要求之上。

私人定制法律将是政府管理的基于技术驱动的数据收集和利用的全面个性化项目，其必然远景（虽然作者没有明说）是建立一个极其强大的监控国家，尽管（也许）会使社会福利最大化，但这可能对个人自由带来根本威胁。本-沙哈尔和普锐理展现在我们眼前的"美丽新世界"可能将不再是人类的世界，而是机器的世界。私人化的法律既然是通过"更认真地对待每个人"来建立一个似乎更公平和人道的世界，那么人类在这样一个世界中的角色又是什么？人们会在一个由机器创造的令人愉快的虚拟现实中生活吗？"为什么要实行法律私人化"，对此没法闪烁其词、"蒙混过关"，将是倡导私人化法律的学者面对的一个艰巨的论证任务。

六

私人定制的法律能够"根据相关情境来区分法律指令，从而避免因粗略的统一性待遇所造成的不精确性与不公平性"（第11页），以"修正统一性法律的不平等影响"（第138页），并提供最终的透明度，这从根本上挑战了固有法律规范的设计和结构。在这个意义上，本-沙哈尔和普锐理称自己的作品为（法律）"科幻小说"。然而，就在不远的过去，大数据尤其是人工智能领域的机器学习革命也还是"科幻小说"。技术发展的"摩尔定律"魔力不仅难以置信，而且难以控制，似乎世间一切都将发生根本性的变化。私人化法律也许不再是科幻预言，可能会成为法律"未来的浪潮"。

应该注意到，即使在大数据的美丽新世界里，法律量身定制的监管也不会零成本实现。个人信息实时采集、隐私保护以及监督算法歧视等仍是需要进一步研究（构建）的问题，更重要的是，私人化法律还受符合社会公平、民主和宪治等的重重约束，其如何自我限制或何处可取更是一个需要严肃考虑的问题。

耿利航[*]

---

[*] 中国政法大学民商经济法学院教授、博士生导师，钱端升学者。

法律可以因人而异吗？

——译者序

一

法律可以因人而异吗？

如果司机可以根据个人特征来匹配"左行车道"或"右行车道"规则，秩序还是否可期？如果商业网站根据浏览者的贫富而推行不同的隐私政策，公平还是否可期？如果同样的案情仅因当事人的变换而走向截然相反的裁判结果，正义又是否可期？谈及法律的私人定制，人们或许会即刻联想到"同案不同判""同命不同价"等近年来饱受非议的法律执行现象，并瞬间激荡起"不患寡而患不均"式的怀疑与抵触——如果法律面前人人不再平等，秩序、公平与正义将会去向何方？

私人定制的法律何以"应当"，又如何"可能"？

对于私法学界而言，"私人化"的概念其实从不陌生。民法中的行为能力、法律行为法以及显失公平等制度均呈现出粗略的私人化思维。其以特定当事人的年龄、智力与精神健康状况来确定行为能力（《民法典》第 17—22 条）；以当事人的"善意"或"恶意"状态来确定未经登记的动产抵押权的对抗效果（《民法典》第 403 条）；以当事人是否窘迫、经验不足或判断力缺乏来认定特定法律行为的效力（《民法典》第 151 条）。民法会为当事人的"很傻很天真"而倾斜（《民法典》第 147—149条），也会为地域特色的公序良俗而让步（《民法典》第 8 条）。这类规则，同样会赋予部分人优于他人的"定制待遇"，同样会勾勒出参差不齐的法律适用边界，其是否会像上述假设一样引发有关秩序、公平与正义的困惑？

纵观制度变革的历史进程，这类象征着"个人化"与"一案一议"的规范只增不减。就像科学家等待"终结者"、人工智能专家等待电影《她》中的虚拟女友一样，私法学者似乎早已预见到了"私人化法律"时代的必然降临，他们心照不宣，暗自期许，甚至摩拳擦掌。为了解释学者眼中私人化法律的诱人之处，我们不妨以"消费者格式条款"这一具体法律问题作为窥豹之管。本书的两位作者与笔者也正是沿着消费者格式条款的研究轨迹走向了"法律私人定制"理论。[1]

消费者格式条款的规制问题长期以来困扰着各国法律体系。格式条款的应用场景由传统的实体交易行至当前的电子化、网络化环境，经营者提供的格式合同愈发冗长难懂（本-沙哈尔在其以往著作中曾指出，银行提供的费用条款的篇幅通常是《罗密欧与朱丽叶》的两倍，其内容也和这部爱情悲剧一样令人心碎），而消费者签署合同的过程却愈发草率（想必大多数消费者

---

[1] 参见 Omri Ben-Shahar & Ariel Porat, Personalizing Mandatory Rules in Contract Law, 88 *U. Chi. L. Rev.* 255 (2019)。

在点击"同意"时甚至眼皮也不眨一下）。经营者因而往往借助格式条款偷偷植入众多侵蚀消费者利益的交易安排。随着传统的"信息披露"监管路径宣告失败，另一类监管思路异军突起，即对条款内容加以直接控制。典型的适用例如德国和我国台湾地区，尤以后者更为突出和极致。根据台湾地区"消费者保护法"的规定，主管机关得针对具体行业公告格式条款的"应记载事项"与"不得记载事项"，前者即强制成为格式合同内容的条款，而后者则是自始无法计入合同内容的条款。这一规制举措实质上是由监管机关统一地制定了适用于全体消费者的交易标准。其无疑产生了釜底抽薪、立竿见影的效果。然而，随着"记载事项"公告数量的逐渐增多，该制度的负面影响也清晰可见：原本偏好低价的消费者被"裹挟"着为更高待遇支付更高对价；原本用不上退货、保修等附加服务的消费者被迫为他人提供"交叉补贴"；想要通过创新服务与优质条款俘获消费者的商家被束缚住了手脚；律师更是叫苦不迭——再无企业雇佣他们来对合同条款加以"精巧设计"。[2]

当统一性强制规范陷入绝境，另一派以"私人定制"为核心的监管理论或许可以提供突围之策。该理论倡导一种供私人选择的"菜单式条款"。[3]首先，由立法统一负担条款制定的成本，并从先例中挑选出利用率较高的适宜选项。随后，则由每

2　而我国大陆地区当前的格式条款司法审查也出现了类似的强势倾向。在笔者的一项研究中，61.5% 的争议消费者格式条款经法院裁判认定无效，该无效比率在保险合同中甚至高达 78.7%。参见 Yuxuan Wang, Judicial Regulation of Standard Form Contracts in China, 52 *Hong Kong L. J.* 641 (2022)。

3　Ian Ayres, Menus Matter, 73 *U. Chi. L. Rev.* 3 (2006).

个当事人享有非排他的"选择加入权"（opt-in rights）或者"选择排除权"（opt-out rights）。究其效果，菜单条款首先能够反映并迎合精明消费者的需求，促使其能动性的尽量延展，实现资源分配的优化；[4] 而对于非精明消费者来说，菜单条款所包含的"多个同时要约"则是对消费者搜寻信息、作出主动决策的"鞭策"，使提供方的提示与说明义务达到积极效果。"点菜"而非"套餐"，人人喜得所愿。

上述实例或许可以微微松动人们对于"统一性"和"私人化"的刻板印象。统一性具备简单、强势、迅捷等诸多优点，但其劣势也一目了然："统一"意味着不精确，意味着总有一部分人，哪怕是极为少数的人，被"牵强附会"（也即学理上所称的"假阴性错误"与"假阳性错误"）。犹记得儿时，各处公园和车站都以身高作为购买"儿童票"的标准，总有"长得着急"的大个儿心怀委屈，而身高不突出的"大孩子"们却暗自窃喜。当前施行的诸多统一性规定，或许并不比那道标准刻度线高明多少。统一性或许不过是笨拙而低效的"秩序"和"公平"，而私人化却可能孕育着更为真实的正义。

二

美国法学家艾森伯格针对合同法提出了"标准化—个人化"的观测系谱。若某一规范的适用依赖于与当事人意志或交易情

4　Alan Schwartz & Robert E. Scott, The Common Law of Contract and the Default Rule Project, 102 *Va L. Rev.* 1523 (2016).

境无关的抽象变量，则该规范靠近于系谱的"标准化"一端；反之，若某一规范的适用依赖于具体当事人意志或交易情境等具象变量，则其更趋近于"个人化"一端。[5]合同法在历史上经历了"古典契约法""新古典契约法"与"现代契约法"三个阶段，[6]其理论迭代即反映出了自"标准化"向"私人化"渐次推移的趋向。

在18、19世纪的古典契约法阶段，法律的经济学基础在于自由主义的"理性经济人"假设，其假定参与社会经济活动与法律关系的所有人均是具备完全理性、能够收集并处理所有信息的"抽象的人"。秉持这一理念，古典法的巨匠们确立了合同法的中立、平等的保护立场，这一规范体系以形式化、客观化、标准化为特征，其目标是为商事交易各方提供可识别与预测、信息成本较低的确定性的法律制度。

自19世纪末20世纪初以来，随着经济发展以及垄断市场结构的形成，古典主义时代抽象平等的理性人假设越来越难以反映和回应社会经济现实，"千人一面"的直白思维逻辑在经济学与法学领域被相继推翻——并非所有人都是经济学眼中的"精明人"，并非所有人都是法学眼中的"理性人"。在新古典契约法阶段，个体之间的经济地位与决策能力的差异性、个别性、主观性被加以正视，基于纯粹逻辑演绎形成的古典契约法逐步吸纳现实主义与实用主义逻辑，诸多严格的客观性原则有所松

5　Melvin Eisenberg, The Responsive Model of Contract Law, 36 *Stan. L. Rev.* 1107, 1107–8 (1984).

6　参见刘承韪：《契约法理论的历史嬗迭与现代发展——以英美契约法为核心的考察》，《中外法学》2011年第4期。

动。典型的体现有，允诺禁反言原则、主观解释原则的渗入，以及显失公平原则、诚实信用原则等冲破对契约自由的极度推崇立场的理论的出现。此外，极富英美法特色的约因理论也由教条式的客观要件逐渐膨胀为能够涵摄情事变更等公平性价值追求的包容性理论。这一阶段，"人"不再是一个抽象的集合，原有的统一性规则开始允许主观化与例外，这是合同法这一原本即为人本主义"冠上明珠"的法律制度朝向人本主义的又一次进发。

而随着社会化大生产的到来与社会分工的进一步细化，契约自由因科层、命令、特权的出现而岌岌可危。在这一阶段，经济学领域迎来行为经济学的突出发展，其进一步解构了古典主义的理性人假设，为现代契约法"从契约到身份"的复归提供了经济学依据。为回应经营者与消费者、雇主与雇员的差异化结构，针对消费关系与劳动关系的特别规范相继形成，行为人基于身份类型确定规则适用。在"标准化—个人化"的系谱上，合同法已行至"类型化"阶段。

沿此脉络，合同法理论的发展实现了由规范向实证、由抽象向具体的转型，宣告着实用主义法学的新声。"私人定制法律"的故事，即当从此续写开来。在互联网、大数据与人工智能技术的催化下，经营者已经先一步完成了"私人化"经营的升级——银行早已通过信息收集与分析实现了"优质客户"和"一般客户"的分类；保险公司根据每位被保险人上一年度的出险频率量身定制续期费用；广告商利用大数据技术实现了广告的精准投放，甚至足以"操控"接收者的行为。如果人们所订立的合同与所遭遇的侵权均为"私人定制"，则一个统一性的规则门槛,无论高低,均会造成量级可观的假阴性错误与假阳性错误。为什么不"以彼之道,还治彼身"?私人化的理想就像一粒种子,滚入了皲裂的制度土壤缝隙。法律的制定与执行,正如消费合同设计和广告投送一样,亦可乘上技术的东风,朝向更为精准、更具人性化的层次跃升,继"统一化—个别化—类型化"之后迎来"私人化"的第四阶段。

三

事实上,"私人化"的法学原理与方法论贯穿于英美法系的判例法思维中。

私人化法律制定与判例法推理逻辑的核心问题异曲同工——前者讨论"为什么 A 主体可以,而 B 主体却不可以",后者则在于论证"为什么 A 情形可以,而 B 情形却不可以"。以美国宪法课堂中经典的大学歧视案为例。在白人学生起诉密歇根大学的格拉茨案(Gratz)中,美国最高法院认为,密歇根大学"为少数族裔加分"的方式致使种族成为录取的决定性因素,有违个人主义原则,因而构成违宪。而在白人学生起诉密歇根法学院的格鲁特尔案(Grutter)中,该法院则认定法学院所采用的以族裔作为附加考虑因素的方式能够实现对申请者的个体化评估,而非以族裔为决定性因素,符合个人主义进路,不构成违宪。[7]本文写作之时,亚裔学生诉哈佛大学招生歧视案的审理正如火如荼。根据已公开事实,哈佛大学在标化成绩之外会由

---

7 参见本书第七章"私人化的法律与歧视"。

招生官为每位申请人打出"个性分"（personal rating），该"个性分"中族裔因素并无固定分值，但其结果显示亚裔学生的平均分数在所有族裔中处于最低。我们不妨粗略构想该案的基本裁判思路：如果法院认定该案事实更接近于格拉茨案，则裁判结果应为哈佛大学败诉；而如果法院认定该案事实与格鲁特尔案更相似，则哈佛大学胜诉。

实践中，判断当前案件与既有判例是否具有"相似性"并非易事。在大多情况下，当前案件的事实特征往往兼有各派判例的影子。例如，格拉茨案的事实可以简化为"a_1（原告为多数族裔）+b_1（族裔具有固定分值）+c_1（族裔对录取结果具有决定性）"的子事实组合，格鲁特尔案的子事实组合则为"a_1（原告为多数族裔）+b_2（族裔无固定分值）+c_2（族裔对录取结果无决定性）"。但是，在亚裔学生诉哈佛大学案中，事实情况则应表示为"a_2（原告为少数族裔）+b_2（族裔无固定分值）+c_1（族裔对录取结果具有决定性）"。此时，摆在法院面前的关键问题将是：首先，针对亚裔这一少数族裔的裁判能否遵循针对多数族裔的既有判例，换言之，"歧视多数族裔"与"歧视少数族裔"的核心矛盾是否一致；其次，当本案的 b 与 c 两项子事实相较于两派先例"各占其一"时，究竟哪一子事实能够决定判决的走向；而为回答如上问题，法院必须回溯至对宪法相关规范的价值目标的讨论。

本书所提出的私人化法律制定的关键步骤，即可与上述判例法论证互为镜像：识别差异——明确法律目标——判断差异对于法律目标的重要性。以前述案例为例，私人化法律的制定必须考虑，将人与人相区别的特征是什么（例如身高、族裔等）；该特征是否足够重要、是否与法律结果之间具有充分的相关性（例如身高与收费结果、族裔与违宪审查结果之间的相关性）；此外，该差异化的法律后果是否足以自证其正当性、是否与立法的价值目标具有同向性（这就涉及对公园、铁路的区别收费目的，以及美国宪法《第十四修正案》目标的考察）。

回忆起在美国法学院的读书时光，"法学基础"或宪法课后，同学们常常调侃，"要领都掌握了，就差一项'最高法院大法官'提名了"。可是，回答如上寥寥问题谈何容易！在"种族平等"的法律目标之外，还包括教育公平、教学环境多样性、矫正历史歧视等多项并驾齐驱且难分胜负的法律目标。对其加以权衡排序足以使人纠结劳心。而事实状况亦难以用"a+b+c"加以周全涵盖，更何况，每一事实除横向的比较之外还存在纵向层面的"程度"较量。

"庆幸"的是，在本书的私人化法律图景中，人类将会部分从"最高法院大法官"的艰难角色中摆脱出来，而由人工智能算法代劳。人类与 AI 何者更具智慧、良知、仁慈？冰冷的算法是否注定比懵懂的人类更缺乏温度？2016 年 AI 程序 AlphaGo 战胜围棋大师李世石的世纪之战证明，AI 能够拆解并习得人类眼中玄乎其玄的"灵感"。那么，"仁慈"是否就像"灵感"一样可被习得？当技术的东风已备，阻挡我们的究竟是什么——是顽固、自尊，抑或迷茫？

四

正义女神朱蒂提亚总是蒙着双眼。她是在拒绝看见利益的诱惑、无关的事实，抑或人群的差异？

在法律的迷宫中摸索前行得越远，这种与正义女神之间的心领神会也会愈发跃然：正义女神拒绝看见的或许就是"正义"本身。正义是那么令人捉摸不透——分配正义或矫正正义，程序正义或结果正义，罗尔斯的"无知之幕"或德沃金的"荒岛竞拍"……相互竞争的正义理念之间始终存在着紧张关系，这令正义女神闭目不见，也使立法者迟疑不决。统一性法律抑或私人化法律的对抗亦难以用简单的二元逻辑分出雌雄。我国河南省内乡县衙中保存着古老的屏门匾额，该匾额上写有"天理国法人情"六个大字，其悬挂位置正对官座，县官审案时抬头即可望见。将"确定之法"与"能动之情"并列而置，反映出我国古代法对于"一视同仁"和"因人而异"两种并行的正义理念的权衡拿捏。而这"人情"二字，似乎正是古代法对于"因情况而异"的原始直觉的描述。

"如果法律面前人人不再平等，秩序、公平与正义将会去向何方？"本文开篇的设问实则混淆了一个本书极力证成的关键理念，即"统一"不等于"平等"，相反，其在特定情况下恰恰意味着不平等。无视差异的平等将不可避免地囿于幸存者偏差，并面临沦为"多数人暴政"之虞。

我们在肯定统一性法律时，往往过分看重过程（程序），而忽视结果（实质）；而在否定私人化法律时，又过分看重结果（直觉），而忽视过程（论证）。

私人定制的法律之所以是一场"范式的变革"，是因其点破了人们充耳不闻或者佯装不见的事实：规范的统一不代表效果的统一，人们履行法律规定时的负担始终存在差异。法律从来不应当同等地要求国王与乞丐不得露宿街头，否则，这将会是一个真正的"何不食肉糜"的故事，一个让·瓦尔让式的悲剧。

从"己所不欲勿施于人"到"人所不欲勿施于人"再到"人之所欲施之于人"，私人化法律理论的加入，不仅能够延续并增强"法律提升社会福利"的效果，在防范福利减损的同时实现福利的最优增值，更能够使人本主义得以凸显，通过"将人作为个体对待"赋予个人以尊严。

不过，"将人作为个体对待"的精确性执法也同时意味着，"人"而非"人群"将要承受"精确地谨言慎行"这一不可承受之重。人们不再像捆成一捆的木材或聚集成团的沙丁鱼，可以蜷缩在群体之中而享受片刻庇护。每一根树干将独自承受为其精准适配的负重，每一条小鱼将独自迎接深海袭来的危机与幸运。但庆幸的是，法律不只有其威严的一面，还有着仁慈的一面，在"强制""惩罚""威慑"之外，"权利""保护""救济"也会像一只温暖的大手，紧紧包裹着你，不露缝隙。

私人定制的法律是一个理想，一个可期的理想。将其运用于实践还将涉及两个方面的问题：其一是私人化法律"从内向外"的臂展问题，也即其在技术层面的可行性极限。本书中已列举了经营者与消费者、侵权人与受害人、执法机关与违法行为人等场景下的私人化法律设计。然而，私人化法律所面临的协调、操纵等问题将随着参与主体数量与冲突复杂性的增加而更加严峻，典型的例如公司的内部治理场景。对其研究仍有待深入。其二则是私人化法律"由外向内"的限制问题，这将涉及正义的内涵、多重法律目标的权衡协调、数据安全等。对此，本书已给出了人类与人工智能的基本分工，其具体应用亦有待后续研究的跟进。

　　或许是时候让正义女神睁开双眼了。也许你会看到她的眼角噙着热泪，在提醒着我们——正义之上，还有仁慈。

王俣璇

献给我的母亲耶尔，以及她毕生为统一性所做的抗争。

——欧姆瑞·本–沙哈尔

献给蒂姆纳，我的挚爱。

——艾利尔·普锐理

目　　录

第二部分　行动中的私人化法律

序　言

这是一本科幻小说。又或许不是。

私人定制的法律是一个美丽新世界的愿景，是法律的未来，在那里，每个人适用不同的法律规则，受到为自己量身定制的法律的约束。尽管使私人定制法律全力运行的数据与技术尚未就位，但制度的胚芽已在幕后舒枝展叶。如果技术可行，我们是否想要它？私人定制的法律是否怀揣着一个乌托邦式的承诺，正如私人定制的医疗诊断与治疗技术一样？又或许，其会带来分裂、道德滑坡与歧视？

我们两个深耕私法与法经济学的学者，为何最终写就了这本关于私人定制法律制度的著作？

2014 年，我们各自发表著述，在观点上存在严重分歧。其中一人（本-沙哈尔）在其与人合著出版的著作中主张，强制性披露与缺省规则*均是一贯失败且无法修正的监管技术。[1]而另一

---

*　缺省规则（default rules），又称"默认规则"，指法律中规定的用于填补当事人约定空白的法律规则。缺省规则用于合同法领域，可基于当事人合意所排除。——译者

[1]　Omri Ben-Shahar & Carl E. Schneider, *More Than You Wanted to Know: The Failure of Mandated Disclosure* (2014).

人（普锐理）则与人合著了一篇法律评论文章，其认为，如果是在私人化的情况下，则强制性披露与缺省规则可以顺利实施。[2]

在过去几年中，我们反复争论，缺省规则与披露的私人定制是否能够产生如此巨大的影响——直到我们决定在其他语境下研究私人定制的法律。我们选择了两种设定，代表两种更有力的法律干预形式：侵权法的注意义务标准（standard of care），以及合同法中的消费者保护规定。我们撰写的两篇论文分别讨论了上述法律技术。[*]从那时起，我们启动了一项事业，即对私人化规则与既存的统一性规则的社会影响加以比较，这项事业在本书这里迎来了顶峰。我们追问：如果每个潜在受害人面临不同的注意义务标准，将会如何？如果每个消费者获得不同的强制性保护集束，又将会如何？

xii 我们惊叹于比较研究所产生的丰富洞见，并感知到了一个我们预测会贯穿所有法律领域的共同主题。私人定制的法律能够更精准地分配指令（commands），这意味着，法律的目标——任何法律的任何目标——都将被更充分地推进。我们同时感知到可能会阻碍这些进展的挑战与困难。在我们看来，私人定制的法律是一个富饶的平台，其能够为法律、平等、协调、社会政策等基本问题提供新的角度。其亦能够针对法律与大数据的关系提出富有挑战性的命题。

---

2 Ariel Porat & Lior J. Strahilevitz, Personalizing Default Rules and Disclosure with Big Data, 112 *Mich. L. Rev.* 1417 (2014).

* 两篇论文应指 Omri Ben-Shahar & Ariel Porat, Personalizing Negligence Law, 91 *N.Y.U. L. Rev.* 627 (2016); Omri Ben-Shahar & Ariel Porat, Personalizing Mandatory Rules in Contract Law, 86 *U. Chi. L. Rev.* 255 (2019)。——译者

序　言

对于本书，我们已酝酿多年。我们向不同听众表明想法，听取各种反对意见，享受该话题在人们当中所激发的兴趣，并继续审视私人定制的法律在其他法律领域的适用效果。但当我们着手写作时，一个意想不到的挑战降临在眼前：普锐理当选为特拉维夫大学校长。为了坚持写作本书，我们这个创作团体不得不忍受夜以继日的越洋讨论与漫长的拖延。

许多学者为我们探究私人定制的法律问题做出了贡献。其中最主要的贡献来自我的同事兼好友利奥尔·斯特拉希利维茨（Lior Strahilevitz），他与普锐理共同撰写了第一篇关于该主题的论文。我们同样致敬本书注释文献的作者们，他们论证了定制化法律制度的各个方面。我们还应当提及我们的同事安东尼·凯西（Anthony Casey）和安东尼·尼布利特（Anthony Niblett）所做的开创性工作，他们独立提出了关于数据驱动式的微指令的观点。此外，我们向各自所在的芝加哥大学与特拉维夫大学的学者，以及德国消费者事务咨询委员会（German Advisory Council for Consumer Affairs）、欧洲合同法协会（Society of European Contract Law）、斯坦福大学、伊利诺伊大学、维戈尼庄园（Villa Vigoni）法律规范研讨会和耶鲁大学法学院的学者展示了我们的研究成果。许多学者提出了批评意见。我们特别鸣谢霍斯特·艾登缪勒（Horst Eidenmüller）、丹尼尔·赫梅尔（Daniel Hemel）、唐·赫佐格（Don Herzog）与卡尔·施奈德（Carl Schneider），他们阅读全书并慷慨分享了批判性的、有时是尖锐的意见。我们同时感谢威尔·鲍德（Will Baude）、齐夫·本-沙哈尔（Ziv Ben-Shahar）、萨拉·克拉克（Sarah Clarke）、李·芬内尔（Lee Fennell）、阿齐兹·胡克（Aziz Huq）、罗宾·卡尔（Robin Kar）、艾玛·考夫曼（Emma Kaufman）、贾里德·迈耶（Jared Mayer），以及哈盖·普锐理（Haggai Porat）。最后，我们受益于凯瑟琳·班克斯（Kathryn Banks）所提供的卓越的研究助理工作，以及布伦娜·达林（Brenna Darling）、布丽吉德·拉金（Brigid Larkin）、萨哈尔·西格尔（Sahar Segal）、加勒特·索尔伯格（Garrett Solberg）和汤姆·祖尔（Tom Zur）出色的研究协助。本-沙哈尔感谢丹尼尔与格洛丽亚·克尼基金会（Daniel and Gloria Kearney Fund）以及科斯-桑德尔法经济学研究院（Coase-Sandor Institute for Law and Economics）的资金支持。

第一章　引言

我们生活在一个"以不变应万变"的法律世界里。尽管人 ¹各有异，规范却始终如一。从交通指示到驾照要求，从法律保护到法律程序，人们的权利与义务呈现着一模一样的配置，这也是法律的本来意图。每个人都必须满足同样的标准，跨越同样的门槛，才有资格获得某一法定待遇。

私人定制的法律，也即因人而异的规则，将改变这种状况。以"理性人"为基准的法律规范可以被多种多样的私人化规则所取代，每个人均拥有针对自己的"理性的你"标准：更娴熟的司机可以更自由地提速；高明的医生将被赋予更高的注意义务；弱势的雇员能得到更强的保护；年轻人与老年人的年龄限制将会因个人素质而异；借款人将享受基于其自身心智能力而特别定制的个性化贷款披露。

法律的统一性是如此的普遍和理所当然，以至于很少被谈及。如果购买酒精饮料的法定最低年龄为21岁，则所有人均适用"21岁规则"。如果立法者认为抵押贷款的借款人需要撤回权、隐形费用限制或者警告等额外保护，则其会将该保护同等地赋予所有人。而私人定制的法律则会为不同的人设定不同的

5

年龄门槛，允许一些人比另一些人更早地参与某项活动，或根据消费者的具体需求为其提供差异化保护集束。谁面临更高风险、谁更易遭受损害、谁有着何种目标——随着这些主体差异性信息变得日渐可得，法律规范亦能够适应这种多样性。

我们将这一新奇的制度框架命名为私人定制的法律（personalized law，又称为"私人化的法律"），其结合了以"法律因人而异"（to each their own law）为方向的法理转型，以及基于大数据的宏大实施计划。私人规范的定制既需要个人信息，也需要一套决定何种个人属性能够被用于私人化法律待遇制定的方法论。原始信息愈容易获得，判断何种信息片段能够用于法律指令优化的决策算法也就愈发可靠。

数字革命创造了包含丰富个人信息的数据库，这些个人信息已经被用于其他行业和领域，将原本的统一变为因人而异。法律会是下一个领域吗？正如私人化的医疗与教育，私人化的法律能够带来巨大的社会效益。但是，不同于使用数据和预测来为不同主体定制待遇的其他领域，私人化的法律将带来更为棘手的问题——关于平等与法治，投机操纵与社会协调，数据来源与数据质量，以及人工智能（AI）对人类自由裁量权的替代性。

私人定制的法律是一个适时的、几乎不可避免的命题。其在瞬息之前还不过是一个幻想，而此刻，使其席卷各法律领域的技术似乎已经临至阶前。我们应当开门迎接这个惊喜的突破（因为得益于此，人们能被作为个体而非群体来对待），还是应当闭门谢客，拒绝这位令人不寒而栗的反乌托邦"老大哥"（Big Brother）？正如本书所建议的，是否有可能设计一套法律体系，在正确的约束与保障下呈现私人化法律的优势？

我们的兴趣并不在于大数据或人工智能法。数字技术的兴起创造了过去无法想象的产品，组织了新兴市场和社群，并以深刻的方式影响着我们的日常生活。数据已经成为新经济运转的燃料。这是一场占据法律中心舞台的革命，其为我们提出了新的挑战，即在享有数字生态及其全部优势的同时避免意想不到的损害。信息为谁所有、如何被使用、数据收集运用有何限制，这是数据法的核心问题。

私人定制的法律则颠倒了上述命题。本书并不探究法律应当如何治理和保护大数据企业，而是提出了相反的问题：数据和人工智能如何治理并助力法律规则的量身定制。结论生成算法能否增强并取代人类在确定"最优"法律指令方面的决策权？能否被用于识别主体之间的相关差异，并利用这些差异将制裁、权利和义务加以私人化？

本书并非第一本提出机器人方法可以改善法律、代替人类进行行为矫正和争议解决的著作。[1] 在法律的各个领域萌芽的新型计算机方案被赋予了传统上由法官和律师执行的任务，并在以飞速提升的能力执行这些任务。尽管担忧如影随形，早期的"算法法官"等创新实验的结果有时是令人鼓舞的。例如，法院正在使用评估工具来辅助刑事量刑和假释裁定，设法消除法官的错误与偏见所带来的影响，然而，这一做法很可能引发新的

3

1　针对与之并列的其他命题，有两篇论文探讨了运用算法方法设计法律指令的问题。参见：John O. McGinnis & Steven Wasick, Law's Algorithm, 66 *Fla. L. Rev.* 991 (2014); Anthony J. Casey & Anthony Niblett, The Death of Rules and Standards, 92 *Ind. L.J.* 1401(2017)。后一篇文章特别探讨了"微型指令"（microdirectives）的运用，其由算法生成，并适用于任何可能的情境。然而，该研究并未对私人化的法律加以论证，相反，其着眼于机器生成的规则如何产生、如何交互的问题。

扭曲。相比之下，已运用于商业领域的算法法律咨询则存在较少争议。在数字界面中输入关于纠纷的基本信息，在纳秒之内，你就会收到一个比较准确的庭审结果预测，这一预测由计算机基于对既往案件的分析得出。这类工具的频繁运用使得和解变得轻而易举，诉讼变得不再必要，律师也成为明日黄花。对于刚起步的创业企业而言，主要的挑战在于数据的质量。如果预测算法是基于存在歧视与偏见的既往信息训练而成，则其不免会复制并延续上述偏误。

尽管我们中的许多人对数据驱动的争端解决工具抱有希望，但规则的制定又是另一回事了。争端解决涉及证据审查和既有规则指引的适用问题；而规则制定则是一项规范性的系统工程，其通过发布规则将人们引向可期的行为轨道。规则的制定意在推进社会目标，解决政治和意识形态上的困难权衡。这些事项如何能由机器完成？更有甚者，主体的差异性无处不在，当为不同的人量身定制不同的规则时，谁来决定哪些差异是重要的？既然规则的私人化依赖于数据技术，那么上述问题必须得到解答。本书的大部分内容即着眼于此。

私人化的法律是一场法学范式的革命，但其并非空前未有。根据个体差异定制规范指令的思路已伴随我们经历了几个世纪。《圣经》的第五条诫命"孝敬父母"要求在实施中考虑大量且细致的个人情境。该诫命要求顺从、物质支持以及亲自关怀，但具体适用则因人而异。正如中世纪的评注所言，"人之所欲，施之于人"。[2]大量评注试图明确何种因素在哪些时点发挥作用，以

2　*Sefer Hasidim* § 152(Ger.)(c. 1101–1300 c.e.).

此为私人化的适用提供指引。

在当代,这一思路亦有闪现。例如,侵权法指引法院根据每个受害人的特异性损失确定与之等值的损害赔偿数额,刑法基于私人化的累犯风险评估来定制特定行为人的刑事责任。这些私人化的闪现在统一性背景的映衬下显得尤为独特。本书所讨论的私人化法律,无论是在私人化所依赖的因素方面,还是在法律的适用情境方面,均较前者而言更为广泛。为了感受私人化的法律这个本书邀你畅游的"法律新世界"的潜在广泛性,请加入我们的短暂旅程——"大卫与阿比盖尔的一天"。

日记:大卫与阿比盖尔的一天

大卫和阿比盖尔在晨练与伸展运动中开始了他们的一天。他们穿上各自的智能训练服,这些训练服将他们的健身活动传输至其手机上。手机会实时播放推荐的健身内容,他们也可以借此在线发布健身总结。大卫的分数被设置为"自动在脸书(Facebook)上发布"。隐私法曾经要求此类分享必须获得事先同意,但现在,法律允许人们选择"预测同意"机制,该机制将预测其个人偏好。根据大卫以往的分享做法,系统预测大卫会同意。阿比盖尔则从不选择"预测同意"选项,因此,她的健身总结不会在社交媒体上分享,并受到更严格的隐私缺省规则的约束。

运动后的一杯浓咖啡下肚,大卫感到胃火中烧。医生给他开了一种治疗该症状的新药,大卫决定奔向药店买药。当他开车驶入街道时,仪表盘上显示的最大限速为每小时

15 英里。就在前一天，当他在同一时间驶入同一条道路并面临类似的交通状况时，他的限速还是每小时 25 英里。大卫狡黠一笑，不可否认，昨晚（按照 Fitbit 智能手环的记录）确实是一个躁动的不眠之夜。

在药店柜台，大卫取到了他的药。药品没有附带说明书，但大卫的智能手机瞬间闪过一条警告，该警告是法律强制规定的："您必须在服用该药后等待一小时再注射您每日的胰岛素剂量。"第二条警告又补充道："偏头痛时请勿服用该药。"的确，大卫每天都要注射胰岛素，并且不时经受偏头痛的困扰。他依稀记得阿比盖尔去年也曾买过这种药，但她收到的警告并不相同。事实上，她最近收到了"怀孕期间须停止服用该药"的警告——就在她刚刚购买完验孕棒之后，那时她还并未确知自己已经怀孕。

从药房出来，大卫开车到办公用品店为他的家庭网络系统买了一台新的打印机。现在，限速已经显示为每小时 20 英里——是不是因为他在等待开药时在星巴克买了一杯咖啡？在商店结账时，打印机的价格中加上了 25 美元的额外费用。额外费用由两项单独的费用组成。一项是 5 美元的附加服务，代表超出平均时长的撤回权行使期限。按照法律规定，这项权利被自动赋予大卫，大卫对此十分看重，因为他在购物时通常不太了解电子产品，并需要时间来验证其是否物有所值。第二项则是价值 20 美元的默示质保期延长服务，能够涵盖两年内设备出现的所有问题。当前法律提供了不同梯次的默示质保期，供应商们可对此单独定价。大卫在购买电子产品时会自动匹配最充足的质保期选项。

当大卫带着自己的新商品回到车里时，他发现他的本田讴歌的挡风玻璃上有一张停车罚单。罚金是 97 美元。大卫的一个朋友曾向他提起过，几天前在同一街区收到了一张 39 美元的停车罚单。嗯，大卫没想到他朋友的收入要比他低得多。他暗自提醒自己，下次要提前查一查停车未缴费的私人化罚金金额。他的"芝加哥停车"APP 中有一个按键能够显示这类信息。更棒的是，他能够即刻更改 APP 设置，这样每当 APP 识别出车辆停在街道上时，他就会自动收到一条罚金信息提示。

大卫回到了家，开始浏览网页，他想为即将到来的滑雪之旅预订一项租车服务。他被告知，科罗拉多州要求他购买至少 7.5 万美元的汽车责任险。他重置了预订，这次他以自己的滑雪伙伴的名义预订，他高兴地发现此时的法定最低限额只有 4 万美元。他的滑雪伙伴是一个工作上的朋友，年纪比大卫大，赚的钱比大卫多很多。紧接着，大卫在西南航空公司的网站上为全家度假预订航班。他购买了三张票，孩子的票价是不可退款的，阿比盖尔的票价允许在 72 小时内取消并全额退款，他自己的票价则允许整整 7 天的取消期限。每张票的价格不同。当前法律强制规定了退款规则，但规定的最长退款期限因乘客而异。"他们必须修正算法，"大卫若有所思地说，"我的商务旅行确实需要灵活性，但当我们全家一起旅行时，享受不同的权利还有什么意义呢？"

在电脑上，大卫打开了他的社交网络页面。他满意地发现，自己已经不再接收反映其个人兴趣的新闻了。像往年一样，大卫最近被联邦贸易委员会（Federal Trade Commission）"邀请"进行数据偏好调查，该调查要求大卫为各种选项进行从 1 到 5 的打分。其中一项问题就关于其对个性化新闻推送的偏好。其他问题则关于他的搜索数据以及历史记录在不同的分享与广告活动中的使用情况。大卫在新闻推送方面选择了第 5 级（不使用私人化数据），在几乎其他所有方面选择了第 1 级（使用除未成年人信息以外的任何数据）。

邮件到了。一封来自 Geico 保险公司*的通知告诉大卫，他的机动车保单即将续期，且为了反映他低于预期的责任，保险费用将减免 14%。他登录伊利诺伊州机动车辆管理局的网站，看到他的个人驾驶"风险评分"——反映每个司机的事故风险水平的测评——比上周低了，终于落在图表的"绿色"范围内。该风险评分是该州用于确定驾照是否符合更新条件的因素之一（"绿色"表示自动更新）。保险公司根据这一评分来预测驾驶员在未来事故中的侵权责任，并据此为机动车责任险定价。

一封来自信用卡公司的邮件通知大卫，他丢失的 Visa 卡上的欺诈性收费已被撤销。邮件还说道，他须支付 200 美元的费用——这是联邦法律针对此种情形所允许的私人化责任的上限。去年他丢失信用卡时只需要承担 100 美元。"倒霉，"他在心里说，他想到了曾经以 50 美元作为统一责

---

* 全称"政府雇员保险公司"（Government Employees Insurance Company），是一家承保以机动车保险险种为主的美国保险公司。——译者

任上限的日子，"新的私人化上限追平了我用信用卡时的粗心大意。"

在餐厅吃晚餐，大卫与阿比盖尔在各自的关联设备上浏览菜单。他们看到相同的菜品和价格，但却看到不同的营养数据（显示该数据为法律的强制性要求）。大卫的血糖水平受到碳水化合物的严重影响，因此碳水指数被醒目地标记在他屏幕上的每个菜品旁边。阿比盖尔则因为怀孕而在避免糖的摄入，因此糖含量信息是专门为她标记的。（她在怀孕前坚持低脂饮食，那时脂肪含量的信息会自动出现在她的个性化菜单上。）

晚餐期间，这对夫妇讨论了怀孕的事和他们的财务状况。他们斟酌着第二个孩子的降生将如何影响他们的财产规划以及当一人去世时的遗产分配。他们从未订立遗嘱，但阿比盖尔查阅了遗产网站 Wills.gov 并输入了夫妻二人的社会保险号（social security numbers）。弹出的网页显示，家庭成员的增加不会改变大卫的财产分配：全部财产仍会归阿比盖尔所有，孩子们不享有任何财产。对于阿比盖尔，网站则显示，新生儿的到来将改变她的财产分配，她的财产将平均分配给大卫及两个孩子，每人占三分之一。"没必要写遗嘱！"他们笑着说。

晚餐结束，侍者将他们的车开了过来。大卫坐上驾驶座。打火装置无法启动。"唉，"他抱怨道，"他们知道我今晚喝酒了。"他对着酒精测试仪吹气，根据当前的强制性规范，每辆车均必须安装酒精测试仪。他的血液酒精含量为0.08%，超过了他的私人化法定上限0.05%。阿比盖尔仅小啜了一口酒，她坐上驾驶座，用生物信息登录，将她含有0.02% 酒精的气体呼入设备（她的私人化上限为 0.03%——法律并未在其怀孕期间加以调整），终于使顽固的打火装置亮起绿灯。"我们回家吧！"她说。

大卫和阿比盖尔的日记可能会让你感到脊背发凉。而此时，我们甚至尚未论及真正重要的事情。大卫与阿比盖尔的一天中充斥着各种无关痛痒的法律问题。他们并未申请抵押贷款、起诉或被诉、犯罪或遭遇犯罪，或者购买汽车。他们没有换工作、结婚，或遭受侵权损害。他们亦未开立投资账户，或者签订房屋维修合同。法律始终位于幕后。然而，他们周遭的环境却被大量私人化的法定权利与义务的保护伞所塑造，每项权利或义务均有着不同指令。

我们希望证明，私人化的法律能够带来社会收益：更少的事故、更好的保护、更少的监禁、更高效的交易、更优化的医疗决策、更便捷的纠纷解决机制和更低的交易成本。但你是否愿意生活在这样的世界上？在这里，那么多关于你的信息将被用来构建你个人的法定空间；在这里，其他人与你相比，被允许在更低的年龄购买酒精，以更快的速度开车，或者接受更强有力的消费者保护。集体性待遇（collective treatment）会带来许多安慰。但被作为个体而非群体对待，能够带来尊严。

本书试图解决的基本问题是私人化法律的正当范围。它是否是一种仅适合于特定场景下的适度应用的机制？是否是一种追求逐步改进的并无野心的法律规则，正如强制性披露规则那8 样？还是说，它是一场彻底的变革，能够逐步席卷大部分法律领域？我们提出问题，并寻求各种因素来帮助我们解答："法律面前人人平等"这一维系社会协调的黏合剂是否能够在私人化法律的广泛应用中幸存。

本书的方法之一是沿着广度（extensive）与密度（intensive）这两个维度探索私人化法律的范围。我们已经给出了潜在的应用案例：根据司机风险水平进行校准的交通规则，私人化的警告与信息披露，根据收入确定的停车罚金与刑事罚金，反映个人实际行为能力的年龄规则，以及因人而异的缺省规则。我们计划在本书中呈现更多的应用场景。然而，我们敏锐地意识到，广度层面——何种规则和法律领域能够或者应当被私人化的问题——无法在此得到完全解决。我们希望至少识别出何种法律领域能够成为私人化的首选对象，何种法律领域将紧随其后。

我们所密切关注的第二个私人化法律的维度是其密度，也即有多少因素被用作每个法律规则的输入值（inputs）。我们所说的"因素"，是指在制定私人化指令时用以区别人们的个体特征。私人化的法律可以基于少数几个因素而被直觉性地制定出来，正如法官关注少数几个显著特征来评估刑事被告的累犯风险，再如法官针对存在过失行为的熟练医生施以更高的注意义务标准。而基于大数据与算法分析，私人化能够更为有效地加以实现，例如，机动车保险公司对投保人的事故风险的预测。关于密度的此种应用，我们不得不回答一系列问题。这些数据从何而来？如何赋予不同因素适当的权重（weights）？如果数据不完整，或存在偏见，或已经过时，应当如何应对？

当我们在全书中努力解决广度与密度范围的难题，也即在何种领域、以何种方法适用私人化法律指令时，我们所希望激发的不仅仅是读者的好奇心。我们的目标是对私人化法律给出最精当的分析与阐释，而不带吹嘘色彩。我们想指出一个明显正确的基本理念，即个人特征对于法律规则的定制与实施而言至关重要，并探索将其扩展到极致的情况下所面临的挑战。

为此目标，我们必须完成几项任务。第一，我们必须证明私人化法律所带来的收益，本书的第一部分用于完成该任务。第二，我们至少必须就私人化法律如何适用于实践提供具体指引。本书的第二部分将论证特定法律领域的私人化规则。第三，或许是最关键的，我们必须预见私人化法律的困境及其将会威胁到的社会价值。事实上，我们在全书中针对私人化法律呈现了一个放大的，有时甚至是激进的视角，运用于密度与广度的双重方面，以揭示上述问题。本书的后半部分（也即第三和第四部分）甄别了主要的反对意见，并对这些意见加以评估。在此，让我们简要提出私人化法律中最令人担忧的方面，这些问题将在后文加以论证。

私人化法律之所以令人担忧，是因为其授权政府获得大量有关公民的数据。有些人可能对于商事企业收集并利用个人信息进行牟利而感到不安，而当数据掌握在政府手中，且被用于摆脱"全体公民一致对待"的限制时，这种不安更会加剧。

私人化法律之所以令人担忧，是因为其威胁到了自由主义的基本原则：法律面前人人平等。诚然，人和人是不同的。但这种不同是否足够相关，以至于能够证明个人化法律待遇的正当性？私人化的法律需要使用年龄、收入、经历、生理及认知能力等因素来定制私人化规则，若其还对种族、宗教、生理性别或者社会性别等敏感分类加以使用，或基于其产生不同结果，则会愈发令人担忧。此种区分能否被我们的宪法体制所允许？其能否被避免？

　　私人化法律之所以令人担忧，是因为其可能破坏社会协调。如果每一位司机遵守其各自的私人化限速与道路规则，交通还能否安全运行？如果诉讼当事人的程序性权利各不相同，诉讼还能否得到公平处理？产品、价格与法律权利的标准化为市场和交易带来了巨大收益。私人化的法律将消解这类统一性的信念，这将会威胁商业流通。申言之，统一性（uniformity）孕育着一致性（conformity）：人们默许，法律指令适用于所有人。私人化的法律是否会滋生愤恨与抵抗？

　　私人化法律之所以令人担忧，是因为法律待遇所依据的个人特征中有不少能够被人所操纵。如果那些被认为有更多需求的人将获得更优的消费者保护，则人们会降低为减少此种需求所做的投资。如果那些提升自身人力资本（human capital）的人被课以更苛刻的注意义务标准，则其自我提升的动机将被抑制。由于存在种种使个人权利和义务升级或降级的机会，为了获得更优待遇而进行的无谓操作可能会成为私人化法律的主要干扰项。

　　私人化法律之所以令人担忧，是因为其将规则的制定委托给非人类的设备。尽管算法能够胜任于执行那些精心编程的指示，但法律是否应当被简化为几行代码？尽管算法能够奉命"优化"指令，但其必须被赋予一个目标清单。我们如何量化和权衡既存法律中相互竞争的社会目标？侵权法旨在促进威慑与矫正正义（corrective justice）；刑事制裁具有"惩罚"（retribution）这一附带目标；消费者保护则试图保护行为人并优

10

化市场。当法律的制定是为推进数个且有时相互冲突的目标时，私人化法律的算法执行就需要一项编程，用以将这些目标提炼为一个数学上的目标函数，这就要求立法者不仅要列出目标，还需要事先确定每个目标确切的相对重要性。立法者此前从未被要求这样做。

私人化法律之所以令人担忧，是因为鉴于上述严峻的理由，其似乎是一个非常糟糕的想法，甚至是一个难以成型的想法。毋庸置疑，通用型的（one-size-fits-all）规则亦有其自身缺陷。正因如此，既存法律指令已然经过了量体裁衣，其基于不同情境而加以定制并区别适用，甚至基于私人情况而加以细微调整。但是，当前法律的颗粒化（granularity）程度远未达到私人化法律的水平。人们很容易认为，全面推行私人化法律将是如此昂贵，如此不可实现，如此违背我们对秩序的共同理念，以至于认为更好的做法是维持统一性法律，并通过不甚激进的干预来修复其扭曲与不精确性。

我们将在本书中用大量篇幅来讨论这些担忧，但我们要从阐释私人化法律所带来的收益开始。事实上，这些收益是如此显而易见并合情合理，我们无需多费笔墨来阐述其潜力。很简单：与统一性法律相比，私人化的法律将更有效地促进法律的基本目标——任何法律，任何目标。如果侵权法旨在阻却不安全行为，则私人化的指令将减少事故及其预防成本；如果其目标在于根据具体的填平原则（make-whole principle）对受害人进行赔偿，则私人化的规则将确保损害评估更为准确。如果缺省规则的目标在于揣测行为人意志并降低其表达自身需求的成本，则私人化的缺省规则能够识别并实现人们偏好的异质性，达到优于多数性缺省的效果。* 私人化的法律能够许可那些真正有资格获得许可的人；能够将财产权或其使用权分配给更为应得的使用者；能够为从事危险活动者提供基于其个人健康状况而非平均健康状况的指导。私人化的法律甚至可能创造奇迹，使强制性披露这一最不成功的监管技术发挥作用，也即，在最适合人们日程安排的时点，以最适合人们认知能力的形式，仅向人们提供对其有用的信息。在所有法律中，私人化的规则可以以较少的裁判错误取得更好的结果，最终改善司法途径和正义本身。

11

私人化的法律之所以能做到这一切，是因为其根据相关情境来区分法律指令，从而避免因粗略的统一性待遇所造成的不精确性与不公平性。其"更高精确性"（higher precision）特征也是任何私人化体系潜在地优于相应的通用体系的原因。这也是为什么定制的鞋子比均码的更舒适，私人营养方案比标准膳食方案更有效果，私人化诊断后的用药比通用型用药的疗效更佳。统一性，哪怕是基于平均水平得出的最优结果，仍然不适用于众多有着多元偏好、特征、经历和生活方式的非平均人群。

私人化法律的世界有不少诱人之处。其中一些可以被认为是"技术层面的"，例如法律规则实施的便捷、高效与精确，以及错误的避免和更优社会秩序的实现。信息与统计相关性会取代猜测与直觉。监测数据模式的算法会取代依靠印象与错误认知或错误记忆的人类。这些都是工程技术上的成就，那么人本

---

* 多数性缺省规则（majoritarian default rule），缺省规则的一种，其制定遵循"少数服从多数"的基本原理。——译者

主义、同情心与直觉呢?

　　不要被技术层面所误导。我们敢于指出,私人化的法律有可能以一种新颖的方式促进正义与仁慈的实现。究其本质,私人化的法律是个人而非群体的中心地位的极致体现。在我们看来,反而是另一种机制将技术主义价值置于公平之上——那就是统一性法律。统一性法律的基本原则即是将差异化的人们塞入相同的范本,而不论这些人何其不同。在法律之外的诸多领域,"将人们作为个体对待并承认其独特性"的理念正是尊严与自治的基础。私人化的法律有可能强化这一信念。

　　私人化法律的天才之处在于,其为科学技术方法与广泛目标愿景的结合。以消费者保护法为例。消费者保护法是现代型监管的标志之一。该领域的法律通常从人们需要保护的原因入手,来识别缺乏保护情况下所面临的市场风险。其依据在于消费者的认知局限,法律针对这些局限来定制解决方案。多么粗略!认知是最具私人性的特征,在人群中差异极大,而我们的现行法却按照所有人具有统一认知局限来对待。提供通用型保护的结果为,法律稀释了那些最应得到保护的人的待遇。

　　区别于上述做法,为了了解人们面临的不同挑战和他们需要的不同保护,我们可以在每一环节使用数据。由此,私人化的法律将以更能实现保护机制的规范目标的方式分配保护。与其给予所有消费者同样的权利,不如让我们找出那些特别需要保护的人,并赋予其最大限度的权利。私人化的法律还将识别出那些需求低的人,或者那些预计会滥用制度的人,并赋予其最少的保护措施。在这两者之间的系谱上,人们将或多或少地得到保护,依据的是他们所具有的、被认为与目标相关且被写入算法的属性。简言之，私人化法律通过技术层面的落实来确保那些非技术目标的最优实现。

最后，简单说说什么不是私人化的法律，以及什么不是本书的内容。私人化的法律并非一套评估人们可信度与忠诚度的社会"信用"体系。人们不会因其政治观点和公民道德而被机场拒之门外，被学校拒之门外，或者被取消职业资格。相反，私人化法律是一套旨在提升参与和减少不必要障碍的机制。某些人在某些领域可能不得不面临更为严苛的义务，因其构成了更高的特定风险。与此同时，无数的其他人将享有更少的负担和更多的机会。如果驱动私人化体系的目标错误，该体系可能会被滥用。而如果其目标具有价值，则该体系能够带来自由。

本书并非一本改革指南。本书审视私人化法律的极端范围，读者可能会被这种激进的视角及其背后的假设所困扰。一些人可能会被私人化法律要求政府获得大量信息和其对政府运营算法的信赖所激怒。另一些人则会对各种实质性的应用，或者私人化法律如何对人进行分类而愤愤不平。我们有必要提前说明，本书提出的模型是一个方法论层面的基准。在全书中，我们识别了能够弱化私人化法律的各种维度。我们将论证，当法律指令能够实现其目的时，某种程度上的私人化是正当的。最后，我们将通过深入证明具体应用的有益性、可实施性，及其对潜在问题的免疫性，来确定私人化法律的范围与规模。

13

本书的计划

私人化的法律是一项新奇的制度，因此我们最好从解释其是什么开始。本书的第二章将描绘私人化法律的模型，并提供若干比较基准。私人化法律是定制法（customized law）的一种形式，不过，其关注于各行为人的内在（internal）因素，而非外在情事。它是一个新的范本，但与长期以来在法律与法律之外的系统（如宗教和私人监管）中的私人化规则传统极为相似。它基于大数据和算法分析，这为法律程序带来了全新挑战。

不充分了解私人化法律的目标，就无法理解什么是私人化法律。第三章将提出基本论点，即私人化法律能够更好地实现任何规范体系的目标。私人化在诸多领域普遍存在，其相对于那些统一待人的领域而言是如此具有革命性，这使我们不禁要问，法律为何不能如此？第三章将着眼于其他领域，并探讨私人化模块的适用如何提升其表现。这不仅揭示了私人化的优势，还揭示了在数据驱动的社会中私人化已经变得如此不可避免。当该范本适用于法律时，我们发现，无论某一特定法律背后的目标为何，"将人们视为独特个体对待"均能够充分提升该目标。

本书的其余部分，将用细致的笔触勾勒出第三章中提出的笼统"精确性"主张所忽略的种种问题。本书的第二部分将论证私人化法律在不同法律领域的适用，继续构建私人化法律的案例。我们并不想煞费苦心地撰写一份调查报告，带领我们的读者检阅所有法律部门，悉数无尽的私人化规则应用。相反，我们将展示三个棱镜，每一棱镜将解析法律体系的不同剖面。

14 首先，第四章为一系列理论案例研究：普通法的合理注意义务，成文法的保护消费者免受欺诈性交易的权利，以及刑事制裁。在第五章中，第二个棱镜涉及一系列适用于所有法律的监管技术，如缺省规则、强制性披露规则以及金钱赔偿（monetary

compensation）。我们将指出这些设置经过私人化后将产生何种不同，并论证这种变化构成了有意义的改进。在第六章中，第三组论证则将注意力从输出值（outputs）（私人化的指令）转向了该系统的输入值。我们聚焦于一个重要的输入值：年龄。我们将证明法律指令如何因年龄而异，以及年龄法（age laws，例如最低驾驶年龄或退休年龄）如何因人而异。

第三和第四部分继而转向论证可能为我们敲响警钟的问题。第三部分关注平等。该部分将提出两个基本问题。第一，私人化的法律是否公正？私人化的法律因人而异，但统一性的法律同样如此。有谁没见过世界各地无数法院门口蒙着眼睛的正义女神朱蒂提亚（Justitia）的雕像？正义是盲目的，但其仅仅是对人与人之间无关紧要（irrelevant）的差异视而不见。她必须睁开眼睛，看到重要的差异。私人化的法律不仅能看到，还能发掘人与人之间的每一个细微差别，并基于这种观察来给予差别化待遇。我们认为，这种做法并不违背朱蒂提亚的承诺，反而提供了一种改进正义理念的方式，此种正义理念正是她手中天平的更为关键的用武之地——因人制宜，而其是基于更大的相关因素集合来实现的。我们将在第七章中检视这一目标。

关于正义的第二大问题则将透过宪法之镜加以审视：私人化法律是否与平等保护（equal protection）*的法律原理相一致？我们的法律通过限制利用某些私人特征和群体分类定制法律待遇的方式来禁止歧视。私人化的法律可能与此类禁止性规定相

---

* "平等保护"条款规定于美国宪法《第十四修正案》，该条款要求任何州不得拒绝为其司法管辖范围内的任何人提供平等保护。——译者

23

冲突。举例而言，性别很可能是私人化法律所使用的因素之一。这能否被允许？更棘手的问题在于，如果私人化规则对于少数族裔个体存在差别化影响，又将如何是好？第八章用以检视此类问题，我们将发现一个令人惊诧的、严重违反直觉的论点：私人化不是一个难题，而是平等保护的一个潜在的解决方案。

本书的最后部分，也即第四部分，将探讨私人化法律所引发的其他问题。其一是协调（coordination）。让每个社会成员按照相异的、私人的法律指令行事，可能会使个体的聚集变得混乱。协调是法律的一个主要目标，但我们将在第九章证明，其并不必然依赖于行为的统一性或指令的统一性。我们将证明，一个精心设计的私人化法律机制能够克服非统一性的挑战，并推进各种更复杂的协调形式。另一个问题是操纵（manipulation），这也是私人化法律最主要的计划外后果。如果人们找到了规避该体系的方法，从而有资格适用其本不享有或不应当享有的私人化指令，操纵即会出现。例如，医生可能会放弃学习一项新的外科手术技能，因为这将使其适用更高的私人化注意义务标准。我们将审视操纵的各种途径，并证明缓解该问题的主要方法。

最后，数据与机器人问题。私人化法律依赖于算法预测，并因此面临着令人望而生畏的挑战。所有信息将从何而来？即使社会上存在可用的大规模数据库，政府能否对其加以妥善获取和处理？法律系统是否能够构建算法并以令人满意的方式生成明确指令？不同于其他依赖大数据提升业绩的行业和企业，法律受困于独特的挑战与局限性。第十一章将识别并探究此类问题。

第十二章是本书的结论部分，在该章中，我们将初步探讨一个宏大命题，我们希望批评者能够帮助我们探索：由人工智能取代人类的自由裁量来实施法律规则，究竟意味着什么？私人化法律是对我们法律秩序的一种冲击，一整套关于法律规则与人类行为的社会涵义的问题将会因此涌现并亟待解答。歌德写道："唯有人能成就不可能：他能分辨，他选择、判断，他能赋予瞬息永恒。唯有他能扬善惩恶。"[3] 我们认为歌德错了。在本书的结尾，我们将对如此主张的理由略作探究。

3　Johann W. von Goethe, *The Godlike* (Fischer, Frankfurt am Main).

第一部分

步入私人化的法律

17　　　法律规定指令，而指令必须反映情事。如果道路结冰，则司机必须减速。如果犯罪以种族偏见为动机，则会受到更严厉的制裁。如果疫情来袭，疫苗实验计划则会提速。允许相关的重要事实塑造法律规则，是推进法律目标的首要方法。

　　某些事实和情事是法律定制（legal customization）的基本条件。当它们易于验证并与被监管行为有显著相关性时，其就会被计入在内。结冰的道路、种族敌意、疫情都符合此类条件。然而，有一整类事实却往往被忽略：个人属性。人与人之间的差异可能是法律定制中最重要也是最少被利用的数据。人与人之间的差异性对于被监管行为而言具有重要意义，这些差异也越来越多地被记录与监测。但总体上看，法律是忽视差异性的，对所有人同等待之。在个人维度上，法律始终推行着通用型指令。

　　我们因此以私人化指令的蓝图展开本书论述。我们将阐释私人化指令是什么，以及其为何必不可少。第二章将采用描述性的方法，对这一概念加以拓展，并勾勒出私人化法律与现行的法律定制实践的区别。第三章则采用规范性的方法，指出私人化法律可以更有力地实现法律的目标——任何法律的目标。

第二章 什么是私人定制的法律

知道什么人会得病比知道一个人得了什么病更重要。

——希波克拉底*

私人化的法律是一项精确性法律（precision law），其主要特征有二：个体化（individualization）与机器处理的信息（machine-sorted information）。

如果一项法律根据相关情事而调整其指令，则该法律是"精确的"。许多法律并不精确，它们的制定依赖于有限的信息输入值，而忽略了那些更能促进其目标实现的事实。例如，一部法律为所有合法的发明成果制定了固定的专利或版权期限，这样的法律就是不精确的。该法律的目标在于平衡创新性与可使用性，但基于统一性指令，这一目标只能粗略地实现。不精确有不精确的优势（简易性、可实施性），但由于忽视了相关情事，其始终难以促成法律目标的最优实现。

---

* 古希腊名医，被西方誉为"医学之父"。——译者

私人化的法律是精确性法律在个体化方面的一个特殊版本：重要的情事差异性不仅存在于环境（外在），也存在于人本身（内在）。在完全相同的外部环境下，各行为人仍将面临不同的法律指令。例如，同样是行驶在雨夜的乡间道路上，不同司机受制于不同的私人化限速。有关个人差异的信息能够推动私人化法律对其指令的精确调整。随着信息量的增加，更精准的人群分类就会成为可能。极致情况下，利用大数据技术，算法能够用以识别个体属性与利益结果之间的关联，从而制定出完全个人化的指令。私人化的限速规定将以对司机技能和风险的预测为依据。如果可行，其能够分析司机的视力、反应本能、驾驶经验，以及实时疲劳程度的数据，亦能够依赖于年龄、性别，以及信用评分——此类因素在精算模型中通常与驾驶风险相关。[1] 通过疯狂的分析与建模，算法能够识别出那些理应左右私人化规则的个人特征。

当我们第一次向同事们展示私人化法律这一想法时（那时我们关注于私人化的注意义务标准和消费者保护），我们得到了两种迥然相异的反馈。一类对此不以为意，认为法律的私人化只是传统的"情境化"（contextualizing）法律指令的新名称。其典型评论指出，这仅仅是"规则（rules）vs 标准（standards）"的传统命题，标准即一种平衡多项因素的架构，私人化的指令无非是将标准的概念发挥到了极致。针对此，本章的第一部分

1　Linda L. Golden et al., Empirical Evidence on the Use of Credit Scoring for Predicting Insurance Losses with Psycho-social and Biochemical Explanations, 20 *N. Am. Actuarial J.* 233, 237 (2016).

将解释私人化在何种意义上是不同的。[2]

　　另一类对我们初期想法的反馈则截然相反，其认为，私人化法律的概念并非老调重弹，而是一种虚幻的，甚至危险的科幻小说中的实践。本书在很大程度上尝试回应此种质疑。我们将在本章后半部分论证既存法律中闪现的私人化指令，以示回应。本章的目的不仅在于解释什么是私人化的法律，还在于证明私人化的法律是情境化法律的升级版本。之所以强调二者之间的脉络传承，是因为本书的后半部分将借鉴对于情境化法律的支持立场，来解释私人化法律的正当性。在现有基础上，我们提出，私人化法律是法律颗粒化（legal granularity）的全新类别，其着眼于个体之间的差异，并因此遭遇了传统情境化法律所未见的挑战性问题。

情境主义：传统的精确性法律

　　法律指令总是情境化的，是对相关情事的反映。情境主义通常与"标准"的适用相关联，在明线规则（bright-line rules）[*]中亦有丰富体现。即使是典型的"限速 35 英里 / 小时"的统一规定，其实际内涵也应为"驾驶速度不能超过 35 英里 / 小时，但路况

21

2　与本研究同时，凯西与尼布利特创设了一种不同概念，即由算法生成的、针对特定情境的"微命令"（micro-directives）。他们的研究并不以私人化为中心，亦未就特定强度的情境化作出规范性解释。相反，他们探寻了此类法律指令是否与通常的规则或标准有所不同。参见 Anthony Casey & Anthony Niblett, The Death of Rules and Standards, 92 *Ind. L. J.* 1401(2017)。

*　明线规则，亦称"亮线规则"，意指内容规定明确、基本不存在任何解释空间的规则。——译者

要求更低合理速度的除外"，并且，该规则的执行需要对"何种情况下超速会带来不合理风险"加以裁量。

法律标准的情境化适用不胜枚举：注意义务标准基于对外在风险的"合理"回应而确定；强制履行（injunction）只有在损害"不可弥补"的情况下才能施加；合同条款只有在"显失公平"的情形下才能撤销。法律可能会试图限制用于情境化的因素的数量，例如，刑事量刑的有关法律通过"指南"的颁布，将法官的自由裁量权限制在有限的事实之内。[3] 此外，法律也可能会扩大相关因素的集合，例如，合同违约情况下，"填平"损害的赔偿范围被扩大，间接损失也被计入考量之列。[4]

情境主义是一项定制指令的机制，在情境主义下，相关差异被标记出来，用以促进法律目标的实现。当法院依据规定宣告显失公平的合同无效时，其会将嵌入原则的、无处不在的法律目标解构为多个子测试（sub-tests），并运用这些测试检验事实。法院可能仅考虑一部分因素，也可能论证更多的因素来实现更精确的区分裁判。不论是在裁判（标准）抑或监管（规则）的场景下，更精细的指令即意味着更优的情境化效果。

情境主义之所以是一种"传统的"精确性法律，是因其自古有之。古代法中包含了许多情境化的明线规则。《汉谟拉比法典》中的人身损害救济规则根据"谁从谁处偷了什么"而对赔

---

3 *Payne v. Tennessee*, 501 U.S. 808, 820 (1991).

4 U.C.C. § 2–715(2) (Unif. Law Comm'n 1977).

偿措施加以区别规定。[5]此外，古代法也采用了具有模糊性的标准，其有效实施必须经过情境化。《圣经》中"以安息日作为休息日"的戒律要求对"什么是劳动"作出浩繁冗长的解释。其体量巨大，以至于到20世纪，权威解释认定挖鼻也是被禁止的（因为在此过程中，鼻毛可能会被拔掉，而在安息日修剪毛发为禁忌），由此引发了一场拉比[*]式的律法论争。[6]

22

即便是显而易见的统一性规则（如行为能力年龄法或者时效规定），其仍然受制于情境化的调整与例外规则。[7]不过，情境主义的实施方式的"传统"体现于其他方面：情境的选择依赖于人的直觉和估算等弥足珍贵的方法，因此，情境主义在适用范围和准确性上均有局限。当法官对侵权法上的注意义务标准或公司法上的忠实义务进行情境化时，指导这一活动的认知过程是粗糙的，其结论是基于对少数几个因素的粗略评估所得出的。尽管法官会提供说理以确保其裁判"斟酌"或"权衡"了各项因素，但这一过程仍是不精确的，无法反映任何实际的衡量。

情境化的"传统"还在于第三个方面，这一点对于我们的

---

5 "如果一个人偷盗了牛或羊，驴或猪，或小船——若其从神（神庙）或宫殿盗得，则其应当按照三十倍返还；若其从市民（freeman）处盗得，则其应当交出十倍。若盗贼无财产可供偿还，其应当被处死。"参见 Hammurabi, *The Code of Hammurabi, King of Babylon* § 8 (Robert Francis Harper trans., The University of Chicago Press, Callaghan & Company 1904) (c. 1758 b.c.e.)。

* 拉比，即负责解释并执行律规、律法并主持宗教仪式的人。——译者

6 Shabbat Nose Picking, *ModernJew.blogspot.com* (July 5, 2010), http://modernjew. blogspot. com/2010/07/shabbat-nose-picking.html.

7 例如，美国得克萨斯州允许符合特定要求的公民在达到标准法定年龄之前申领驾照。参见 Application for Texas Hardship Driver License, *Tex. Dep't of Pub. Safety*, https://www.dps.texas.gov/InternetForms/getForm.ashx?id=DL-77.pdf.

比较研究而言至关重要：定制指令所需的因素多数为外在的，而非内在于人。人的身份和使其与众不同的特征之间很少存在相关性。例如，判断一则广告是否具有欺诈性，需要衡量许多因素，包括目标受众的典型认知能力，但不需要单独衡量每个客户的认知能力。

一些情境化规则允许甚至需要粗略的私人化，其依赖于对个人特征的粗略观察。例如，在进行专业治疗时，一名医疗专家需要达到比普通的主治医师更高的注意义务标准。注意义务标准取决于专业训练，但这也不过是大致的划定。其仅仅反映了平均水平的专业人士应当做到的最佳水平，而并非针对这一位专家。同样地，法律允许女性在 18 岁、男性在 21 岁购买酒类（因为数据证明男性与女性醉酒驾驶的倾向不同）的做法，将反映出粗略的私人化，此时私人化仅考虑了两种特征——年龄和性别——而忽略了其他影响风险的个人特征。

23 刑法赋予法官量刑方面的自由裁量权，则是稍稍舍粗求细的做法。传统上，该裁量权允许一些直觉性的私人化，这一做法毁誉参半。"誉"的是，其具有反映每一被告人的不同情事的灵活性，能够更好地促进刑法目标的实现。"毁"的是，正是这种灵活性最终导致了差别化对待，其使平等遭到破坏，而偏见被永久定格。鉴于人类的裁量能力，我们永远无法确知每个因素的权重多寡，以及其在适用中是否始终如一。为了排除直觉和本能反应，近期的量刑方式中引入了严格的私人化程序，其中包括对风险因素的算法分析。[8]

8　Michael E. Donohue, A Replacement for Justicia's Scales?: Machine Learning's Role in Sentencing, 32 *Harv. J. L. & Tech.* 657, 660 (2019).

　　现行法中的另一个私人化方法论的闪现，是侵权受害人的私人化损害赔偿。原告有权获得的收入损失就是基于对其个人收入渠道的精算预测来评估的。损害赔偿的数额因受害人的身体状况而异，有时也因其精神状况、教育程度和职业而异。当法院判令对于身体和精神痛苦的损害赔偿时，其会考虑受害人的特定个人情况。但在其他情境下，法律拒绝私人化的损害赔偿，而是赋予特定当事人不可变的"正常"损害赔偿，即"自然产生"和"按照事情的通常情况"的损害赔偿。[9]

　　如何解释私人化规则的缺失？为什么在一个原本致力于情境化和精确化的体系中，这些私人化法律的故事却显得如此独特？其答案，至少在一定程度上在于良好的预测性信息的可用性。为了施加私人化的损害赔偿，可以通过与人口信息相匹配的社会保险数据来估算终身收入。[10]事实上，在其他私法领域，法院的经常解释是，由于信息和可验证性的限制，损害赔偿（如利润损失）无法进行私人化或被足够准确地评估。[11]

私人主义：新的精确性法律

　　在传统的情境化法律中，精确性因素体现指令运行所处的

9　*Hadley v. Baxendale* (1854), 156 Eng. Rep. 145.

10　大量文献已经对估算终身收入的方法进行了拓展。关于最近的成果及参考，参见 Fatih Guvenen et al., *What Do Data on Millions of U.S. Workers Reveal about Life-Cycle Earnings Dynamics?*, Fed. Res. Bank of N.Y. Staff Rep. No. 710 (rev. 2019)。

11　例如，参见 *Freund v. Wash. Square Press, Inc.*, 34 NY.2d 379, 383–84 (1974)（本判决驳回了原告的间接损害赔偿诉请，理由为原告对该损害的计算"未被证明达到符合要求的确定性"）。

24 外在环境。高速公路上的暴风雨天气会影响注意义务标准，当地行业惯例会影响合同义务。这些规定极少依赖于内在的个人差异。法律通常考虑的是如何对待理性人，也即那些在外在情事下负责任地行为的人，但却忽视了人与人之间在性格、偏好或经验上的差异。比如，当法律判断超速是否为过失行为时，其结论不会因司机是大卫抑或阿比盖尔而有所不同。是的，对裁判而言可能重要的是这个人是否醉酒，或者是否被吊销了执照；但这些都是外在情事差异。而内在事实，例如大卫的酒精耐受程度与阿比盖尔不同，则被忽略了。

按照私人化法律，注意义务标准的确定因当事人的身份而异。人们在许多方面是不同的，而私人化法律的关键挑战就是识别这些不同，衡量它们，并建立模型来决定法律指令应当如何适应它们。私人化法律可以基于一些独特的因素，但不必止步于此。它可以基于任何被证明与法律所追求的结果相关联的特征。算法将识别相关因素及其相对权重，并根据立法者设定的目标和约束，将个体化因素转化为私人化指令。在极限情况下，私人化法律会基于与法律结果相关的所有个人属性——包括一个人的心智、体格、健康程度、专业技能和偏好，以及他/她生活的环境和其造成的特殊风险。其中一些特征具有直观的因果关系，另一些则少有，或者没有。高超的医术自然会提高医生的注意义务标准。但是，考试低分是否会影响一个年轻人的驾驶行为能力年龄，则取决于数据：在其他条件相同的情况下，低分与事故风险之间具有怎样的相关性。

法律可以在不同程度上被私人化，这取决于用以区分指令的数据的体量。然而，仅仅使用一种个人特征——比如一个人的性别——来区分指令是不够的。我们将在本书的第三部分解释，这种做法更类似于歧视，而非私人化。在私人化的法律下，指令必须因人而异。虽然性别在有些时候可能是一个相关的因素，但它并没有穷尽一个人的特性。上述做法既不符合描述性——因为相同性别的人各不相同；也不符合规范性——因为把性别作为唯一关联属性的规范方式有违公平。然而，如果与其他特征相结合，一个人的性别就可以在塑造指令的过程中获得适当的增量权重。随着更多的特征被用作输入值，每个人最终都会被更充分地描述，并适配于其独有的指令。那些单独使用时构成歧视的特征，会被混合入一个特征组合中，以创造出私人化待遇。 25

私人化的法律可能很单薄，只用几个特征来区分指令。例如，罚金可以基于每个违法者的收入与财富。在残疾人专用停车位违规停车的行为将不再适用统一的罚金数额 100 美元，而是根据每个违法者的经济状况，处以 10 美元至 2500 美元不等的罚金。芬兰已经采用了这种方式，其根据每个违法者每天的可支配收入，以"日罚金"（day fines）来计算。[12]

此外，如果校准规则所涉及的个体差异并非是连续变化的，而是分几个不同的"段位"，那么私人化法律也将是粗糙或大颗粒的。比如，私人化的停车罚金可能根据不同的收入等级而定，收入在 20 美元到 200 美元之间的，按 20 美元这一档处罚。又如，最低驾驶年龄可以分成 16 岁、18 岁、21 岁几个档，而非这个

12　Suomen Rikoslaki [Criminal Code] ch. 2a, § 2(2) (Fin.). Sally T. Hillsman, Fines and Day Fines, 12 *Crime & Just.* 49, 75–82 (1990).

范围内的任意年龄均可。

在某些情况下，法律可以更密集、更连续地进行私人化，在整本书中，我们将论证此类应用。以订立合同、购买酒类、驾驶机动车等活动的行为能力年龄法为例。这类规定意在确保人们达到了身体机能和认知的成熟水平。其依据的是一个看似非常可信的前提，即年龄是上述适格性的良好指标。这类规则是统一的，为所有人设定了同一的年龄界限。该界限对处于平均水平的大多数人而言可能是最优的，但在许多个案中则是次优之选。而私人化的法律则会因人而异地设定年龄界限，其依据包括过往行为、习惯、身体特征、认知能力、资产、家庭结构、就业等信息。（我们将在本书的第十一章中解释这些数据的可能来源。）按照我们的假设，年轻人可以检查自己的"行为能力分值"（capacity scores），以确定他们距离特定的资格节点还有多久——正如航空公司的常客查看自己的"里程"何时达到贵宾等级、大学生查看自己最新的平均学分绩点（GPA）一样。私人化的法律不仅可以在不同人之间调整年龄界限，还可以在一个人内部调整年龄界限。同一个人从事的不同法律行为可能面临不同的限制，其任意一项资格状态也可能时有时无，这完全依赖于其自身数据积累形成的个人组合（individual portfolios）。

上述讨论针对私人化法律的密度维度，也即每个法律指令中使用了多少因素作为输入值。在此之外，私人化法律还存在广度维度，其决定有多少指令（输出值）能够加以私人化。在本书引言中，大卫和阿比盖尔的寓言描绘了一个具有高度广泛性的私人化法律环境，可谓火力全开。旧的产品标签转变为即时的私人化通知，以解决我们的主角所面临的风险。隐私和其他消费者保护措施被重新设计以匹配其个人偏好，该设计在一定程度上从其过往行为中获得灵感。强制险与其个人的风险和资产相匹配。缺省规则——例如默示质保和继承规则——不再一视同仁，而是基于对每个人偏好的预测，甚至在夫妻之间也不尽相同。注意义务标准也会生成私人化的义务，并在人们开始一项活动时实时传达至行为人。

私人化法律是一个范本，其可以被扩展至任何程度。最初的实施可以谨小慎微，仅覆盖那些容易被设计的和差别待遇引发担忧较少的领域。在密度方面，某些会引起特别关注的个人特征（当然，包括种族等）可以被排除在外。而在广度的视域下，很多法律领域可以被整体排除（例如宪法权利，或者合同订立规则——每个都有不同理由）。在差别待遇难以被解释和接受的情况下，实施就必须更缓慢、更粗略。个人可以选择排除私人化法律的适用，而回归统一性待遇。例如，人们可以选择接受私人化缺省规则和私人化披露，以代替统一性规则和披露，这种选择既可以批量做出，也可以逐一决定。

私人化法律的另一剖面可以沿着权利／义务的维度入手。与权利的私人化相比，义务的私人化可能会带来不同的挑战。可以肯定的是，每一项权利都有义务相支撑，但私人化维度可以只关注于权利人的属性。例如，如果只是为了实施的可行性，私人化的损害赔偿就应当反映受害人而非加害人的特征。受害人存在激励自行提交所需信息，因为没有这些信息就无法获得赔偿。也许这就是为什么当前侵权法将赔偿——也只有赔偿——加以私人化。与之形成鲜明对比的是私人化的注意义务

27 标准，其本应依赖于加害人的具体特征，但在现行法下，加害人并无激励揭露这些特征，法院也可能更难对此类特征进行核实。这种实施上的不对称性也可能为其赢得更广泛的大众接受度——一项政治约束（political constraint），我们将在后文中讨论。

与实质性的挑战相比，设计私人化规则所面临的技术性挑战显得微不足道。我们意识到了这一机制的可畏之处。隐私以及政府持有的数据的力量是核心之一。同样令人不安的还有平等问题。私人化指令还会引发协调方面的挑战，并可能沦为策略性操纵的对象。不过，它也有着令人兴奋的方面——便捷性、效率性、精确性，或许还有意味深远的公平性。我们将用这本书的其余部分来检视这些诱人的优点与潜在的缺点，以期确定私人化法律在密度与广度上的最优范围。但是在着手之前，让我们先完成对私人化法律的介绍，对此，我们将探索已经深入到其他规范体系的私人化方式。

无处不在的私人化规则

本书是关于私人化的法律指令的，但其所考察的法理原型——因人而异的行为准则——也适用于其他规范体系。为证明其普遍性，我们将简略地窥探向法律之外，那些由宗教、家庭和工作场所制定的规范体系。

私人化的宗教。许多宗教至少在一定程度上是法律体系，因此，我们的法外之旅从私人化的宗教规范开始也就再合适不过了。我们将简单举例说明宗教规则是如何被私人化的，继而讨论一些延伸性的假设。

　　我们在引言中提及了《圣经》第五诫"孝敬父母"的私人化，[13]"孝敬"的指涉因孝敬者和被孝敬者而异。在《耶路撒冷塔木德》中有一个生动的例子：一位拉比的母亲向其他拉比抱怨自己的儿子不孝敬自己。"他对你做了什么？"大家问道。她说："当他离开……（礼拜厅）时，我想给他洗脚并喝下洗脚水，但他却不让我这么做。"拉比们一致认同："既然这是她的愿望，那么这就是孝敬她（的方式）。"[14]　28

　　其他宗教规则亦被赋予了私人化的外表。宗教财产法规定了归还丢失物品的义务，但也规定了例外情形，以反映私人甚至情感因素。如果对于拾得人而言携带该遗失物是"有失尊严"的，[15]或者遗失物令其"羞于归还"，[16]则拾得人可以被原谅。迈蒙尼德（Maimonides）认为，一个通常不会携带这些物品的"学者或受人尊敬的长者""并不必关心这些物品"。[17]的确，这是一种深度私人化的义务。拾得人"必须……审视自己的良知。如果他将物品拿回去了，则即使物品现在属于他，他也必须将其归还于原主人。但是，如果他并没有（损害）自己的尊严，则如果物品现在属于他，他就没有必要将其归还于原主人"。[18]在本书的后面部分，我们将复活这种逻辑，提出义务应当被私人化，

13　Exodus 20:12.

14　*The Talmud of the Land of Israel: A Preliminary Translation and Explanation*, vol. 2, 50 (Jacob Neusner ed., Roger Brooks trans., The University of Chicago Press 1990) (c. 200–400 c.e.).

15　Babylonian Talmud, BM 30a (Rabbi Adin Even-Israel Steinsaltz trans., Sefaria.org 2017) (c. 200–650 c.e.), https://www.sefaria.org/Bava_Metzia.30a?lang=bi.

16　Tur, Hoshen Mishpat § 263 (c. 1201–1400 c.e.).

17　David Hartman, Maimonides: Torah and Philosophic Quests 90 (1976).

18　*Id*.

其依据在某些情况下为履行的特异性成本。

一些宗教传统对私人化惩罚进行评估。天主教会的忏悔活动当然不是统一的："我们约束自己最所欲之事，对当代的许多人而言，戒荤已不再意味着忏悔，戒掉其他事物反而更具忏悔的意义。"[19] 梵蒂冈的法令规定："忏悔者的忏悔（penance）必须考虑到其个人情况。"[20] 甚至，以"难以衡量"著称的精神损害赔偿（emotional damages）也能被私人化："困窘伤害如何计算？"一位古时候的犹太人问道。答案是："这完全取决于冒犯者与被冒犯者的身份。"[21]

许多宗教规范是统一性的明线规则，并不会因人而变。宗教仪式遵循统一的礼仪，诵读统一的经文。这些活动可以被私人化吗？就以一项宗教命令为例，也即犹太教中"正直的成年人应当在赎罪日斋戒，为其罪恶忏悔"的指令。该规则规定以24小时作为一个禁食期，这是一项自我执行的清洁仪式。该规则的目的可能很多，但都是非常私人的。斋戒被认为是"偿还"个人罪恶（即希伯来语中的 *teshuva*）所必需的一项负担。抑制欲望是一项自律的任务，这种自律为一个人公共表现的提升铺平了道路。减缓新陈代谢能够使人自我反省、心无旁骛，以此

---

19 Pastoral Statement on Penance and Abstinence, U.S. Conf. of Cath. Bishops (Nov. 18, 1996), http://www.usccb.org/prayer-and-worship/liturgical-year/lent/us-bishops-pastoral-statement-on-penance-and-abstinence.cfm.

20 Interdicasterial Commission for the Catechism of the Catholic Church, *Catechism of the Catholic Church* 367 (2nd rev. ed. 2016).

21 Mishna Ketubot 3:7 (Joshua Kulp trans., Sefaria.org) (c. 0–200 c.e.), https://www.sefaria.org/Mishnah_Ketubot.3.7?ven=Mishnah_Yomit_by_Dr._Joshua_Kulp&lang=en&with=all&lang2=en (last visited June 11, 2020).

巩固信仰并确定其他精神目标。

　　既然仪式具有个人层面的意义，那么为什么要规定统一禁食期？"24小时规则"表面上是平等的，但却不可避免地会带来不平等的负担，这取决于人们的身体状况、饮食、微生物群、体重、健康程度和精神状态。如果其目的是动摇我们的身体，以此触发精神的觉醒，那么"根据个人身体机能"的私人化禁食期岂不是更能实现目的？如我们所见，这一逻辑驱使着天主教禁欲活动的私人化。由此，东正教的大斋节尽管官方保持统一的禁食期（40天的慎行与约束），但被认为允许私人式的禁食期与优先级。"东正教徒传统上在整个大斋节期间选择额外的忏悔活动"，但"这些活动不受教会的约束，而是受个人良知的约束"。[22]

　　当然，"宗教有组织地推广私人化指令"（例如以大数据为依据的禁食期）与"一个人基于内心良知的私人化行为"不能相提并论，后者是我们日常也会做的事情。我们不确定，东正教会是否打算考虑一种根据身体质量指数（BMI）定制私人化禁食期的算法。但我们确信，这样的算法不能以一个人罪恶的严重程度为依据，其原因仅仅是我们不能想象一个数字工具会提供这种个人化的"年度罪恶积分"。然而，这一概念不仅仅是假设。梵蒂冈指示："忏悔者作出的忏悔……必须尽可能地与其所犯罪行的严重性和性质相对应。"[23]是否可以说，私人化宗教的障

22　参见 U.S. Conference of Catholic Bishops, Questions and Answers about Lent and Lenten Practices, http://www.usccb.org/prayer-and-worship/liturgical-year/lent/questions-and-answers-about-lent. cfm (last visited June 11, 2020)。

23　Interdicasterial Commission for the Catechism of the Catholic Church, *supra* note 20.

碍仅仅是运算上的？

30   答案必然是否定的。我们认识到，这种制度存在严重的弊病。宗教与信仰既是私人的，也是公共的。协调一致的团体活动，比如星期日清晨的弥撒或者前往圣城朝圣，是必不可少的构成要素。如果不同的人在不同的时间斋戒、祈祷或朝圣，将他们团结在一起的仪式就会被打破，公共价值（communal value）就会丧失。也许参照类似指令的更小的子团体可以聚集在一起庆祝开斋（例如，禁食16小时的人与禁食20小时的人各自分开）。或者，他们可以通过 Zoom 线上开斋。但是，这些替代方案均在某些方面有所欠缺。在第九章中，我们将就私人化法律对协调所造成的一般性挑战加以讨论，并提出解决方案。

家庭、学校与企业中的私人化规则。正如法律与宗教一样，家庭、学校和企业亦受到规则的管理，这些规则可以基于统一性水平来加以描述。在家庭中，每个父母都知道"一视同仁"是痴人说梦。"热水能使胡萝卜变软，却能使鸡蛋变硬。"[24] 孩子们有不同的情感和社交需求。有些孩子独立，有些孩子则需要更多支持。他们身体和情感的发育速度不同，依恋程度也不尽相同。有些孩子对约束的反应更佳，有些孩子则对奖励的反应更佳。有些孩子易受外部情况影响而需要特殊照顾。有些孩子更为敏感脆弱。当然，这些差异会影响到他们成长过程的方方面面，而不仅仅是家庭的"规则"。为每个孩子定制规则与"执行"策略，是私人化教育的组成部分。

孩子的就寝规则常常是私人化的。显然，年长的兄、姐

24　Clayton M. Christensen, *How Will You Measure Your Life?* 74 (2012).

需要的睡眠时间更少。但是，根据年龄调整就寝时间的公式本身可能因人而异，以反映每个孩子的生理和情感因素。大量文献研究了出生顺序对于孩子人格以及父母对其宽容度的差别影响。[25] 家庭中的私人化规则会引发嫉妒，很难让孩子相信生成每个人指令的基本公式是公平的。然而，这种困难很少会阻止父母采用私人化的方法来规范孩子的行为。

如果说家庭中的私人化是完全凭直觉的，那么学校的私人化则是更有序的。老师们必须遵守的规则是根据孩子们的独特优点与缺点以及他们的家庭背景而制定的。例如，老师必须给予患有注意缺陷与多动障碍（ADHD）或存在情感障碍的学生特别的关注、帮助以及照顾。[26] 私人化规则可能就像优先座席一样普通，其可能包括延长作业时间或降低作业要求，甚至可能需要不同的惩罚程度与程序。

企业亦在许多领域实行规则的私人化。雇主会基于员工的能力而对其表现水平赋予不同期待，并据此制定激励措施。卖家会私人化其与顾客互动的方方面面，包括营销策略、信誉评分，甚至价格。合同规则的私人化则较少在文献中被提及。从表面上看，所有客户均须遵循统一的服务条款，也即通常所说

---

25 例如，就父母对于兄弟姐妹的宽容度的差异，以及这一差异如何影响其学业表现的研究，参见 V. Joseph Hotz & Juan Pantano, Strategic Parenting, Birth Order, and School Performance, 28 *J. Population Econ.* 911 (2015)；对于出生顺序影响性格的若干研究的总结，参见 Corinna Hartmann & Sara Goudarzi, Does Birth Order Affect Personality?, *Scientific American* (Aug. 8, 2019), https://www.scientificamerican.com/article/does-birth-order-affect-personality/.

26 例如，参见 Guidelines for Serving Students with Emotional Disturbance in Educational Settings, North Dakota Dep't of Pub. Instruction (Sept. 26, 2016), https://files.eric.ed.gov/fulltext/ED594653.pdf.

的格式条款（standard terms，又称为"标准条款"）。然而，在严格的合同政策的影子之下，企业实行的是"量身定制的豁免"与条件，"见人下菜碟"。[27] 梅拉夫·弗思–马茨金记录了消费者退货权的量身定制。举例而言，独断的性格、收入、种族以及购物经验等因素，均会影响消费者获得的私人化条件。[28]

长期以来，企业一直致力于为客户量身定制服务。酒店和航空公司给予某些顾客的待遇要比其他顾客更慷慨，其对不同顾客提供不同的高级服务和特殊待遇。[29] 这些企业私人化的依据是其存储的客户资料。除了忠诚度评分和服务频率等相关信息外，企业有时也会基于个人的特殊需求、尊贵地位提供特别对待，或者赋予经理确认特殊情况、定制私人化升级或赔偿的裁量权。

当我们写作本书时，"商业忠诚度计划发展为全方位的私人化机制"已不再是科幻小说中的想象。举例而言，酒店的统一入住和退房时间可以被基于人们的睡眠、娱乐和旅行习惯的私人化时间所取代。航空公司的行李限额不必采用统一性规定，

27　Jason S. Johnston, The Return of Bargain: An Economic Theory of How Standard-Form Contracts Enable Cooperative Negotiation between Businesses and Consumers, 104 *Mich. L. Rev.* 857, 868 (2006); Lucian A. Bebchuk & Richard A. Posner, One-Sided Contracts in Competitive Consumer Markets, 104 *Mich. L. Rev.* 827 (2006).

28　Meirav Furth-Matzkin, Selective Enforcement of Consumer Contracts: Evidence from a Field Experiment (working paper).

29　参见 Julie Weed, Airlines and Hotels Reach Out to Their Top Spenders, *N.Y. Times* (Apr. 27, 2020), https://www.nytimes.com/2020/04/27/business/coronavirus-airlines-hotels-customers.html; Sonia Thompson, Treating Your Customers The Same Is Bad For Business; Do This Instead, *Forbes* (July 29, 2018), https://www.forbes.com/sites/soniathompson/2018/07/29/treating-your-customers-the-same-is-bad-for-business-do-this-instead/#299aacce5434.

也不必全然根据顾客的忠诚度来分配：它们可以在每次旅行中满足顾客的特定需求。此外，智能手机计划也已放弃了"一刀切"模式，[30] 而允许根据个人需求和习惯进行丰富的定制。公司为其客户设计的私人化"缺省"环境可以激发法律提供私人化的缺省规则。

保险服务可能是私人化待遇的先驱，考虑到保险行业拥有丰富的个人数据，这并不奇怪。保险公司会根据性别、信用评分、年龄、健康状况和生活习惯（如吸烟和学业成绩）等个人特征对投保人进行"评级"。随着电子数据收集的问世，其私人化越来越密集，主要集中在投保人的行为方面。机动车保险公司促使驾驶员在车内安装记录仪，记录目的地、速度、里程、急刹车或急转弯，以及其他与风险相关的因素。[31] 若检测到危险驾驶，则保险费上升，正是保险费激发了私人化的动机。[32] 侵权法中的统一性注意义务标准也被分解为若干因人而异的驾驶激

---

30 例如，参见 Katie Richards, Verizon's Outdoor Campaign Focuses on the End of One-Size-Fits-All Family Plans, *Adweek* (June 18, 2018), https://www.adweek.com/creativity/verizons-outdoor-campaign-focuses-on-the-end-of-one-size-fits-all-family-plans/。

31 Dimitris Karapiperis et al., Usage-Based Insurance and Vehicle Telematics: Insurance Market and Regulatory Implications, *Nat'l Ass'n of Ins. Carriers* 18–26 (Mar. 2015).

32 研究发现，当司机参与"按驾驶方式付费"（pay-how-you-drive）的保险计划时，其发生事故的概率更低。参见 Imke Reimers & Benjamin R. Shiller, The Impacts of Telematics on Competition and Consumer Behavior in Insurance, 62 *J.L. & Econ.* 613, 615 (2019)。此外，有研究表明，"在检测中，一般的倾向于'选择适用'（opt-in）的司机会变得更安全，其安全系数提升了 30%"。参见 Yizhou Jin & Shoshana Vasserman, Buying Data from Consumers: The Impact of Monitoring Programs in U.S. Auto Insurance 2 (Working Paper, 2019), https://scholar.harvard.edu/jin/publications/ubi_jmp。

励措施与指示。

最后，产品可以被设计为根据技术指令而因人制宜，这些技术指令即是法律规则的替代。数字版权管理（digital rights management，DRM）系统能够对专利硬件或版权作品的获取与使用施加技术控制。智能手机上的密码锁、禁止编辑的 PDF 文件，或者电子文本中嵌入的拷贝限制均是数字版权管理的实例。它们避免了由法律或者合同进行区分规定的做法。许多产品与统一的数字版权管理系统一起销售，例如可以被下载或传输，但不能被存储或复制的电子文档。然而，有些数字版权管理系统是基于用户而特定的，其能够向不同的人授予不同的使用权组合。[33]

想象一下，将技术工具与数字版权管理系统运用于著作权法合理使用（fair use）规则的私人化。已成共识的是，"合理使用规则的目的在于根据个案情境将著作权加以'私人化'"，由此观之，"由数据驱动、机器调控的私人化"取代"传统模式的法定私人化"有可能成为现实——前者也即，将针对个人的合理使用规则指标纳入算法，该算法用以规范受版权保护的作品的使用情况。[34] 合理使用规则的一个重要标准为，该使用如何影响权利人对其受版权保护作品的商业开发。人们被允许进行一些"并不会造成创作者收入不当减少"的使用。上述效果可以根据每个用户的属性而实现私人化。当某用户在 YouTube 上发

---

33 有软件能够协助限制不同用户对 PDF 的编辑或获取。例如 Restrict PDF Access, *Locklizard,* https://www.locklizard.com/restrict-pdf/#revoke-access (last visited June 16, 2020)。

34 Dan L. Burk, Algorithmic Fair Use, 86 *U. Chi. L. Rev.* 283, 285 (2019).

布了一个受版权保护的片段时，该片段的受众规模和"浏览量"能够用来判断其商业影响，及其是否属于合理使用。

自主私人化

在下一章中，我们将探讨私人化法律所带来的主要收益——精确性。如果人们自身的差异能够解释其行为的差异，那么法律规则就应当提取这些差异并将其引向最优结果。然而，有必要意识到，即使法律是统一的，人们的行为也始终不同。比如说，限速规则可能是"一刀切"的，但人们通常会自主私人化（self-personalize）自己的速度。

合同与遗嘱都是自主私人化指令的最直观的例证。法律规定了统一性的缺省规则：如果当事人只字未提，则通用型的法律条款就会适用。不过，当事人极少保持沉默，其会积极进行自主私人化的分配。他们会选择排除统一性指令的适用，取而代之以定制的指令。格式合同的兴起极大地减少了合同条款的私人化，但并未将其驱逐殆尽。

在非合同场景下，自主私人化则以一种不那么琐碎的方式进行。以两项侵权法制度为例：严格责任和无责任。严格责任意指加害人无论如何谨慎都须承担责任；无责任则是指受害人自己承担损害。有些事故适用于严格责任；而很多事故则适用于无责任，也即受害人不获赔偿（例如，在淋浴时不因别人的过错而自己摔倒的情况）。在上述统一性规则的笼罩之下，人们的行为却是私人化的。有的人采取极端的预防措施；有的人则更加松弛怠惰。人们进行自我监管，所采用的注意水平是基于

34

其对自身的异质性特征和能力的直观评估。究其结果，人们会对自身的活动水平加以私人化。更多地参与活动的人是那些因注意获得高收益或付出低成本的人。[35]

诚然，这些自主选择的注意水平或合同条款，准确地说并非私人化的法律规则，而是私人化的行为。这些领域的国家制定法具有统一性。但在其覆盖之下，人们对自身行为进行自主监管，以实现类似于私人化法律的个人指引效果。人们通过内省与直觉，而非大数据，来评估那些私人化法律算法所试图推断的特征。

自主私人化很像一种诱使人们做出不同选择的分类（sorting）机制。此种分类机制可能是微不足道的；私法允许人们对自身的伤害和损失进行举证，并相应调整其获得的损害赔偿数额。其他情况下，分类机制则更具挑战性，这既是因为具有强证明力的证据的缺乏，也是因为"浑水摸鱼者"难以被识别。事实上，私法在支持精神损害赔偿方面存在一项特别的困难，即精神伤害的难以证明性。正因如此，此种损害赔偿很少获得支持。我们在之前的研究中设计了一项分类机制，该机制能够克服证明难题并将赔偿进行私人化，以匹配实际的精神损害。[36]怎么做？与其直接赔偿原告损失，我们主张，不如针对受损害的和导致精神伤害的潜在社会利益的修复（restoration）

---

35 Omri Ben-Shahar & Ariel Porat, Personalizing Negligence Law, 91 *N.Y.U. L. Rev.* 627, 658 (2016). 至少，某些程度的自主私人化能够在过失责任法（negligence law）中实现。例如，如果对于某些相对低技能的行为人来说注意义务标准过于繁重，其有可能选择不履行，并接受承担责任的风险。参见同上，第 653 页。

36 Omri Ben-Shahar & Ariel Porat, The Restoration Remedy in Private Law, 118 *Colum. L. Rev.* 1901, 1922–26 (2018).

加以赔偿。在该机制下，被提供肉类食品的素食主义者将会得 35
到赔偿，但不是直接性的，而是通过动物福利的提升而间接受
偿。鉴于人们遭受的精神痛苦的程度不同，法律可以赋予原告
在"小额金钱赔偿"与"为动物福利修复做出更大贡献"之间
进行选择。真正的素食主义者会接受修复，而冒牌者会接受金
钱。不同的人会选择差异化的金钱与修复的组合，这就实现了
救济的自主私人化。

私人化与法律的目标

本书是关于法律规则在事实层面的私人化，也即：是否运
用更多与行为人有关的事实来定制更为精确的指令。至于大数
据如何重塑法律的目标或者规则旨在促进的价值，则不在本书
的讨论之列。机器将会执行人类的意愿和计划，例如，当法院
必须评估被告人的性格以校准刑事量刑时，法院并不会依赖于
证人证言，而是根据对大量数据的分析得出一个分值。与之类
似，当警告人们使用某产品的风险时，提示机制可以被设计为
只显示与每个人相关的风险，而非发出统一的完整的风险清单。

不过，私人化是否能够超越对于法律实施的机械式改进？
其是否会影响法律意在实现的目的？从某个重要意义上说，答
案自然是肯定的：规范性的范畴是会变化的。即使法律的目标
没有改变，实现目标的手段也可能改变。例如，个人被赋予的
权利和义务确实会发生变化，并引发各种福利与分配上的影响。
举例而言，将特定消费者保护进行私人化以实现更有需要的消
费者独享该保护，这一做法将导致规范范式的转变，该转变既

存在于个人层面（改变价值标准），亦存在于社会层面（改变权利的主体间分配）。但即便如此，政策的根本目标——此处为保护弱势消费者——在形式上并未改变。

指令在事实层面的私人化可能会产生更深层次的规范性影响。那些曾获瞩目的新目标与新愿景，虽然在小数据（small data）和统一性时代被认为并不现实，也将会变得可以实现甚至进一步改进。私人化的教育与医疗证明，其能做到的不仅仅是更精确地实施相同的对待；它们还能够使讲授新事物、发现新疗法成为可能。[37] 私人化的法律能够释放新的机会，激发社会对新目标和更宏大愿景的兴趣。例如，如果说统一性缺省规则最多有可能降低选择成本，那么私人化的缺省规则在此之外还能够告知人们最优选择并改善选择结果。再如，如果一项强制性保护规定因其普遍适用所引发的高昂成本而被否决，那么当其锁定于更小子集的更具需求的人群时，其就可能具备财政上的可行性和政治上的吸引力。

或许，私人化法律所引发的最根本的范式变革在于法律目标的选择与实现方式。凯西与尼布利特指出，当我们使用算法生成私人化指令时，"目标会在程序启动的瞬间被固定下来，因

---

37 U.S. Food & Drug Admin., Paving the Way for Personalized Medicine 2, 5–10 (2013), https://www.fdanews.com/ext/resources/files/10/10-28-13-Personalized-Medicine.pdf; Jennifer Bresnick, What Are Precision Medicine and Personalized Medicine?, *Health IT Analytics* (Jan. 11, 2018), https://healthitanalytics.com/features/what-are-precision-medicine-and-personalized-medicine; John F. Pane et al., Informing Progress: Insights on Personalized Learning Implementation and Effects 33–34 (Rand, 2017), https://doi.org/10.7249/RR2042.

此必须在其转换成代码时对其进行精准陈述"。[38] 私人化法律在设置任何法律目标时都需要一定程度的清晰性和深谋远虑。立法者再也不能在这一决定上蒙混过关，再也不能将法律中相互竞争的目标的明示协调工作推给法官，再也不能交由执法者在随后的具体调查中来厘清目标。任何法律目标的模棱两可、粗糙或不确定性，以及偏离目标所带来的成本，都将扰乱私人化算法，或者导致代码编写者手握过多的权力。除此之外，立法者也不能再对一项成文法的若干目标进行简单堆砌；相反，目标之间的相对重要性必须被精确地加以权衡。

　　多个目标，甚至多个相互冲突的目标，能够在算法驱动的法律中同时实现。但其中的权衡必须由立法机关也即人类做出。程序将被用来修正目标，以推翻陈旧目标并适应新的情况与顺位。法院或监管机关推翻立法目标或者回避立法目标之间冲突的自由，将会受到限制。然而，上述方案也可能受到颠覆性影响，这一影响来源于费根（Fagan）与利维摩尔（Levmore）所称的人类与机器的组合力量，其包括推翻私人化指令、适用新目标集合、避免那些造成计划外扭曲性与差别化的应用，以及质疑基础数据的质量与有效性的机会。[39] 因此，对于那些目标相互竞争、彼此争夺优先顺位的领域，算法可以提供一个附条件的方案——一个适配于特定目标集合的最优基准指令——作为最终指令的基础。这一效果，在人类行为人的世界中可通过自

37

38　Anthony J. Casey & Anthony Niblett, A Framework for the New Personalization of Law, 86 *U. Chi. L. Rev.* 333, 339 (2019).

39　Frank Fagan & Saul Levmore, The Impact of Artificial Intelligence on Rules, Standards, and Judicial Discretion, 93 *S. Cal. L. Rev.* 1, 7–8 (2019).

由裁量权来实现。

"明确目标"这一必经环节是私人化法律的主要障碍，但也是其幸运所在。从理论上说，事先明确目标是困难的。不过，将其坦率地写下来而非遮遮掩掩也同样重要。如果利益集团推动了一项优先考虑其利益的规则，那不妨就将其公之于众。我们将在本书的后续部分回溯到对这一困境的讨论。

结　论

私人化的法律既是旧赋，也是新词。长期以来，法律被粗略地加以私人化。我们提及了这些制度先声，它们是精确的数字式私人化法律的脉络基准。私人化的法律亦是崭新的，因为，私人化从"基于直觉"到"数据驱动"的转变，以及其广度的扩展，都将重新定义"因人制宜"的涵义。更多的信息被更精准地运用于更多类型的指令中，每个人均能适用其专有指令，这将带来新的机会与新的挑战。接下来，我们将开始探讨这些影响：私人化法律将如何影响法律的使命。

第三章　精确性的收益

第二章介绍了作为一种独特的法理范式的私人化法律。无数私人化指令通过一个中心化的算法加以推行，基于大量的个人特征来定制权利与义务。这是一项宏大的工程，其将彻底改变法律，并引发过多的挑战。为什么要这样做？本章开始回答这一问题。

私人化法律的正当性始于一个简单但令人难以置信的普遍见解：私人化规则具有更有效地实现任何法律的基本目标的潜力。其原因几乎是微不足道的：私人化的法律在定制个人指令时，会将更多相关情事及其差异性纳入考虑。这也是为什么定制的鞋子比均码的更舒适，私人营养方案比标准膳食方案更有效果，私人化诊断的用药比通用型用药的疗效更佳。统一的指令与规则尽管平均而言是最优的，但并不适合于具有多样化的偏好、特征、过往经历和生活方式的人们。

让我们设想一种效果因人而异的产品，比如药物。病人们可能从中受益显著，但有时也可能被其毒性所伤。鉴于基因、生活方式、饮食或药物的相互作用等因素，人们对治疗的反应参差不齐。当然，医生也已认识到这一点，其在开具处方时会将私人化因素纳入考虑。医生会询问病人的个人病史，进行筛查试验以预测药物对其个人的影响，并根据其个人情况调整剂量与医嘱。这种治疗的颗粒化具有明显的好处，而抛弃颗粒化、采用单一治疗的方式则可能构成医疗过失行为。

然而，令人诧异的是，尽管情境类似，定制化医嘱的逻辑却并未引起法律指示的设计者的注意。例如，侵权法要求药品生产者对于药品的风险和副作用加以警告。讽刺的是，该方式却是非私人化的。不同于"因病人需求而异"的医生义务，药品生产者的义务是通用的：每个患者必须在同一时间、以统一的格式收到相同的警告清单，而不论这些信息的相关性、可获取性或者及时性如何。每年有数以万计的病人死于因复杂的警告、难以理解的混乱医嘱和无效的风险沟通所引发的用药事故。[1]有时候，病人们只是单纯地不听指示。但很多时候，这些指示对于病人而言并非显而易见。医疗信息披露的内容和顺序反映的是对于临床上全部人群的重要事项，例如药物不良反应的平均概率和严重性。[2]病人们可能遭遇的风险以及吸收信息的能力的差异（根据预测与观测得出）在此并不重要。其"获得公平警告"的法定权利意味着，每个人都能得到同样的、有关所有风险的完整清单。即使该风险仅针对特定年龄、性别、妊娠或过敏症状的患者，其披露也会面向所有人。

这种统一的全面披露是基于一种看似合理的期望，即每个

1　Lakshmish Ramaswamy et al., Towards a Mobile Cloud-Enabled Personalized and Context-Aware Drug Safety Advisory Framework for Mitigating Pharmaceutical Accidents, 2014 IEEE Internat'l Conference on Healthcare Informatics.

2　参见 U.S. Food and Drug Administration, Guidance for Industry Warnings and Precautions, Contraindications, and Boxed Warning Sections of Labeling for Human Prescription Drug and Biological Products—Content and Format (Oct. 2011), https://www.fda.gov/media/71866/download。

患者都能从成堆的警告中提取出与其自身相关的段落。遗憾的是，这种期望并没有得到经验的支持。这些警告太长、太复杂、太技术性，因而不太有用。全面披露策略可能适用于菜品琳琅满目的中餐馆，但对于解决患者手册上针对陌生的技术性风险的信息过载问题而言，它是徒劳的。私人化的精确性收益——为用户提供对其个人有针对性的信息，而非有关产品或一般大众的通用信息——在药品生产者与患者的法律关系中被挥霍一空。医疗实践已经学会了以私人化方式提供医疗建议与疗程，而法律实践却对这一方式疏于顾及。

私人化的信息披露规范将改变这一点。它将强制要求每个患者接收与其相关的、独一无二的警告集合。老年男性患者不再需要接收有关妊娠或青春期综合征的警告；有关药物相互作用风险的警告则应仅向那些同时服用多种药物的人发出。如果相关数据存在，且算法能够对人们的不同风险做出可靠预测，定制化的警告对人们来说将更有价值；其将提醒人们所面临的实际伤害；此外，其亦有可能克服那些既有的、被广泛证明的 41 警告理解障碍，以及由此引发的诸多药物误用问题。[3] 私人化的提示可以通过智能手机发送，可以被单独放置在一个私人化的"黑框"中，并从非私人化且未经阅读的完整披露中移除。[4]

---

3 Omri Ben-Shahar & Carl E. Schneider, *More Than You Wanted to Know* 68, 77–78, 83 (2014). *See* Ramaswamy et al., *supra* note 1, at 220, 221.

4 一些药物的黑框警告建议患者在使用前进行私人化测试，这表明，生产者尽管已经注意到个体差异，但却并未采取下一步行动——自主实施警告的私人化。参见 Lynn G. Dressler, Integrating Personalized Genomic Medicine into Routine Clinical Care: Addressing the Social and Policy Issues of Pharmacogenomic Testing, 74 *N.C. Med. J.* 509, 512–513 (2013).

因人而异的不仅是警告的内容，还有沟通的策略。不同的信息传达方式会产生不同的接收效果。非英语使用者显然应当以其母语接收警告，且信息的数量与语言风格应当符合其读写能力和处理水平。广告商早已学会了如何利用个人数据进行有效的受众划分与定位，并预测消费者的需求。[5] 如果这种定制的沟通模式在自愿性披露领域有效，其难道不应当同样应用于强制性披露吗？私人化的法律将把警告的形式从广播（broadcast）改为窄播（narrowcast），直至改为私播（personal-cast），以实现更有效地到达每个人的效果，并减少有用信息被忽视的可能。[6]

我们称这种基本逻辑为私人化规则的精确性功能，因为其使得法律指令更适配于每种情形。精确性功能是任何类型的私人化的基本支持论据。该逻辑已经在其他形式的法律情境主义的运用中获得了广泛理解。更精确的指令根据更相关的因素和情景来对行为加以区分，其通常会促进法律目标更好地实现。[7] 私人化规则是情境化规则的类型之一，其着眼于那些识别每一行为人的相关情事，并赋予任何法律的任何目标以更高的精确性。如果受害人均能按照其实际伤害而获得赔偿，那么"填平每个受害人损失"的目标就能够实现。如果加害人面临的是基于其个人避险能力的私人化注意义务标准，那么威慑与事故预防效果就能够得到优化。如果退休储蓄的缺省规则是私人化的，

5　参见 2019 Digital Trends, *Econsultency*, at https://econsultancy.com/majority-of-marketers-data-audience-targeting-priority-2019/。

6　参见 Ariel Porat & Lior J. Strahilevitz, Personalizing Default Rules and Disclosure with Big Data, 112 *Mich. L. Rev.* 1417, 1471 (2014)。

7　Louis Kaplow, General Characteristics of Rules, in *Encyclopedia of Law and Economics* 504 (Boudewijn Bouckaert and Gerrit De Geest eds., 2000).

而非反映平均的理财偏好，那么交易成本将会更低，经济效益　42
将会有所提升。如果消费者获得的是私人化的、不可排除的基
本权利集束，那么消费者福利就会有所增加。

　　本章将介绍精确性功能。精确性在生活的许多方面都十分
重要，我们希望论证其广泛的优势所在。精确性同样是昂贵的，
因此在本章的开始，我们将阐释以私人化规则实现精确性的若
干障碍。尽管成本较高，精确性却始终不可或缺，我们将指出，
即使在没有数据驱动的算法私人化的时代，精确性也在法律中
无处不在。有关精确性的收益及其直观吸引力的认识，将构成
我们对于"私人化法律机制为何应被认真对待"的基本论点。

万物皆可私人化

　　精确性功能在生活的其他领域是如此自然，以至于我们经
常忽略其存在。精确性功能解释了各种待遇的私人化。我们认
为，私人化的收益将会通过法律这个私人化尚未被确切接纳的
领域来实现。因此，我们希望从基础开始重述其逻辑，通过认
识精确性功能的普遍性，将其原理引入法律领域。

　　在法律之外，人们普遍认为私人化能够带来精确性收益。
在现代化早期，新兴的生产方式以标准化与统一性为重心。用
于提升产量的机器取代了人工与定制模式。规模化生产实现了
产品的更低价格和更高可得性。生产同质化产品的大规模生产
线所节省的成本远远超出私人化消费所带来的潜在价值。

　　私人化姗姗来迟。财富的提升使人们有条件发展并满足自
身的异质化偏好，对此，工厂生产线不得不重新加以设计，以

实现至少是粗略的私人化。这种做法意味着牺牲一部分高效率的统一性，以换取更多定制化的消费收益。服装继续采用大规模生产而非量体裁衣，但在尺寸、颜色与设计上有所差异。房屋是按照既定的平面图纸建造的多单元楼房，但"装饰"甚至结构特点均可根据买方需求定制。食物——无论是快餐还是正餐——均是批量预制的，但会根据消费者的点单"组装"成各色的定制菜品。走进小辣椒（Chipotle）餐厅[*]，你就可以根据自己的喜好搭配不同食材，定制自己的菜肴。相比于预先做好的墨西哥卷饼，一顿自行搭配的菜肴更为诱人！它可能更贵，但却更加适合你——这就是精确性功能的要旨。

43

让我们环顾四周，看看那些以私人化形式出现的商品与服务，以及其所带来的收益。顾客可以在附近的早点铺里点一份"老样子"，服务员会记住他们喜欢什么样的鸡蛋做法。保险公司会根据投保人的风险分类及其避险特征，对承保范围、免赔额与折扣加以私人化。产品设计师永远在寻找使消费者获得个性化消费体验的方法。可口可乐的"共享一瓶可乐"营销噱头，是在可乐罐上印制一些常见的人名。如果你足够幸运地找到了印有自己名字的易拉罐（我们找不到印有"欧姆瑞"或"艾利尔"的易拉罐，但听说可以在可口可乐网站上下单定制姓名的罐子），那么这个世界上最标准化的产品就突然有了私人化的意味。如果这看上去只是对"独一无二"的拙劣模仿，那么来看看耐克的私人定制跑鞋吧。耐克邀请那些愿意支付高昂溢价的顾客在"由你耐克"（Nike-By-You）网站上设计自己的鞋子。

---

[*]　一家全美连锁的墨西哥风味轻食餐厅。——译者

更棒的是，人们可以用智能手机扫描自己的脚，来订购一双仅适合自己的 3D 打印鞋。[8]

我们的身体各不相同，并需要不同程度的打扮与保养。定制的枕头、定做的牙具以及个性化的健身套餐因此应运而生。私教行业已经发展到可以满足私人定制训练要求的程度，其能够根据每个人的需求、特长和目标来量身定制训练。在健身行业，私人化的健身服务比私人化的健身设备更容易实现——我们有私人教练，但却没有私人化的跑步机。不过，以健身 APP 为代表的健身设备越来越多地允许用户调整其运动偏好、记录其个人进度，以创建定制化的健身活动。

如果说现代化与工业创新使得"高效生产"与"一定程度的私人化"的结合成为可能，那么数据技术与人工智能革命则推动了这一趋势，并拉开了"大规模私人化"时代的序幕。"大规模私人化"即根据更详细、更私人的喜好、性格、需求等信息来定制产品。[9]奈飞（Netflix）采用算法推送节目的做法广为人知，它比你自己更知道你自己喜欢什么。该平台并不关心年龄或性别（那是旧世界的分类！），因为其掌握了那些更私密、更相关的情况。它知道你什么时候暂停或不再观看某节目，什么时候将某个标题加入观影列表或者浏览后选择不看。它会将你的个人资料与其他数以亿计的会员进行比较，找出相似之处，并做出预测。没有两个用户会在奈飞主页上看到完全相同的标

44

8　参见 Aviva Freudmann, Customers Want Customization, and Companies Are Giving It to Them, *N.Y. Times* (Mar. 18, 2020), https://www.nytimes.com/2020/03/18/business/customization-personalized-products.html。

9　M.M. Tseng et al., Design for Mass Personalization, 59(1) *CIRP Annals* 175 (2010).

题组合。[10] "我们不是只有一个产品，而是有超过一亿种产品并将其中之一对应于某一个会员，配合以个性化的推荐和个性化的视觉效果。"[11]

不仅是产品，合同也是私人化的。威瑞森公司（Verizon）以其"拒绝一刀切"的营销活动来吸引顾客，该活动提供定制的无线网络套餐，实现家庭成员之间数据访问权限的差异化。[12]即使在格式合同的时代，私人化的合同权利也非常普遍。人们可以调整 APP 的隐私设置，延长产品的质保期限，挑选退订退款选项，与债权人协商贷款变更条款。企业总会选择将其与客户的合同关系的某些方面加以私人化，即使是那些采用格式合同的企业。他们向忠实的客户提供合同优待，向犹豫的顾客提供定制折扣，一旦有价值的顾客投诉，他们会免除部分小字条款。

既然人们签订的合同能够且经常被私人化，来更精确地满足其偏好，那么为什么用以填补合同的缺省规则不行呢？缺省规则是现成的合同条款。举例而言，缺省规则规定了默示质保期与违约救济，一旦合同中缺乏对该类事项的明确约定，当事人即可求助于此。两种收益将不相上下——双方通过协商性条款的私人化所获的精确性收益，以及双方从法律对非协商性条款的私人化中所获的精确性收益。

10　How Netflix's Recommendations System Works, *Netflix*, https://help.netflix.com/en/node/100639 (last visited June 22, 2020).

11　Ashok Chandrashekar et al., Artwork Personalization at Netflix, *Netflix Tech. Blog* (Dec. 7, 2017), https://netflixtechblog.com/artwork-personalization-c589f074ad76 (emphasis in original).

12　One Size Does Not Fit All, *Verizon* (June 14, 2018), https://www.verizon.com/about/news/speed-june-14-2018.

"一刀切"也有优点，其中最重要的就是简易性。如果私人定制意味着复杂，那么统一就意味着简单。简单意味着更低的生产成本。从定义上看，其也意味着更少的信息要求。私人化 45 因而必须彰显出充足的优势，才能战胜统一性在缔约与信息上的经济性。由于信息在这一取舍中占据核心地位，结论不言而喻：若信息成本下降，则精确性收益就会胜出。简言之，这就是本书的点睛之句：电子数据的出现使信息变得更容易被获取，而随着法院与立法者获取信息的成本逐渐降低，最优平衡将会向"更高的法律精确性"倾斜。这一转变将在私人化法律中达到极致。

事实上，正如许多向"私人化产品"转型的行业一样，法律也是一种服务。无论是出于安全、贸易、协调、争议解决还是其他治理需要，法律为人们和社群提供规范与规范的执行。但是，与健身或餐饮等行业不同，法律私人化所面临的挑战不仅关乎技术与信息，还关乎道德。在其他行业中，我们没有理由主张人们应当获得平等对待：让所有人穿同样尺码的鞋子，吃同样做法的蛋，或者做同样的健身运动。这样的统一性，无法阐释出任何有意义的"平等待人"理念。此外，由于人们总会找出自主私人化其产品的方式，这种统一性也难以实现。但是，多数法律的分配结果并非由市场决定，而是从统一性的范本中来。在本书中，我们将思考法律是否应当如此。

私人化的收益

在全力应对私人化法律的难题之前，我们必须首先认识到其所带来的好处。我们的第一步是，窥探其他非市场性服务，并了解从大数据使私人化成为可能以来，这些服务领域所经历的深刻变革。教育、健康、营养均是由精确化驱动的私人化革命的关键例证。

私人化教育的目的是根据学生的差异性需求、认知能力、兴趣、志向或文化背景来定制学生的学习环境。内容、节奏、目标与教学方法均是为每个学生量身定制的。私人化的学习平台通常会获取每个学生的档案数据，并根据纳入编程的评估工具与各种熟练度指标对其数据进行更新。[13] 当学生感兴趣或擅长时，其往往比感到无聊或不擅长时学得更好——基于此，已有不少证据表明，私人化教育对早期阅读和数学成绩的提升具有统计学上的显著好处，特别是对那些在教育初期成绩较差的学生。[14]

私人化教育正处于早期阶段，其大力推广，是那些急于向学校出售技术产品的商业平台所推动的。因此，对于那些宣称其成功的不成熟言论，我们评价时必须保持审慎的态度。不过，既然众所周知，学生入学时的认知与智力起点并不一致，那么统一的学习环境对学生学习差距和不平等的扩大也就不足为奇了。因此，用个人化进度等所谓的精确性教学（precision teaching）取代当前粗糙的"跳级"模式，在逻辑上是令人信

---

13 Noel Enyedy, *Personalized Instruction: New Interest, Old Rhetoric, Limit Results, and the Need for a New Direction for Computer-Mediated Learning* 3, 11 (2014); Judith M. Harackiewicz et al., Interest Matters: The Importance of Promoting Interest in Education, 3 *Pol'y Insights in Behav. Brain Sci.* 220, 221–22 (2016).

14 John F. Pane et al., Continued Progress: Promising Evidence on Personalized Learning 9–11 (2015), https://www.rand.org/pubs/research_reports/RR1365.html.

服的。举例而言，佛蒙特州将私人化教育视为促进"公平"（equity）的途径，因为其允许"学生按照自己的节奏推进学习，并为其提供空间与时间"。[15] 国会为兑现其"为所有学生提供平等机会"的承诺，颁布了《每个学生成功法案》（Every Student Succeeds Act），要求拨款用于"通过学习过程私人化来提高学生学业成就"以及"为每位教师制定私人化方案"。[16]

　　私人化教育为我们随后将扩展到的私人化法律提供了深刻见解。其广受称赞的一项收益在于，学生能够将自己的偏好和信息输入系统，并根据自己的需要调整环境。这是一种外部的数据收集方式，法律可以将其纳入私人化缺省规则和披露的设计中。为使人们匹配到最优法律待遇，人们可能会被要求回答几个分类问题，这些问题将被用来定制最合适的缺省规则、提供有用的警告与相关披露。

　　在私人化教育之外，私人化医疗是一个更能淋漓尽致地展现精确性功能的突破性领域。希波克拉底认为，"知道什么人会得病比知道一个人得了什么病重要得多"，近年来的基因科学、图像学、计算生物学与人工智能的发展进一步证明了他的观点。[17] 私人化医疗根据每个病人的解剖学、生理学信息与应用场景，为其量身定制治疗方案。类似于教育领域，通用型的治疗

47

15　Why Is Proficiency-Based Learning Important?, *Vt. Agency of Educ.* (May 10, 2017), https://education.vermont.gov/sites/aoe/files/documents/edu-proficiency-based-education-why-is-proficiency-based-learning-important.pdf.

16　Every Student Succeeds Act, Pub. L. No. 114–95 (2015). 另参见 20 U.S.C. § 7119 (2015)。

17　Nicholas J. Schork, Artificial Intelligence and Personalized Medicine, 178 *Cancer Treat. Res.* 265 (2019); Mohammed Uddin et al., Artificial Intelligence for Precision Medicine in Neurodevelopmental Disorders, 2 *NPJ Digital Medicine* 212 (2019).

方式被以数据分类的私人化计划所取代。我们所教育和治疗的是人，而不是人群。[18]

私人化医疗的一个主要优势是诊断的准确性。"浅层医学"（shallow medicine）使用统一方案而非差别化方式来诊断疾病，忽略了许多个人因素，因此始终被误诊所困扰。据估计，美国每年发生 1200 万起重大误诊。误诊造成了治疗方式的错误，这既是对病人的伤害，也会造成经济层面的严重浪费。[19] 使用基因检测来指导诊疗决策则可以改善这一结果，其优势尤其在于，后续治疗能够根据患者的情况进行调整。

举例而言，早期癌症筛查可以挽救生命，但如果被广泛且不加区别地推行，则也会导致过度诊断、假阳性错误和不必要的治疗。[20] 如果一些病人的基因型使他们更容易被诱发某些疾病，他们应该更早、更频繁地接受筛查，并接受预防性护理，但没有必要让其他病人接受不必要的检查。[21] 同理，以基因型调整的检测门槛的使用，仅对某一类病人的救治而言至关重要，即那些未达到统一性门槛、因而未被发现和治疗的病人。[22]

18　Eric Topol, *Deep Medicine: How Artificial Intelligence Can Make Healthcare Human Again* (2019); Paving the Way for Personalized Medicine, Food & Drug Admin (2013).

19　Hardeep Singh et al., The Frequency of Diagnostic Errors in Outpatient Care: Estimations from Three Large Observational Studies Involving U.S. Adult Populations, 23 *BMJ Quality & Safety* 727, 729 (2014).

20　参见 H. Gilbert Welch et al., *Overdiagnosed: Making People Sick in the Pursuit of Health* (2012)。

21　Gemma Binefa et al., Colorectal Cancer: From Prevention to Personalized Medicine, 20 *World J. Gastroenterology* 6786, 6789 (2014).

22　Andrew D. Paterson, HbA1c for Type 2 Diabetes Diagnosis in Africans and African Americans: Personalized Medicine NOW!, 14 *PLOS Medicine*, Sept. 12, 2017, at 1, 2.

　　私人化医疗仅仅处于起步阶段，但已经证明了自身价值。研究人员已经确定了癌症治疗的"生物标记"，这意味着，某些 48 遗传特征需要特定的治疗方式。[23] 通过识别基因突变类型和个体分子标记，癌症医学"成功地将传统肿瘤分类细分为表现不同的亚群"，从而使治疗更具针对性，患者存活率更高。[24]

　　私人化医疗也极大地从更精确的风险预测中获得收益。在此，大数据用以识别相关性，以改进原有的基于标准的（和统一的）风险因素的预测。温（Weng）在 2017 年的研究发现，有一半的心肌梗死和中风患者不属于传统的预测类别（性别、年龄、吸烟状况、血压、胆固醇、糖尿病）。相比之下，一项考虑其他 22 类因素（如 BMI、种族、高血压、特定用药）的算法则具有更好的预测能力，并发现了以前未被用于风险预测的相关因素。[25]

　　此外，重要的是，算法可以预测死亡率并帮助医生确定临终病人的最佳姑息治疗方案。利用大量的输入值集合（诊断数据、过往疗程、人口统计数据、用药信息），一项算法能够以惊人的准确性预测一个人可能的死亡时间，从而帮助避免不必要的治疗，并提供更好的建议。[26]

　　最后，让我们讨论一下私人化营养——另一个从"统一性"

23　Joseph A. Ludwig and John N. Weinstein, Biomarkers in Cancer Staging, Prognosis and Treatment Selection, 5 *Nature Revs. Cancer* 845, 846 (2005).

24　同上。

25　Stephen F. Weng et al., Can Machine-Learning Improve Cardiovascular Risk Prediction Using Routine Clinical Data?, 12 *PLoS One* e0174944 (2017).

26　Anand Avati et al., Improving Palliative Care with Deep Learning, 18 *BMC Med. Informatics & Decision Making* 55, 56, 63 (2018).

向"私人化"模式转变的领域。我们社会中最无效的自助商业领域之一就是膳食行业,其有着堆积如山的通用型的配方。[27] 该行业怀揣着帮助人们既吃好、又减肥的远大抱负,但结果却令人失望。统一膳食失败的原因可能有很多,其中最主要的原因可能是,其难以激发足够的意志力(和预算)来维持更健康的饮食与生活。不过,不精确性放大了有效膳食方法的实施难度。托波尔(Topol)曾说道,"营养指南所面临的最大问题是单纯地认为存在一种所有人类都应当遵循的膳食方法"——这一想法"在生物学和生理学上都是不可信的"。[28] 每个人对于同一食物有着不同的反应,因为这种反应依赖于上千种独特的细菌种群,它们占据了肠道中的四十万亿个微生物细胞,这就是为什么"通用的、普适的营养方法根本不起作用"。[29] 尽管现在庆祝私人化膳食计划的成功还为时过早,但统一性路径的普遍失败为其改进留下了较大空间。

49

    教育、医疗和膳食都是规则的系统——如何教育孩子、治疗病人、大快朵颐。当这些系统从统一性指令转变为私人化指令时,人们会得到更好的教育、照顾及营养。当它们结合大数据与人工智能,并基于诸多个人属性来加以私人化时,其工作效果会更上一层楼。私人化的法律规则是否也能带来类似的收益?

---

27 Alexandra Sifferlin, The Weight Loss Trap: Why Your Diet Isn't Working, *Time* (May 25, 2017), https://time.com/magazine/us/4793878/june-5th-2017-vol-189-no-21-u-s/.

28 Eric Topol, *Deep Medicine* 241 (2019).

29 Eran Segal & Eran Elinavf, *The Personalized Diet: The Pioneering Program to Lose Weight and Prevent Disease* 119, 132 (2017).

私人化法律的收益

本书的目的是评估私人化法律的优点。尽管本书的大部分内容将着眼于其潜在陷阱与反对意见，我们整个研究的要旨却始于一个关于私人化规则的社会价值的非常简单且普遍的主张——精确性功能。举例而言，桑斯坦提倡私人化的缺省规则，是因为私人化缺省规则"克服了'一刀切'路径的诸多相关困境，以促进个人主义并提高准确性"。[30]前文中，我们首先关注了其他社会系统中精确性功能的实践，在这些领域，数字化的私人待遇正在发挥显著价值。这些调研均指向一般性的精确性功能。接下来，我们将论证私人化法律指令的独特收益。

我们将以私人化的隐私权为例，并关注"总体福利的提升"这一特定目标。该示例将在其限缩背景下体现私人化权利有别于统一性权利的社会价值。举一明众，其结论具有更普适的意义。该示例并未涉及其他规则类型和社会目标，我们将在下一章中将其逻辑扩展至更广泛的领域。

假设一部法律将用来规制数字平台从用户处收集的数据类型，平台从数据收集中获益，而用户会因此遭受一定的不便或成本。人们的隐私利益各不相同，为了简单起见，我们假设存在两类人：谨慎（prudent）的人和随意（carefree）的人。这两类人均希望其个人数据被收集得越少越好，但谨慎的人具有更高的偏好强度。让我们假设（同样为了简单起见），平台收集的

30 Cass R. Sunstein, Deciding by Default, 162 *U. Pa. L. Rev.* 1, 48 (2013).

信息越多，信息价值就会越高，而这一点不会因人的谨慎或随意特征而变化。

为了使该分析框架在不失普适性的前提下更为具体直观，我们假设如下数值。

表 1　当事人收益情况

当事人类型	数据收集数量		
	最小值	中间值	最大值
"谨慎的人"成本	0	−12	−50
"随意的人"成本	0	−4	−6
平台收益	0	10	20

表 1 显示了相关当事人的收益情况及其与数据收集数量的依存关系。例如，当平台收集"中间"数量的个人数据时，每个用户会为平台带来价值为 10 的收益，而用户的收益为负：其中谨慎型用户为−12，随意型用户为−4。收集更多信息将增加平台的价值与用户的成本。为简便起见，我们假设，数据收集数量处于"最小值"时，全体当事人的收益与成本均为 0。

统一性法律。什么是最优的统一性规则？这取决于各种类型出现的频率。如果社会中的全体平台用户均为谨慎型，则使价值最大化的统一性规则为"最小值"，整体福利为 0。任何大于"最小值"的数据收集均会导致负的整体福利。而如果社会中所有人均为随意型，则使价值最大化的统一性规则为"最大值"。这一规则能够使每个用户单位的整体福利达到最高，净收益为 14（平台获益 20 减去每个随意型用户的损害 6）。

当然，更有趣的情形是社会中同时存在谨慎的人与随意的人——此时必须进行权衡，并有私人化适用的空间。假设两类人在平台上出现的频率相等，也即 50∶50。那么，最优的统一性规则应为"中间值"。其造成的预期损害为 8（12 与 4 的平均值），而产生的收益为 10，最终得出，每用户单位的净平均福利为 2。如果此时将规则调整为"最大值"，则会造成 28 的平均损害与仅仅 20 的平均收益，最终得出 -8 的负平均福利。反之，如果将规则调整为"最小值"，则会将净福利归于 0。因此，如果隐私权设置是统一的，那么在没有某一类型用户占主导地位的异质性社会中，最优选择应当是"中间值"权利。

私人化权利。让我们假设一个新的体系，在该体系下，最优规则能够区分谨慎的人与随意的人，并分别配置二者的隐私权。对于谨慎型用户，最优的权利配置是允许平台进行"最小值"的数据收集。任何超出该限度的授权均会导致用户损害大于平台收益。相反，对于随意型用户，最优权利配置是允许平台进行"最大值"的数据收集，此时的净福利为 14，高于"中间值"权利所产生的净收益（6）和"最小值"权利所产生的净收益（0）。在此种私人化权利的适用下，社会预期福利为 7，也即 14 与 0 的平均值（当用户类型分布相等时）。

在统一性机制下，我们能够达到的最高平均福利为 2，而在私人化机制下，最高平均福利上升至 7。私人化权利产生的福利提升超过了最优的统一性机制，这一结果不足为奇。与其赋予每个人"中间值"权利（在上述示例中，这种"中间值"权利对于任何类型的人而言都不理想），法律不如根据个人的信息类型进行权利分配。换言之，统一性规则如其定义，要求一部分人接受对其而言并非最优的权利，而私人化的法律则解决了这一错位。

还需注意的是，法律用以实施"理想的统一性机制"与"理想的私人化机制"所需的信息类型并不相同。人们可能很轻易地认为私人化的法律需要更多信息，且这一需求会阻碍其实施。我们将用一整章（第十一章）内容来研究该问题，不过，上述简单的例子已经证明，这一猜想不一定是正确的。相反，我们可以得出一个有关信息负担的有趣权衡。私人化的权利需要用户类型的相关信息，以便为每个用户提供个人最优权利，比如，"每类用户所面临的成本是多少"就是必要信息。私人化的权利也要求法律准确核实每个用户的类型。相比之下，统一性权利虽然无需识别每个个体，但其确须了解有关差异化收益和类型分布的信息。我们看到，最优的统一性规则取决于每种类型用户的数量，以及其对权利的赋值。一般而言，我们很难说法律更难收集何种信息——是身份本身抑或身份的分布。同样地，当法律规则要求人们预判一种行为标准（例如合理注意标准）时，也很难说人们更善于评估对其自身最优的指令，抑或符合全社会成本效益分布的最优平均指令。

此外，即使私人化权利所需信息的获取成本较高，这也将是值得的。在前述例子中，从"最高价值的统一性规则"转变为"最高价值的私人化指令"的过程中，人均净福利从 2 增加到 7。如果这种改变所需的信息成本低于 5，则私人化机制更有效率。

私人化隐私权所产生的收益有可能在统一性权利机制下也不会完全丧失。统一性的权利也可以通过交易实现私人化分配。

如果人们被赋予统一的隐私权，一部分人可能会将其出售，而另一部分人可能会购买额外保护。在前述示例中，如果采用统一的"中间值"权利机制，则随意型用户会欣然向平台出售其部分数据隐私，而谨慎型用户则将为更多隐私付费。平台已经向人们"付费"（例如，通过提供免费服务）以获取更多数据访问权限，并允许用户购买"高级"服务以确保其保留更多隐私。[31] 一些倡议者不喜欢这种自主私人化的交易。他们担心，许多消费者无力为更多隐私买单，且平台不应当被允许"操纵和强迫消费者放弃其隐私"。[32] 如果私人化的法定权利能够被正确分配，负担能力的问题就将不复存在：那些为隐私权赋值更高的人将得到保护。

精确性的生产成本

53

精确性价值颇丰，但也成本高昂。最优的私人化是"所产生的收益"与"所付出的成本"相权衡的结果。本书的大部分内容将探讨在私人化法律的独特情境下所产生的种种成本，这是在其他私人化领域中不曾出现的。不过，在本章的剩余部分，我们将讨论法律规范精确性的一般性成本。

从逻辑上看，精确性的实施成本高昂。私人化系统的设计

31　Omri Ben-Shahar, Your Internet Privacy Should Be Up for Sale, *Forbes* (Aug. 8 2016), https://www.forbes.com/sites/omribenshahar/2016/08/08/your-internet-privacy-should-be-up-for-sale/#61bcd0557ef2.

32　Eric Null, Comcast Wants You to Empty Your Wallets to Protect Your Privacy, *New America* (Aug. 5, 2016), https://www.newamerica.org/oti/blog/comcast-wants-you-empty-your-wallets-protect-your-privacy/.

者需要了解个体间的差异，从而制定差异性待遇。其次，其必须解决人们的履行问题，这就需要建立私人化指令的实时制定方法。我们将精确性成本分为两类：信息成本与技术实施成本。对于实体工厂流水线上的产品生产而言，其主要挑战在于技术实施层面。而相比之下，对于数字产品（例如数字音乐流媒体服务）而言，技术上的挑战相对较小，其主要挑战在于每个用户的偏好信息。而对于法律而言，技术与信息的挑战均可谓严峻。

长期以来，法律的精确性被认为与信息成本相关。路易斯·卡普罗（Louis Kaplow）的著名研究表明，信息成本是法律指令的最优精确性的主要决定因素。精确性，也即决定规则的因素的数量，存在于私人化等情境主义的各种维度上。精确的规则包含更多事实，因此更为复杂和"昂贵"，这体现在"政府制定、当事人解释与执行机关实施"的方方面面。[33] 由于信息成本是决定指令的最优精确水平的关键驱动因素，信息成本事实上限定了法律促进最优行为的能力。

私人化的法律放大了某些信息成本，又弱化了其他成本。其要求立法者掌握更多关于人与人之间的具体差异性的信息，以及如何将此种差异转化为指令的信息。其还要求行为人知晓有关指令内容的信息。"只要信息获取成本不过分高昂，更精确的法律往往更为可取。"[34] 指令如果不能被充分沟通，其就面临因人们的忽视而引发的额外成本；如果不遵守复杂指令将会带来惩罚，人们就会噤若寒蝉，放弃自由行动。因此，如果私人化

54

33　Kaplow, *supra* note 7, at 504. 此外，对于一般性问题，参见 Kaplow, The Optimal Complexity of Legal Rules, 11 *J. L. Econ. & Org.* 150 (1995)。

34　Kaplow, *supra* note 7, at 505.

法律会更复杂，人们将如何获知其私人化指令？是否会简单地
选择无视指令？

　　私人化法律尽管复杂，但能够降低人们发现指令的成本。
系统的复杂性在于算法层面，其在个体层面可以是简单平实的。
奈飞公司用于实现个性化电影推送的算法复杂至极，但其呈现
于每位用户桌面上的列表却简明易懂。在任何一项私人化机制
中，人们均不需要触类旁通地掌握完整系统，其唯一需要关注
的只有为自己生成的特定输出值。凯西与尼布利特认为，"法律
在对特定场景的控制中可能考虑成百上千个因素，但个人只会
收到一个简单的指令，例如红灯或绿灯"。[35] 数字平台能够在瞬
间向人们传送私人化指令，这使得接收者对产生该指令的程序
复杂性浑然不觉。

　　让我们考虑一下生成特定指令的法律标准与原则。尽管指
令可能是维度单一且简单的，但作为其来源的标准却极为复杂，
已将无数种因素纳入了考量。例如，"安全驾驶"标准可能包含
许多因素，包括每个司机的个人特征。但其最终只会向每位司
机发送简单的指令，比如驾驶时仪表盘上闪现的私人化限速。
在由算法运行的私人化法律机制中，发送指令的系统将是高度
复杂的，但行为人的信息成本可能微不足道。简言之，指令能
够被实时调整与沟通，以较低成本实现更高精确性。

　　让我们进一步考虑执行私人化法律所需的信息。私人化法
律需要不同的法律执行方式，可能成本更高且更为复杂。例如，

35　Anthony Casey & Anthony Niblett, The Death of Rules and Standards, 92 *Ind. L. J.* 1401, 1411 (2017).

人身损害赔偿诉讼必须基于个案证据裁判，因此，其裁判成本高于采用标准化损害赔偿计算的纠纷。在没有数字运算方法的情况下，这种成本可能令人望而却步——详细的质证，医疗鉴定的针锋较量，以及堆积成山的文档记录中的艰难取证。事实上，标准化的损害赔偿计算表一直都是低成本裁判的显著例证。还有什么比在一张表上寻找原告对应的单元格更容易的事情呢？

大数据和计算机处理能够降低执法成本。旧世界的损害赔偿计算表将被转换成一个拥有数十亿个私人化单元格的数字程序。对于计算机来说，处理大量数据、从中找到模型并导出私人化输出值的成本并不高：一次性编程的成本使得事后生成与验证个人指令的成本几乎微不足道。对法官来说，按一下按键就会生成私人化数额，也即系统推荐的原告实际损害赔偿金额。

私人化立法需要各种不同的信息。如果说在过去设计统一性规则的成本相对更低，那么在现在，定制私人化指令的成本可能相对更低。过去的统一性规则至少必须基于对平均值的粗略估计，例如受害人的平均损害或者加害人的平均预防成本（这样才能设定"理性人"标准）。一篇问世较早但影响深远的关于法律设计的文章曾指出，法院对平均社会措施的评估一定比对准确的私人化措施的评估更为容易。[36] 在经济学领域，最

36　参见 Louis Kaplow & Steven Shavell, Accuracy in the Assessment of Damages, 39 *J.L. & Econ.* 191, 192, 199–203 (1996)。一般参见 Louis Kaplow, The Value of Accuracy in Adjudication, 23 *J. Legal Stud.* 307 (1994); Omri Ben-Shahar, Should Products Liability Be Based on Hindsight?, 14 *J.L. Econ. & Org.* 325 (1998)。

新的假设是，当信息不完全时，行为人与决策者会知道其个人特征的"密度分布"（density distribution），其能够轻而易举地从中得出对平均参数的估算。同理，也可以假设，这些行为人必须花费额外的"信息成本"来学习特定的、个人的特征。即使在旧世界，这些假设也不无疑问——真的有人（除保险公司以外）了解各种损害的分布吗？话虽如此，我们确实正在迅速实现这样一个现实：设计私人化指令比设计平均性指令更便宜；指令能够被实时沟通；人们不再依赖于粗略的司法评估，也不再自欺欺人地从直觉中寻求有关法律标准的建议。在这样的世界中，如果将统一性法律作为基准线，则私人化指令具有负信息成本的特点。

以器官捐献的缺省规则为例。尽管这一问题涉及强烈且差别化的个人偏好，但绝大多数人并没有作出确切的选择，而是依赖于缺省规则。[37] 大多数人甚至可能不知道缺省规则的内容是什么，或者器官捐献承诺意味着什么。法律体系挣扎于对各种因素的平衡——政治和宗教的考虑，社会上的器官需求，以及对于个人自主权和选择的尊重。私人化的法律能够将我们从这种权衡中解脱出来，这是因为，其并不需要选定唯一一个规则，并用该规则来汇总和衡量所有相互竞争的利益。相反，私人化的法律会根据算法对每个人的偏好加以预测，为每个人设定"捐献"或"不捐献"的默认值。无需知晓偏好的强度或者社会上各种偏好的分布情况，但必然需要充分的调查证据，能够按

56

---

[37] Shai Davidai et al., The Meaning of Default Options for Potential Organ Donors, 109 *Proc. Nat'l Acad. Sciences U.S.* 15201 (2012).

照个人与人口属性划分偏好。[38]

当下我们能够撰写本书，是因为信息成本已被极大削弱。在曾经的杂乱无序的知识世界中，法律对信息的收集与分配成本高昂；但在新的由数字化的可搜索数据库和人工智能构成的新世界中，这些信息能够被廉价地获取。数据分析的新方法使得描述与诊断的准确性有可能达到人类认知所望尘莫及的水平。处于肉眼寻找、手动收集、直觉分类、颅内储存的信息环境中的法律，不得不容忍粗略的指令，这些指令造成偏见、浪费、次优行为与无谓损失。随着大数据的出现，法律此刻已趋于成熟，其能够被重新设计，并反映大量经计算机筛选与分类的数据。

可以肯定的是，私人化的法律面临一项全新的、关键性的信息成本要素：构建与操控用以制定私人化指令的代码的成本。大量信息必须在裁判前加以收集和分析，这些成本必须有人承担。私人化指令模式的复杂性，为法律提出了新的信息需求，即算法设计与监督。第十一章将具体讨论这项挑战。

57

结　论

本章中，我们首先列举了私人化法律的具体事例。精确性法律在发出特定指令时会将更多情况纳入考量，在复杂性的成本并不太高的前提下，这一收益是值得追求的。这种"权衡"

38　U.S. Dept. of Health & Human Services, National Survey of Organ Donation Attitudes and Practices, 2019 (Feb. 2020), https://www.organdonor.gov/sites/default/files/about-dot/files/nsodap-organ-donation-survey-2019.pdf.

的逻辑在法律体系中被充分理解和推行，但其范围仅限于"外部环境影响法律指令"的情况。哪怕是最精确和复杂的法律，都始终对"基于个人特征的定制化"望而却步。我们的基本主张是，将更多个体间的差异纳入法律指令。接下来，我们将深入讨论私人化法律在几个核心法律领域的优势所在，以此支持我们的论点。

第二部分

行动中的私人化法律

59　　　在本书的第一部分中，我们介绍了私人化法律根据个人特征适配规则的独特功能。我们提出的基本论点是：私人化规则能够更精准地实现任何法律的目标。法律及其目标因情境而异，如果法律避免将处于不同情境的异质性人群塞进一个通用的法律待遇中，其功能将会得以提升。我们认为，私人化的规则正如定制服装一样：它们更合身。

　　在本书接下来的第三与第四部分中，我们将重新评估这一精确性论点的前提条件。我们将思考，任何一项根本性的反对观点是否能够颠覆私人化的优势。不过，在此之前，我们首先需要确保我们的读者充分理解私人化视角的划时代意义。我们将用事实证明这一点。

　　问题横亘在眼前。我们必须证明，原则上私人化能够适用于任何法律领域和任何法律技术。最显而易见的叙事方式是逐一审查各个领域，并在所有情境下讨论私人化的制度优势。这是我们构思本书时的最初策略。一章针对侵权法，一章针对财产法，一章针对程序法，以此类推。然而，我们意识到此种模式有两个局限性。首先，我们会得到一册大部头的百科全书，而非一本精练紧凑的专项研究。其次，这样会索然无味：尽管应用场景有别，但总有同一逻辑、同一模式贯穿始终。我们担心，百科全书式的杂文与无休无止的重复将会让我们的读者厌倦，读者们会很快把它当成《战争与和平》一类的严肃文学——放到一边，静待一个更恰当的时刻。

　　因此，我们决定展现精华。本部分将围绕一个简短但结构分明的私人化法律适用案例展开。我们将用"三个棱镜"以三种意义不同的形式，对法律加以解析。第一个棱镜按照部门法

分类展开，也即本书的第四章，我们将放大私人化规则在侵权 60
法、消费者保护法，以及刑法三个重要法律部门中的应用。第
二个棱镜为本书的第五章，这一章从方法论层面展开探索。我
们的论证将横跨各个法律领域，在各领域通用的主要监管路径
［如缺省规则与强制性规范、披露要求与"助推"（nudges）、损
害赔偿措施等］之中探寻私人化的视角。此外，本章将引入一
项全新机制——私人化的权利束（bundles of rights）。在第六
章中，我们的第三个视角将着眼于私人化法律的输入值，为此，
我们将围绕一项个人特征进行集中讨论：年龄。三个剖面合而
为一，共同支持并推进我们的核心主张——私人化法律的精确
性收益。

61

第四章 私人化的法律范畴

本章中，我们将从三个法律领域入手探讨私人化规则的价值，分别为：普通法中侵权的合理注意义务，[1]成文法的强制性消费者保护规则，[2]以及刑事制裁。

侵权法："理性的你"

人们之所以采取避险措施以减少事故的发生，是因为侵权法要求人们按照"理性人"的标准行事，违者须承担责任。司机必须在路况恶化时减速，医生必须提供符合注意义务标准的治疗与建议，房屋所有权人必须确保其房屋能够保障客人的安全。司机、医生与房屋所有权人所引发的风险及其避险能力相差甚远，但他们承受的法律义务却惊人地相似。他们必须遵守一个"合理程度的谨慎的人"在此种情况下会采取的避险标准，

1　本节分析基于 Omri Ben-Shahar & Ariel Porat, Personalizing Negligence Law, 91 *N.Y.U. L. Rev.* 627 (2016)。

2　本节分析基于 Omri Ben-Shahar & Ariel Porat, Personalizing Mandatory Rules in Contract Law, 86 *U. Chi. L. Rev.* 255 (2019)。

而不论其恰好与这个虚构的人有多么不同。

统一性注意义务标准似乎仅在某个世界中具备合理性，按照奥利弗·温德尔·霍姆斯的解释，那是一个"人的能力与局限"均不可能被测量的世界。[3] 也许，正是由于这种难以克服的信息上的挑战，早期法院才会对被告提出的"注意义务标准应该反映行为人的有限认知能力"的主张不屑一顾，法院的解释是，义务不能"像每个人的脚一样有短有长"。[4] 霍姆斯指出，普通法"并未考虑到性格、智力与教育的千差万别，而正是这些差别，导致不同人从事同一行为的内在性质大不相同"。面对一个笨手笨脚或学艺不精的人，法律的统一标准"并不会将其个人水平纳入考虑"。[5]

62

然而，鉴于主体之间的某些显著差异，普通法还是为个别注意义务标准创设了单独的主体分类，只不过，这种分类凤毛麟角而又粗枝大叶。举例而言，儿童的注意义务标准要比成人更低（但与此同时，儿童也被禁止从事某些行为）。医生的标准要比非专业人士更高。[6] 而在所有医生之中，专家面临的注意义务标准则是最高的。然而，即使在这些类别的内部，行为人的注意义务标准仍然是根据该群体（例如所有专家）的平均能力来确定的。

此刻，让我们设想一个适用私人化过失责任法的世界。在

3　Oliver Wendell Holmes, Jr., *The Common Law* 108 (Little, Brown, & Co., 1881).

4　*Vaughan v. Menlove* (1837), 132 Eng. Rep. 490, 493; 3 Bing. 468, 475.

5　Holmes, *Supra* note 3, at 108.

6　Nadia N. Sawicki, Judging Doctors: The Person and the Professional, 13 *AMA J. Ethics* 718, 718-20 (2011).

这个世界中，"理性人"不复存在，注意义务标准也不再根据此人的虚构属性来确定。而一个"理性的你"出现了，每个人得以基于其个人情事、技能与风险来确定应当如何行动。对于被告而言，所谓的"合理性"不再根据群体的平均特征来判断，而是根据其本人的技能和风险水平来确定。一个视力好、反应快、不服用催眠药物的年轻人在同等的路况条件下可以比没有这些特征的人以更快的速度、更长的时间驾驶。而这个年轻人的规定限速也可能会在一天中的不同时段发生变化。因为，影响其警惕性预测的主观因素会变化——包括其是否疲劳、是否在驾驶时聊天等。[7]立在路边的通用限速标志将会被司机车内闪烁的限速屏幕所取代，屏幕上显示的指令由算法生成。[8]

除司机之外，医生与房屋所有权人也将面临私人化的注意义务标准。一个受过更好训练、有着更多年从业经验，或者存在特定冒险倾向的医生可能会面临更苛刻的医疗注意义务标准。[9]

---

7 Panel on Research Methodologies and Statistical Approaches to Understanding Driver Fatigue Factors in Motor Carrier Safety and Driver Health et al., *Commercial Motor Vehicle Driver Fatigue, Long-term Health, and Highway Safety: Research Needs* 107–69 (2016); Shirley Regev, Crash Risk by Driver Age, Gender, and Time of Day Using a New Exposure Methodology, 66 *J. Safety Res.* 131, 132 (2018); Heikki Summala, Brake Reaction Times and Driver Behavior Analysis, 2 *Transp. Hum. Factors* 217, 222–25 (2000); Factors Impairing Driving, Int'l Clinical Trials, https://www.internationalclinicaltrials.com/factors-affecting-reaction-times.html (last visited July 29, 2020).

8 Ben-Shahar & Porat, *supra* note 1, at 627; Anthony J. Casey & Anthony Niblett, Framework for the New Personalization of Law, 86 *U. Chi. L. Rev.* 333, 340 (2019).

9 Elizabeth S. Grace et al., Predictors of Physician Performance on Competence Assessment: Findings From CPEP, the Center for Personalized Education for Physicians, 89 *Acad. Med.* 912, 917–18 (2014); Elizabeth F. Wenghofer et al., Factors Affecting Physician Performance: Implications for Performance Improvement and Governance, 5 *Healthcare Pol'y* e141, e143, e148, e154–55 (2009).

营业额更少、技术培训水平更低的小餐馆可能比大餐厅或连锁　63
店面临更低的食品安全标准。简言之，法律只要得到可靠信息
表明行为人风险更高或避险能力更强，就会调整其注意义务标
准以反映这些个人异质性的避险可能。

　　私人化的注意义务标准的制定需要大量信息，在本书的第
四部分，我们将探讨这些信息能否被实际获得和可靠利用。而
在此之前，我们的问题是：假设这些信息能够被实际获取和巧
妙利用，私人化的注意义务标准能否促进侵权法的目标？下文
分析将围绕最优威慑（optimal deterrence）目标展开。我们认
为，如果设计合理，私人化的过失规则将会促进该目标的实现。
之后，我们将进一步讨论其他目标——加害人与受害人之间的
矫正正义，以及潜在加害人之间的（横向）分配正义。

　　人们在很多方面存在差异，但为了使讨论聚焦，我们将这
些变量分为两组：影响人们风险水平的变量，以及影响人们避
险技能的变量。如你所见，这是一种简便的分类方式，两组因
素在私人化过失标准的设计中分别发挥着共通的且独特的影响。
当我们提及风险时，我们所指的是视力差、注意力不集中或习
惯性疲劳，或者对自身行为缺乏控制等情况。我们认为，要求
这些人承担更高的避险注意义务是符合效率的选择。

　　此外，人们降低风险的技能也有所不同。司机可能会通过
安装防撞装置来降低其超速的风险。不过，此类措施的效果会
因司机技术的精湛程度而有所差别。技艺精湛的司机能够更有
效地发挥技术效果，因此法律应该对其施以更高的避险技术要
求。其他技不如人的司机则将被要求采取其他避险措施，如减速
或定期检查等，这取决于这些措施对特定人而言的成本及效果。

64　　　　异质性的两个维度——风险与技能——之间的区别对于本文分析而言至关重要，然而，在有些时候，二者实难加以分辨。直觉敏锐的司机风险较低，因此应当被赋予更低的注意义务；但同时，该司机在实施避险措施方面的技术水平高于平均，因此应当被赋予更高的注意义务。私人化的注意义务标准在对待这位"天生的司机"时，原则上应当同时考虑以上两个维度，尽管二者的指向南辕北辙。区分这两个维度极为关键，因为正如我们所见，二者分别提出了矫正正义与分配正义的不同考量，并分别指向了不同的策略性操纵。

基于风险的私人化标准

要求高风险人群承担更高的注意义务能够降低事故成本。其逻辑在于，额外的避险成本投入能够有效降低预期损害的发生，因此，应当将更高的成本赋予风险更高的行为人。假设 A 司机会造成 10 美元的预期损害，而 B 司机会造成 50 美元的预期损害，且二者均可以通过 8 美元的注意措施投资而将各自的风险降低一半。那么，只有 B 司机作出这项投资是有效率的。B 司机花费 8 美元，就能减少 25 美元（50 美元的一半）的预期损害，其将创造 17 美元的福利净增长；而 A 司机仅能减少 5 美元（10 美元的一半）的预期损害，其将造成 3 美元的福利净减少。一个有效率的私人化过失责任法将会要求风险更高的 B 司机施加注意措施，而不要求 A 司机这样做。

这一结果与现行统一性标准制度下普遍存在的低效率形成了对比。在上述示例中，如果法院必须为两类司机设定单一的注意义务标准，则法院会选择平均而言令人满意的注意义务水

平（假设 A 与 B 两类司机的人口比例相等）。两类司机平均的
预期损害是 30 美元（即 10 美元与 50 美元的平均值），而支付 8
美元的注意措施将使平均损害减半，降至 15 美元。为两类司机
施以 8 美元的避险措施义务，的确是法律应当施加的最优统一
性举措，且这一做法对于 B 司机个人而言也是最优选择。但是，
如果将法律机制限定于"不得在司机之间有所差异"（即不论
A 司机的风险低到何种程度，均向其施加违反注意义务的责任）
的统一性标准，这就意味着，法律放弃了为风险更低的 A 司机
定制更有效率的指令的机会。

　　"有效注意"是私人化注意义务标准主要的，但并非唯一的　65
优势。其另一个优势体现于活动水平上。一般而言，过失责任
法导致高风险的行为人从事"过多的"活动。行为人只要遵守
注意义务标准就能避免责任，这就意味着，行为人所承担的只
是其行为所引发的社会成本的其中一部分。[10] 高风险行为人仅仅
承担了注意成本，但并未承担强加于他人的剩余预期损害。基
于风险的私人化注意义务标准能够缓解这一扭曲局面。高风险
加害人将被要求承担比低风险加害人更高的注意义务。此外，
由于高风险加害人履行法律规定的成本更高，其会因此将极限
活动控制在更低水平。同理，低风险的加害人将呈现出相反的
效果：他们的履行成本更低，因此会无谓地提高活动水平。但
是，低风险与高风险加害人所产生的影响并不会相互抵销。正
如定义所示，高风险加害人所造成的损害也更大，因此其降低
活动水平所产生的影响也更大，超过了原本低风险、低损害的

10　Steven Shavell, *Economic Analysis of Accident Law* 23−24 (1987).

加害人因提升其活动水平而产生的相反影响。[11] 如此一来，高风险司机不仅仅会提升其注意水平，还会减少其驾驶行为，尽管与此同时，安全的司机会施加更少的注意并从事更多的驾驶活动，但道路安全水平会整体上升，这是注意义务标准私人化及其对驾驶频率的影响的共同结果。

私人化的注意义务标准改善了潜在加害人的行为，那么，该标准是如何影响受害人行为的？又是如何影响受害人对自身的共同注意行为（contributory care action）的协调能力的？受害人面对的是一群注意水平参差不齐的潜在加害人。你也许会凭直觉认为，潜在受害人可能会因加害人之间的差异性而感到困扰，并难以将其共同注意调整至适当水平。举例而言，行人经过车水马龙的路口时会担心自己被车辆撞伤，需要调整自身的注意水平以适应预期车速。如果此时各车辆以不同的速度行驶，行人的预防措施就会更难以校准。

行为人面对他人私人化行为时对于自身反应的协调能力，是宏观的协调问题的组成部分，对此我们将在第九章中专门讨论。某些社会互动就像行进中的军乐队，其通过韵律与音调的协同与统一来构筑和谐。然而，在私人化规则的世界中，这些互动可能陷入紊乱与失序。"驾驶"是协调性的社会互动的突出例证，即使私人化规则能够实现最小单位内的最优化，其依然有扰乱整体之虞。

但即便如此，我们认为，私人化的注意义务标准实际上会改善而非破坏协调。首先需要注意的是，即使在统一性的注意

---

11 对于该论点的更完整的阐释，参见 Ben-Shahar & Porat, *supra* note1, at 627, 656–57。

义务机制下，也并非所有司机均以相同速度行驶。法律强制规定了速度限制，而非实际行驶速度。不过，更重要且更令人惊诧的是，基于风险的私人化注意义务标准能够使受害人对其自身共同行为的回应与调整变得更加容易，而非更加困难。这是如何实现的？上述反直觉论断的关键在于，认识到受害人施加注意的对象是什么。当进入一个充斥着高风险加害人的环境时，受害人会采取与潜在加害人造成的风险相称的注意。在一个所有加害人适用统一性注意义务的世界，受害人所面临的是一群行为统一但风险相异的加害人。所有司机可以以相同速度行驶，但高风险型司机更具危险性，他们的存在要求行人具备更高警觉与更多预防措施。相反，如果加害人的注意义务是私人化的，那么受害人反而面临不那么离散分布的风险。司机以不同速度向受害人行驶，但受害人遭受的预期损害却分布得更为平均。那些开得快的司机是低风险的司机，行人需付出更少的担忧。一言以蔽之，因为受害人注意义务的有效性取决于加害人造成的剩余风险（residual risk），如果能够引导加害人按照"产生更一致的风险"的方式行事，那么受害人就能更有效地施加注意。

　　评估私人化规则的另一项标准是，该规则能否激励人们通过把握或修改其内在特征而影响预期的义务。在当前语境下，让我们假设人们能够采取措施降低自己的内在风险。例如，一个经常性注意力不集中的人，能够通过训练或治疗来弥补这一缺陷。如果其置之不理，其就会因此面临更高的基于风险的私人化注意义务标准。这种安排就为行为人提供了更强有力的激励，促使其提升自身条件以适配更低的注意义务标准。这种额外的激励，在当前的统一性注意义务标准机制下并不存在，因为，无论司机如何改进其内在条件，注意义务标准与履行成本是不变的。基于风险的私人化标准因而间接地提升了人们降低内部风险的投资。

67　　总而言之，基于风险的私人化义务同时改善了加害人与受害人的注意效率与活动水平。并且，其增强了加害人事先性地改善自身属性的激励。以上，我们主要关注于效率与威慑。而除此之外，基于风险的义务还至少在某种程度上促进了矫正正义与分配正义。我们将很快讨论到这些问题。

基于技能的私人化标准

接下来，让我们着眼于以第二类特征为基准的定制化注意义务标准，即基于技能的私人化。我们将证明，基于该维度的私人化法律同样有其优势，但也同样受到一些问题的阻碍，这些问题原则上会破坏其价值。如何评价基于技能的私人化？这将是一个需要权衡的微妙问题，对于其功过折抵后的净效果（net effect），并无明确的尺度来加以衡量。

基于技能的私人化拥有私人化规则的一般性的表面（prima facie）优势——更高的精确性。如果有些人在预防事故方面具备更高技能，那么法律就应当通过提高其注意义务标准来利用这些技能，否则就是一种浪费。那些能够更有效地施加事故预防措施的司机应当被要求多行此事，那些能够更有效地部署医疗设备的医生应当被鼓励使用这些设备。回到我们的 A 司机与 B 司机的例子，假设现在二者均产生 50 美元的预期损害，且通过使用新的避险技术，该预期损害能够降低一半。不过，现在假设两类司机使用该技术的成本有所不同。A 司机技术精湛，能够以 10 美元成本实施该技术。B 司机则技艺不佳，必须花费 30 美元。（这一场景还包含另一种情况：两类司机支付相同的价格安装技术设备，但 B 司机必须付出更多成本和努力来操控它。）由于附加的避险所创造的价值总是 25 美元（50 美元的一半），有效率的私人化注意义务标准应当是要求 A 司机使用该技术，而不要求 B 司机为之。

　　我们将上述结果与统一性注意义务标准机制下最有效率的结果进行对比。在后者情况下，法院的结论是：施加注意从平均来看是可取的（假设一半司机是 A 类型，一半司机是 B 类型）。避险的平均成本为 20 美元（即 10 美元与 30 美元的平均值）；该成本低于避险的收益，25 美元。最优的统一性解决方案为，要求所有司机采取该避险技术。然而，上述统一性机制要求 B 司机承担了过分高昂的负担，因而导致了无效率。而这种"无效率"能够为私人化标准所避免。　68

　　值得注意的是，基于风险与基于技能的私人化在数学上是等值的，但在事实上却存在差异。二者的相同之处在于，任何一种私人化类型下每个加害人均被要求投资避险措施，直至避险的边际成本等于预期损害的边际减少。但不同之处在于，基于风险的私人化之下，那些存在更高风险的高危加害人必须承担更高的注意义务；而在基于技能的私人化之下，危险性更高的、更不善于避险的加害人则须承担更低的注意义务。

　　基于技能的私人化标准在"量身定制"方面的优势虽然显著，但这种优势必须与该机制所造成的扭曲加以权衡。此种扭曲首先存在于活动水平方面。基于风险的标准能够降低活动水平的扭曲，而基于技能的私人化却会加剧这种扭曲。低技能人群造成的危害最大，其活动本应当受到更为严格的限制，但在基于技能的规则下，这类人群却面临更低的注意义务标准，继而享有更低的活动参与成本。[12]

基于技能的私人化注意义务标准的另一项扭曲在于，其影响了受害人有效实施共同注意所付出的努力。如果低技能的加害人被允许承担更低的注意义务，则受害人就要面临更难以预测的加害人环境。并且，低技能与高技能的加害人混杂，这将产生更加分化的风险分布。在这种环境下，受害人根据加害人情况来调整自身共同注意水平的做法就变得不切实际，最终反而造成受害人过度预防的结果。

基于技能的私人化注意义务标准还存在一个最为棘手的影响，即人力资本投资的寒蝉效应。如果自我技能提升反而招致更高的注意义务标准，那么不会有人愿意提高其避险技能。如果接受先进技术培训的医生一旦操作失败就会被认定为过失，那么医生投资于更高技能的激励就会降低。当然，医生还存在其他提升个人技能的激励，但私人化的过失标准必然会对其投资产生类似于"征税"的效果。理论上，上述问题存在解决方法，也即，将私人化标准所基于的"技能水平"设定为"个人可改进的最优技能水平"，而非其实际技能水平。但是，如此一来，私人化将变得难以实行。

在此，我们第一次因私人化法律的一般性问题而停滞不前。人们可能会改变自身行为以适用更优的私人化待遇，尽管这种

---

12 当然，如果这些造成行为人"低技能"的个人特征同时也招致了行为人的"高风险"，那么，行为人可能被转而赋予更高的注意义务标准，此时，上述扭曲效果就会有所缓和。

操纵并不为社会所提倡。我们发现，基于技能的私人化将会削弱人们投资于人力资本提升的激励，因为更多的知识与技能将抬高人们的私人化避险义务。更宏观来看，如果人们投资于人力资本提升将会最终影响其私人化指令，那么，在任何一个会导致指令的要求更高或宽容度更低的情况下，人们的投资必然会低于社会最优水平。（反之亦然：在投资会导致更宽松的指令的情况下，人们就会过度投资。）这一问题会招致人们对私人化规则的抵触，对此我们将在第十章进行探讨。

私人化注意义务标准公正吗？

一个重要问题悬于私人化法律范式之上：该法律范式对平等与正义有何影响？我们将在之后的第七章和第八章中讨论分配正义与平等保护的问题。在此，我们想首先指出私人化过失标准中的正义内涵，作为后文研究的铺垫。

矫正正义。根据矫正正义的要求，行为人有义务避免伤害他人，且有义务修复因其违反该义务而造成的损害。赔偿的目的在于，消除"违法者将受害人暴露于不合理风险"的非正义性。[13] 避免损害的义务与修复损失的义务均与"基于风险的私人化"相适应。造成更多风险的行为人具有更高的可归责性，并应当向潜在受害人承担更高的注意义务。否则，如果所有加害人面临同等的注意义务标准，而受害人面临不同的风险水平，那么，某些受害人将会承担由过错加害人所造成的、并无对应

13　参见 Jules L. Coleman, *Risks and Wrongs* 367–69 (Oxford U. Press 2002) (1992); Ernest J. Weinrib, *The Idea of Private Law* 145–70 (Oxford U. Press 2012) (1995)。

赔偿的损害。这违反了矫正正义原则。

70 基于技能的私人化标准可能更加难以证明其正当性，因为，其要求根据每个加害人的注意成本来调整注意义务标准。许多著名的侵权法学者认为这种调整与矫正正义相悖。他们认为，加害人的义务必须在不考虑其履行成本的情况下加以确定。人们必须尊重他人对自由及安全的合理期待，即使这样做的成本有违成本效益分析。[14] 我们拒绝以"不考虑成本"为前提条件。过失责任法视域下的矫正正义，必须明确界定"何种损失是错误的（wrongful）"以及"加害人的何种行为是不合理且可谴责的"。想要有意义地解决这些问题，就必须将成本或负担纳入考虑，包括加害人所需承担的注意成本或避免行为发生的成本。[15] 举例而言，如果某一技术突破使得实施某项注意措施的成本降低了 9/10，那么，受害人的安全利益就赋予其对于"提升加害人的注意水平"和"在对方未尽注意义务时获得赔偿"的期许。这有何不妥？

最起码，我们很难理解，为什么矫正正义原理会与参差起伏的私人化过失制度相悖。该制度能够提升高技能加害人的私人化注意义务标准，而又不会降低系谱另一端的低技能加害人的私人化标准。即使法律不应当允许加害人基于自身低技能而主张低于平均的义务，但至少，法律应当允许受害人要求加害

14　参见 Ernest J. Weinrib, *The Idea of Private Law* 147-52 (Oxford U. Press 2012) (1995); Jules L. Coleman, Legal Theory and Practice, 83 *Geo. L.J.* 2579, 2603-204 (1995)。另参见 Jeffrey J. Rachlinski, Misunderstanding Ability, Misallocating Responsibility, 68 *Brooklyn L. Rev.* 1055, 1057 (2003)。

15　参见 Ariel Porat, Questioning the Idea of Correlativity in Weinrib's Theory of Corrective Justice, 2 *Theoretical Inquiries L.* 161, 167 (2001)。

人因其高技能而承担更高义务。[16]

分配正义。私人化以因人而异的机制取代了统一的通用型标准。这种在潜在加害人中的差异化分配有无正当性基础？在基于技能的私人化模式下，技艺娴熟的加害人必须承担更高标准，不过，其达到任何标准所付出的私人成本也低于低技能加害人。照此为之，如果以履行成本为尺度来加以衡量的话，这一负担分配结果是更符合平等主义（egalitarian）的。与之相关的另一种分配标准——"按能力分配"——则是按比例进行负担分配。此外，由于在社会中，高技能往往带来不成比例的富裕机会，要求更高技能者承担更高负担的做法可能起到额外的再分配效果。

基于风险的私人化机制下，分配结果则更令人不安。此时高风险的加害人必须承担更高的注意义务和更重的责任负担。如果这些行为人具备高风险的原因在于其个人属性，而这些个人属性与贫困、生理残疾、历史上的不公平或其他有待社会修复的因素相关（甚至某些时候由这些因素导致），那么私人化标准就是不可取的。我们将在第七章中讨论这些问题。

消费者保护法

消费者保护法是一个用以保障人们最低限度的不可排除的

---

16 反对观点则借鉴了"加害人注意负担应当被忽略"的理由。如温里布（Weinrib）所述，法律不应当允许加害人单方划定其与受害人之间的权利界限。Ernest J. Weinrib, *The Idea of Private Law* 152 (Oxford U. Press 2012) (1995). 该理由并不能推翻如下说法，即高技能加害人应当比平均加害人在保护受害人权利方面承担更多义务。

权利（non-disclaimable rights）的法律体系，其对于公平交易而言至关重要。传统上，最常见的保护为禁止消费借贷中的过高利率的相关规定。近期的消费者保护法则倾向于关注程序性权利，主要体现为强制性披露规则。在"价格规制"与"信息规制"这两个极端之间，则存在一条保护的系谱，包括强制性质保、撤回权、债务催收限制，以及禁止不公平营销策略等规定。

尽管各种消费者保护措施的强度有所不同，其适用均遵循统一性。不同司法辖区在保护水平上存在很大差异（例如利率上限有多低、质保范围有多广等等），但个体之间的保护则并无差别。无论保护内容为何，其均会同等适用于全体消费者。

例如，近年来的普遍做法是针对特定类型的消费者合同规定强制性的撤回权。鉴于消费者可能（且通常是）基于草率或错误判断而进入交易，并事后感到后悔，一项强制性的撤回权能够赋予消费者取消交易并收回金钱的机会。有些法律规定了72 小时的冷静期，亦有法律规定了更长的期限。[17] 但所有既存的强制性规范均无差别地适用于所有消费者。每个人享有相同的冷静期，不论其是否需要该保护，亦不论其是否有能力承受这种监管所带来的溢价后果。私人化的保护机制则以私人化的撤回权窗口期来取代统一性窗口期。基于此，不同消费者将被赋予不同的强制性撤回期限，以适应其自身特点与需求。[18]

另一类典型的统一性保护是强制性质保（mandatory warranty）。

---

17 例如，参见 Federal Trade Commission, Rule Concerning Cooling-Off Period for Sales Made at Homes or at Certain Other Locations, 16 CFR § 429.1(a) (2015); Canadian Consumer Protection Act: CPA Direct Agreements Rule, § 43(1) (2002)。

18 本部分论证参见 Ben-Shahar & Ariel Porat, *supra* note 2, at 255。

例如，柠檬法（lemon laws）*针对新车交易，规定了对于特定缺陷的强制性质保规则；住房法通过强制性的宜居保证规则，确保了承租人的最低生活条件；新建住宅必须满足一定的强制性质量要求，如符合建筑法规规定的单元间噪声传输标准等。所有消费者均被赋予了相同的质量保障。某些情况下，立法者可能在"尊严的考虑"与"降低最低法定标准"之间相互权衡，并出于前者而决定对私人化地降低保护的做法加以限制。但是，这些考虑与两种适当的私人化保护方式并不相悖。其一，只要所有消费者均能获得最低限度的尊严，则即使部分消费者的保护被提升至高于其他人的水平，保护结果仍然具有正当性。其二，"主动选择"（active choice）机制可以被用作一种过滤机制，也即，如果统计证据"推定"某一消费者属于通常不喜欢受保护的群体，则该消费者有权以明示方式选择排除宜居保证规则。当然，第二种选项暗含这样一种假设，即消费者以知情且理性的方式行使其主动选择权——而这一假设恰恰是在那些最需要强制性保护介入的领域最不容易实现的。

　　人们需要私人化的消费者保护，因为其需求和财力均有所不同。一些消费者比其他人更需要保护是因为其拥有的信息更少、决策能力更糟糕、需求更紧迫，并且比其他人更经常性地成为不公平营销策略的对象。而另一些消费者可能手头更为拮据，无法承受通常伴随着更多保护性权利而来的更高价格。对于最弱势的消费者而言，以 72 小时为限的贷款合同撤回权可能

---

* "柠檬法"即机动车买卖领域的消费者保护成文法，其要求质量不合格机动车的生产者或销售者为消费者更换机动车或者全价退款。美国大多数州均制定有州柠檬法。参见 Bryan A. Garner, *Black's Law Dictionary* (Thomson Reuters, 2014)。——译者

对其毫无用处，因为他们通常面临风险最高、复杂性最甚的贷款交易，因而需要更多时间来克服"冲动购物"的困扰。与之相反，欧洲立法者通常强制规定长达两周的线上购物撤回权，对于有经验的线上买家来说，这一权利往往并不必要。但这些买家也可能偏要行使这项撤回权——其中行使最频繁的用户被73 称为"退货狂"——他们退货并非因其迫切需要这样做，而是因其有权这样做。[19] 即使统一性保护被设置在正确的平均水平，其在个别情况下也未必奏效。如果本意在于优先保护最弱势消费者的规则被不成比例地用在较富裕的消费者身上，则会导致穷人被迫交叉补贴（cross-subsidize）富人，或者完全退出市场，这恐怕是最不合理的结果。

私人化的两个维度：价值和价格

私人化的第一个也是最为直观的衡量维度即保护机制所创造的合作剩余（surplus），由于保护机制的价值（value）因消费者而异，合作剩余也随之变化。当保护机制更为消费者所看重或者对于经营者而言成本更低时，该保护便能够创造更多的合作剩余。举例而言，期限更长的撤回权对于缺乏经验、需要更多时间的消费者而言更具价值；而该撤回权在消费者不滥用权利、不经常性地将已经贬值的商品退回的情况下成本更低。

私人化的第二个维度是价格（prices）。一般来说，法律并不规制价格，但其有可能限制卖方设定私人化价格的能力。卖

---

19 Leonard L. Berry, *Serving Unfair Customers*, 51 *Bus. Horizons* 29, 34–35 (2007); Brad Tuttle, *Word of the Day*: "Returnaholic," *Time* (May 18, 2010).

方可能希望通过私人化价格来反映其服务特定消费者的成本或其所分得的合作剩余。在成本方面，一些消费者保护机制类似于保险（如强制性质量保证和救济）。众所周知，保险费能够反映私人化风险。法律必须判断，卖方能否为市场交易中的保护内容设定私人化价格。

为了考察私人化保护的价值，让我们首先明晰统一性保护的缺陷。统一性保护所带来的影响之一是交叉补贴。如果每个人为一项法定权利所支付的对价相同，但经营者向不同消费者兑现该权利的成本不同，且经营者至少足以达到收支平衡，那么，那些让经营者承担更高成本的人实际上正在获取他人的支出。这种交叉补贴可能会达到预期效果，尤其是当这种交叉补贴是渐进式的且有利于较贫穷的消费者时。但如果补贴是逆向的，其就可能造成令人不安且违背预期的效果。[20]

此外，由于交叉补贴的存在，消费者会做出无效率的购买决策。部分消费者会因为不愿意承担其并不需要的保护的成本而退出市场。这类保护的确可能代价高昂。例如，美国民众2018年的退货商品总价超过3600亿美元，其中大部分商品无法以全价转售。[21]商家必须通过提高价格来收回这笔成本，继而，一部分从不退货的人（甚至一部分经常退货的人）可能选择不购买。相反，另一部分消费者可能进入市场，或者更多地

74

20　Omri Ben-Shahar, The Paradox of Access Justice and Its Application to Mandatory Arbitration, 83 *U. Chi. L. Rev.* 1755, 1782 (2016).

21　Appriss Retail, 2018 Consumer Returns in the Retail Industry 2 (2018), https://appriss.com/retail/wp-content/uploads/sites/4/2018/12/AR3018_2018-Customer-Returns-in-the-Retail-Industry_Digital.pdf.

购买商品，因为其受到了保护机制的补贴。每年"超级碗"结束后，我们都能目击这一过度购物（over-purchase）现象，电视机的退货比例增加了10%—25%。[22] 高端时装零售商为那些只为穿一次而购物继而退货的顾客创造了一个术语——"逛衣柜"（wardrobing）。[23] 事实上，零售业已经开始为这类私人化的风险进行评分，用以识别滥用权利的"惯犯"，并剥夺其退货权利。[24]

如果卖方能够设定私人化价格（即使其被要求提供统一性保护），这类扭曲的现象可能会得到缓解。只要卖方能够预测每个消费者的行为并将之反映在价格中，交叉补贴就会被消除，消费者也就不会基于交叉补贴而进入或退出市场。但是，即使没有交叉补贴，只要保护是统一的，一种不同类型的扭曲便会继续存在。如果法定的保护水平与对其个人最优的水平存在差距，那么，那些不愿意承担精算成本的消费者将会退出市场，而那些只愿意在更高保护水平下购物的消费者则不会进入市场。

如果我们要求卖方提供私人化的保护并收取相应的私人化价格，上述扭曲现象就能够消除。其结果为消费者剩余的最大化。在一个运行良好的市场（知情的消费者、完全竞争、消费者分化）中，即使不存在法律的强制性规范，也将出现同样的

---

22 David Speights, TV Returns and Football's Big Game: Where is the Connection?, *Appriss Retail*, https://apprissretail.com/wp-content/uploads/sites/4/2019/11/AR4026-WhitePaper-TV-Returns-Super-Bowl-Connection_Verify.pdf (last visited Jul 29, 2020).

23 Susanna Kim, Bloomingdale's Fights "Wardrobing," Worn Returns, *ABC News* (Sept. 19, 2013), https://abcnews.go.com/Business/bloomingdales-cracks-returned-items-worn/story?id=20304704.

24 Khadeeja Saftar, The Stores That Track Your Returns, *Wall St. J.* (Apr. 4, 2018), https://www.wsj.com/articles/the-stores-that-track-your-returns-1522843201.

结果：每个消费者将会收到其各自的最优权利集束。此种情况下并无交叉补贴，因此缔约激励处于最优水平。需要注意的是，此时卖方必须被允许设定私人化价格，否则，交叉补贴就会在统一性定价下卷土重来，而消费者则要么退出市场，要么过度进入市场。 75

私人化消费者保护的潜在陷阱

我们认为，一个承认人们的不同需求并给予其最佳的差异化保护的法律比一个无视这种异质性的法律更能实现保护目标。此外，如果允许价格反映卖方提供私人化保护的差异化成本，那么会有更多消费者签订合同并享受更匹配的保护，其结果将是整体福利的提升。

但情况并非都是乐观的。私人化的保护与价格的第一个问题就是套利（arbitrage）：一种类型的消费者购买产品是为了转售给另一种类型的消费者。那些获得更高价格、更少保护或两者不理想结合的人不会从卖家那里购买产品，而是会从其他能获得更好组合的消费者那里购买。例如，如果法律强制规定私人化保护，但同时要求统一价格，那么保护程度较低的消费者就会从保护程度较高的消费者那里购买产品。或者，如果法律强制规定统一性保护，但允许私人化的价格，被收取高价的消费者则会从支付低价的消费者那里购买产品。

套利是操纵的另一个方面，操纵问题我们将在第十章中讨论。人们对私人化待遇的预期有可能会扭曲其行为，而扭曲的方式即是对私人化目标的绕开。法律能防止这种"欺骗"吗？对此，存在多种可采用的策略。例如，保护可以被授予人，而非产品，且只有原始购买者可以选择适用该保护。这一策略需要可信的身份验证方式加以辅助。或者，交易可以被构建为持续服务的一部分，而不是一次性的单个商品销售。我们在倾向于套利的数字产品营销领域见证了这种策略的发展。在该领域中，卖家将不可转让的"授权许可"授予个人使用。这类操作的技术支持包括数字锁以及"禁止未经授权的转让"的合同条款等。[25]

76   我们在前文中提到，侵权法中私人化注意义务标准的操纵问题扭曲了人们获得高技能的激励。类似的投资困境也出现在消费者保护领域。由于保护与消费者"技能"有关，消费者"掌握自我保护技能"的激励将会因此受挫，因为这些自我保护技能将会降低其获得法律强制性保护的机会。如果法律赋予那些缺乏信息、保险或流动性资产的消费者更多保护，那么消费者可能会更少地投资于信息、保险或工作。

如果私人化保护能够与私人化价格相匹配，那么上述担忧就会消失。此时，在技能提升方面的投资会使消费者获益。他们所得到的私人化保护会更低，但收取的费用也会相应降低。如果技能提升所产生的全部价值将通过较低价格内化给消费者——这意味着，卖方在竞争性环境中从事经营——那么投资于自我保护技能将是最优选择。

关于私人化保护的讨论不得不提及其分配效应。在某些时候，私人化可能会违背强制性保护背后的前瞻性目标。如果说，在统一性机制下弱势消费者是交叉补贴的接受方，那么他们可

---

25 Muhammad M. Billah, Resale of Digital Works Under Copyright Laws: A Legal and Economic Analysis, 18 *J. Marshall Rev. Intell. Prop. L.* 123, 124–26 (2018).

能会在私人化价格与私人化保护机制下丧失这一补贴，甚至会因价格过高而出局。分配问题的根源并非保护的私人化，而是价格的私人化。当价格统一时，私人化保护本身并不一定会伤害到最弱势的消费者。相反，如果弱势消费者是高于平均水平的私人化保护的接受方，那么统一性价格下的交叉补贴就会得到强化。可想而知，私人化价格将破坏保护法的池内再分配效应。

刑　法

　　法律的执行需借助两种手段：制裁（sanctions）与侦查（policing）。无论是出于威慑、报复抑或是资格剥夺的目的，制裁在人们之间均存在较大差别，侦查的强度与制裁的可能性亦是如此。制裁的差别化问题是刑事司法的首要问题。数十年来，立法者不断尝试强化制裁的统一性，其制定了《联邦量刑指南》（Federal Sentencing Guidelines），不过，最高法院最终推翻了这类法律在司法中的强制适用效力。[26]"刑事司法系统中的种族差别化是新世纪美国面临的最深刻的民权危机。"[27] 在这一深刻问题

26　18 U.S.C.A. § 3553 (Westlaw through Pub. L. No. 115-150), *invalidated by United States v. Booker*, 542 U.S. 220 (2005). 另参见 U.S. Sent'g Comm'n, 2018 Guidelines Manual Annotated, https://www.ussc.gov/guidelines/2018-guidelines-manual-annotated (last visited July 29, 2020)。此为现行版本的量刑指南，该指南已丧失强制效力。

27　Wade Henderson, *Justice on Trial: Racial Disparities in the American Criminal Justice System* (2000); M. Marit Rehavi & Sonja B. Starr, Racial Disparity in Federal Criminal Sentences, 122 *J. Pol. Econ.* 1320 (2014); Sonja B. Starr & M. Marit Rehavi, Mandatory Sentencing and Racial Disparity, Assessing the Role of Prosecutors and the Effects of Booker, 123 *Yale L.J.* 2 (2013); Crystal Yang, Free at Last? Judicial Discretion and Racial Disparities in Federal Sentencing, 44 *J. Legal Stud.* 75 (2015).

的阴影下，法官在定罪量刑中的各种偏见，以及警察针对特定人群的执法偏见也被记录在册。[28]

偏见与自由裁量权以一种意想不到的方式弱化了统一性，加剧了差别化，但与此同时，许多州已经采用了旨在实现量刑差别化的程序。私人化量刑现已被广泛采用，以达到预防未来犯罪的目的。[29] 其代表了一个被广泛接受的前提，即明显构成不同风险的人应该受到不同的制裁。众所周知，这种由人所主导的私人化风险评估带有隐性偏见，因此，为了提高公平性与准确性，当前许多司法辖区依靠算法工具来预测每个被告人的累犯风险。我们将在后文中检视这种做法，思考其是否破坏了分配正义与平等保护。

另一个私人化制裁的实际案例是以收入为依据的罚金。在过去的一百年里，芬兰一直在根据收入和财富来进行私人化的制裁。这些被称为"日罚金"的惩罚措施被运用于绝大多数适用金钱惩罚的违法行为。[30] 日罚金根据违法者的每日可支配收入

28　参见 Michelle Alexander, *The New Jim Crow* 166-69 (2020); Pat K. Chew & Robert E. Kelley, Myth of the Color-Blind Judge: An Empirical Analysis of Racial Harassment Cases, 86 *Wash. U. L. Rev.* 1117, 1156 (2009); Jeffrey J. Rachlinski et al., Does Unconscious Racial Bias Affect Trial Judges?, 84 *Notre Dame L. Rev.* 1195 (2019)。

29　Sonja B. Starr, Evidence-Based Sentencing and the Scientific Rationalization of Discrimination, 66 *Stan. L. Rev.* 803 (2014); Aziz Z. Huq, Racial Equity in Algorithmic Criminal Justice, 68 *Duke L.J.* 1043 (2019); Eric Silver & Lisa L. Miller, A Cautionary Note on the Use of Actuarial Risk Assessment Tools for Social Control, 48 *Crime & Delinquency* 138 (2002).

30　Suomen Rikoslaki [Criminal Code] ch. 2a, § 2(2) (Fin.). 另参见 Alec Schierenbeck, The Constitutionality of Income-Based Fines, 85 *U. Chi. L. Rev.* 1869, 1974-75 (2018)（"日罚金被用于欧洲与拉丁美洲，包括阿根廷、奥地利、哥伦比亚、芬兰、法国、德国与瑞士等国。"）; Elena Kantorowicz-Reznichenko, Day-Fines: Should the Rich Pay More?, 11 *Rev. L. & Econ.* 481 (2015)。

计算。对某些人来说，一日的罚金可能为几欧元；对另一些人来说，日罚金则可能是一个非常高的数字。例如，一位芬兰商人因在限速 60 公里 / 小时的地区以 75 公里 / 小时的速度行驶而被处罚金 11.6 万欧元。[31]

78

这些案例有助于我们建立一个基本的统一性刑法与私人化刑法的二分法。在以威慑为重点的私人化制裁机制中，实施相同违法行为、存在相同犯罪记录的两个劫匪不会受到同样的制裁，而是会根据其个人特征而受到不同的制裁。他们也潜在地受到"私人化的侦查"。警察可以利用每个人（记载于档案）的独特特征来调整监控与侦查其犯罪行为的力度。美国国税局（IRS）等执法部门则可以利用纳税人的差异化个人特征来实现其审计率与调查力度的私人化。

事实上，侦查方面的算法私人化尤其成熟，这是因为侦查本质上是一项预测机制。当前，侦查也遭遇了差别化问题的滋扰，这体现在以种族和族裔等为依据的嫌疑人分类上，其因而也可以通过实施透明的私人化机制来消除偏见。我们认为，私人化可以成为不公平的种族歧视政策的解决方案之一。

为检视数据驱动的私人化机制，我们将论证，"威慑"这一刑法体系的特定目标能否通过私人化制裁机制加以实现。我们的初步论点是，私人化能够提升威慑效果，此外我们将明确私

31　Suzanne Daley, Speeding in Finland Can Cost a Fortune, if You Already Have One, *N.Y. Times* (Apr. 25, 2015), https://www.nytimes.com/2015/04/26/world/europe/speeding-in-finland-can-cost-a-fortune-if-you-already-have-one.html; Joe Pinsker, Finland, Home of the $103,000 Speeding Ticket, *The Atlantic* (Mar. 12, 2015), https://www.theatlantic.com/business/archive/2015/03/finland-home-of-the-103000-speeding-ticket/387484/.

人化理念的局限性所在。我们将利用该框架进行概念证成，以此说明，刑法的任何目标——包括报复、预防与修复——均能通过私人化制裁改革来推进。

让我们假设刑法体系用以威慑特定有害行为的方式是，对违法者施加高于其违法收益的预期制裁。实现这一目标的必要最小制裁等于违法者收益除以其被侦破的概率，我们将其称为"收益乘数制裁"（benefit multiplier sanction，简称"BMS"）。例如，假设违法者的收益为20，其被侦破的概率为10%，那么，一项取值为200的BMS即为威慑所必需的最小制裁。在该制裁的适用下，理性的犯罪人会意识到其犯罪收益（20）不会超过预期成本（10% × 200 = 20）。（我们假设违法者为中等风险型，并且其财力足以支付任何制裁。当然，这些都是不切实际的假设，但放松这些条件并不会改变我们对于私人化的基本观点。）

影响个人最优BMS的因素有二：违法者的犯罪收益以及其被侦破的可能性。统一的BMS采用平均收益与平均被侦破可能性来计算最优设定。但如果人们从类似犯罪中所获收益不同，被侦破的可能性也不同，那么该计算结果就会落空。财产犯罪、敲诈勒索和诈骗会为犯罪人带来不同的收益。多样的个人特质与系统性因素会影响个体被侦破的可能性。鉴于制裁是事后性地、逐案地、以丰富的事实记录为基础而作出的，私人化法律可以运用特定案件的参数而作出因人而异的制裁。

基于收益的私人化

私人化制裁实施的第一步是评估违法者从违法行为中的实际预期获益。那些期望更大收益的违法者将面临与之相对应的更高制裁。在财产犯罪中，如果违法者瞄准价值更高的财物，或者以更赚钱的方式处置被盗财产，或者有其他带来更高利益的非法动机，其将面临更高的制裁。这种安排将消除对高收益犯罪的威慑不足，以及对低风险犯罪的制裁过度。

两项反对意见呼之欲出。在此，我们将对其加以简要讨论，以作为本书第四部分中涉及的主要反对意见的示例。首先，在实践层面，有无可能评估人们从犯罪中所获的特定收益（或预期收益）？收益具有主观性，其往往难以通过客观手段加以衡量，更难以转化为准确的货币单位。这一挑战阻碍了任何依赖于个人偏好的私人化法律。

该反对意见至关重要，但我们认为，现在放弃还为时尚早。某些犯罪的收益是易于衡量的，比如经济收益。事实上，一些犯罪团伙会根据其战利品向参与者支付报酬。国家可以采用同样的方式，只需要翻转一下报酬的标签即可。不过，犯罪收益（以及惩罚的负效用）的观念则要广泛得多，其根据每个人的大脑功能而各不相同。谁知道呢，也许在不久的将来，通过心理学与大脑成像检测来评估人们的先天体验将会成为可能。德博拉·丹尼诺认为，神经科学的进步将会为法院衡量其中一些因素创造条件，以便对特定被告实施私人化的惩罚。[32] 即使这种"发条橙"式的大脑探针是令人厌恶或不切实际的，但粗略的差别化仍然可行，并能够在统一性机制的基础上有所改进。

对于私人化制裁的一项更深层次的规范性反对意见，则从

32　Deborah W. Denno, Neuroscience and the Personalization of Criminal Law, 86 *U. Chi. L. Rev.* 359, 370-80 (2019).

报应式正义的视角入手，将私人化制裁视为非正义的机制。既然两个人在完全相同的情况下犯下同样的罪行，为什么他们应当受到不同的惩罚？然而，如果不同制裁的基础在于与道德相关的个人特征，那么这种反对就失去了效力。如果违法者的收益是区别对待的相关依据（当该收益导致违法者更有动机或更加危险时，则该收益当然是区别对待的依据），那么，基于收益的差别化对待机制就在道德上具备了正当性。

基于侦查的私人化

对于基于侦查的私人化制裁，还存在一个更令人信服的理由。刑法的威慑理论关注的是"预期制裁"（expected sanction），也即规定的制裁与被侦破的概率的乘积。[33] 这表明，对一项犯罪的惩罚应该反映出其被侦破的可能性等事项。当可能性较低时，制裁必须提高，以维持所需的威慑水平。这一逻辑在刑法实践中经常得到体现。例如，"肇事逃逸"行为受到的惩罚更为严厉，因为他们被侦破的平均可能性较低。又例如，如果被定罪的被告人存在歪曲和隐藏证据、妨碍司法公正的行为，从而降低了对其成功执法的可能性，那么，对其的制裁将会相应地增加。这一逻辑也反映在其他法律领域的惩罚性损害赔偿的实践中。[34]

81　　最佳惩罚乘数（optimal penalty multiplier）是什么？当前我们的法律体系设置了统一的乘数，针对不同犯罪或犯罪人并无区别。在针对肇事逃逸的判决中，逃逸是加重量刑的因素，但

33　Steven Shavell, *Foundations of Economic Analysis of Law*, Part V (2004).

34　A. Mitchell Polinsky and Steven Shavell, Punitive Damages: An Economic Analysis, 111 *Harv. L. Rev.* 869 (1998).

法院的适用是统一性的，而不论具体案件中逃逸行为对于侦破概率有何影响。在没有反映个案侦破效果的私人化乘数的情况下，惩罚的加重程度就不是最优的。

私人化的刑事量刑将对制裁加以调整，使其反映具体案件的侦破可能性。侦破概率的变化源自不同违法者所面临的不同执法水平，以及一般性执法对其产生的不同影响；也源自违法者的逃脱策略，以及与犯罪相关的不同情事（包括运气）。尽管适用于犯罪的法律执行的努力是一般性的（对于所有违法者均相同），但其他的努力却因违法者和违法行为而异，由此产生了私人化的侦破概率。与通用型路径不同，私人化的惩罚机制将考虑到每个案件的侦破概率相关事实。

尽管并不直观，这仍然意味着，影响侦破概率的因素应当影响量刑的严厉程度，这类因素例如：劫匪是否佩戴了掩盖其身份的面具，犯罪是在白天抑或晚上进行，该地区是否有可信的证人路过。事实上，许多法院已经以更为严厉的方式对待那些极力逃脱抓捕的人。如果有法院尚未如此，其应当着眼于个案的具体影响，而非成为一个通用型惩罚的"实施机器"。

与基于收益的私人化一样，基于执行来校准制裁能够消除威慑不足和制裁过度的问题。其亦能够阻止违法者采取措施降低其落网可能性。违法者无法从任何降低执法强度的可验证措施中获益，因为，其私人化的乘数将提高其犯罪的实际制裁，以抵销其逃脱策略。

我们设想，基于执行的私人化会引发刑法报应主义者的反对。想象一下，针对盗窃行为的私人化制裁被乘以十倍，以反映该窃贼隐藏身份的技巧（尽管在该案中他最终失败了）。如此高的制裁似乎与违法者不当行为的严重程度不成比例。也许，这一反对观点能够被一个更有说服力的框架所弱化：私人化的实施是为了降低制裁，而非加重制裁。相对于更高的制裁基准线，更容易被侦破的人将会获得制裁折扣。换言之，按照通常做法，如果违法者自首、坦白或者向警方投降（这些行为均提升惩罚概率），其将获得一个量身定制的更低制裁。[35]

不过，针对私人化的 BMS，报应主义的反对意见仍有其分量。尽管私人化的价值更好地体现于刑事制裁的威慑方面，但其似乎与另一个竞争性的、受到更广泛接受的罪责目标相抵触。有些反对意见能够通过私人化的其他形式加以克服。一个试图逃避追捕的违法者将受到更严厉的惩罚，这并非通过私人化的乘数实现，而是通过对逃避追捕行为增加额外的制裁来实现。该制裁是对于"制造执法不确定性"的行为的一种直接责任形式，作为一项单独的罪过，法律能够根据其严重性而单独施加惩罚。[36] 此时，私人化的对象并非制裁，而是违法者受指控的一系列相关违法行为。另一种策略亦能够避免与报应主义价值的冲突，即，在明显由于违法者的逃避行为（可能还有其他原因）导致的执法水平相对较低的情况下投入更多的执法资源。与其以私人化的制裁弥补执法水平的不足，不如以私人化的方式开展侦查工作。这种方法的管理成本更高，但从报应主义的角度来看更容易被接受。

重要的是，调整制裁规模以反映私人化的执法和侦破水平

---

35 Louis Kaplow & Steven Shavell, Optimal Law Enforcement with Self-Reporting of Behavior, 102 *J. Pol. Econ.* 583 (1994).

36 Ariel Porat & Alex Stein, *Tort Liability Under Uncertainty* 110, 150–58 (2001).

的做法，能够纠正令人困扰的差别化侦查问题。例如，如果黑人违法者所实施的犯罪比其他种族的成员实施的类似犯罪更容易受到制裁，那么私人化的制裁机制将减轻对黑人违法者的制裁。这一做法确实把种族作为一个因素——这可能存在宪法层面的问题。更理想的方式是，受训算法能够利用其他个人特征来识别具有更高侦破可能性的个人，并按比例降低其制裁。

　　这一讨论要求我们再次认识到私人化法律执行的巨大信息挑战。第一，如果是否构成违法行为因人而异，那么法律执行者在行动之前必须对此加以了解。交警必须知晓每辆驶来的车辆的私人化限速。第二，如果侦破概率应当影响制裁，法院就需要知道这一概率。第一项挑战可能更容易解决，因为其仅要求将传达给人们的指令也传递给警方。第二个挑战则更为严峻。它需要一个模型来估计犯罪被侦破的概率，以及个人属性对概率的影响。评估所需的数据面临着"观察缺位"的难题：我们对于尚未被侦破案件的违法者所知甚少。我们意识到，私人化法律的功能发挥只能以数据的质量为限。

83

第五章　私人化的监管技术

第四章通过侵权法、合同法与刑法的具体案例，阐释了私人化指令将如何重塑特定法律领域。我们的目的是将私人化法律"实现部门法特定目标"的潜在价值加以具体化。在侵权法中，私人化能够降低事故成本。在合同法中，私人化能够将消费者保护分配至需求最迫切之处。在刑法中，私人化能够在避免不必要的严厉惩罚的同时，更有效地威慑犯罪。

在本章中，我们会将视域延伸开来。本章并不会扩展至其他法律领域来说明私人化规则的广泛应用，而是将目光聚焦于监管技术上。这些监管技术是设置法律干预的一般性进路，其被运用于各个法律领域。我们将从缺省规则展开论述，[1]继而讨论强制性披露、损害赔偿，以及权利束。

---

[1] 本节分析部分基于以下论文：Ariel Porat & Lior J. Strahilevitz, Personalizing Default Rules and Disclosure with Big Data, 112 *Mich. L. Rev.* 1417 (2014)。

私人化的缺省规则

汝之菜肴，彼之毒药。

——卢克莱修*

缺省规则是指，除非当事人主动选择排除，否则即会发挥效力的指令。缺省规则的设计是立法的核心技术之一。缺省规则无处不在。其规范着大部分的交易性法律，为各种各样的合同和组织提供现成的漏洞填补。缺省规则还为个人的退休储蓄、器官捐献或财产赠与等决策提供备用选项。一项法律指令只要能够被其适用主体所绕开，换言之，其并不具备强制性，那么该指令就是一项缺省规则。

缺省规则在双方交易中大量存在，只有基于双方同意才能加以排除。例如，《统一商法典》规定了商品买卖中的默示质保（UCC § 2-314）等缺省规则。缺省规则亦用于规范由多方当事人组成的组织内部的权利与义务，只有基于集体协议等形式（形式通常也由缺省规则规定）才能对其加以修改。例如，州法规定了有关公司治理的缺省规则，如一股一票规则，但公司章程（by-laws）往往会采用不同的控制权分配。此外，缺省规则为一些单方决策提供"自动加入"设置，需要当事人主动选择排除才能更改指令。例如，继承法几乎完全由缺省规则组成，这些规则决定了财产所有人未立遗嘱而死亡的情况下财产如何 86

---

*　古罗马哲学家及诗人。——译者

分配的问题。[2] 改变无遗嘱继承缺省规则的典型方式，便是一份具有法律效力的遗嘱。

已有大量评论研究了如何设计最优缺省规则。这些研究的鲜明观点是，不同的人会从不同的缺省规则中获益，但鉴于法律通常使用统一的缺省规则，该领域的大量著作通常假设"缺省规则必须是通用的"。一个有力学说主张，缺省规则应该模拟当事人的意愿，因为如果不这样做，人们就会被迫在排除缺省规则的适用上浪费交易成本。将这一"交易成本最小化"的观点加以延伸，可知，如果人们的意愿各不相同，那么最好的选择是制定"多数性"缺省，也即最适合于绝大多数当事人利益的缺省，如此即可降低选择排除的总成本。[3] 不难看出，私人化的法律将戏剧性地改变这一设计原则。其不再将人们框定在一个统一性安排中（该安排要么是平均最优的，要么是反映多数群体的意愿的），而是为每个人、每项交易匹配一套后备条款，以模拟单个主体或多方当事人的私人化意愿。

近来，缺省规则的另一个学说分支则收获了主要由行为经济学家组成的众多拥趸，该学说反对多数主义的模拟原理，而主张采用"助推"的设计。有别于传统路径，该学说并不支持

2　例如，参见 755 Ill. Comp. Stat. Ann. 5/2 (Westlaw through Pub. Act 101-651)。

3　例如，参见 Ian Ayres & Robert Gertner, Filling Gaps in Incomplete Contracts: An Economic Theory of Default Rules, 99 *Yale L.J.* 87 (1989); Lucian A. Bebchuk & Steven Shavell, Information and the Scope of Liability for Breach of Contract: The Rule of Hadley v. Baxendale, 7 *J.L. Econ. & Org.* 284 (1991); Charles Goetz & Robert Scott, The Mitigation Principle: Toward A General Theory of Contractual Obligation, 69 *Va. L. Rev.* 967 (1983); Alan Schwartz, The Default Rule Paradigm and the Limits of Contract Law, 3 *S. Cal. Interdisc. L.J.* 389 (1993)。

降低选择排除的成本，相反，其主张对选择排除机制的优化利
用，甚至竭力放大，以使选择排除的实现更加困难。在缺省富
有"黏性"的领域，尤其是那些缺省最不容易被选择排除的领
域，设计者即可将其制定为符合福利最大化要求的状态。与传
统路径一样，该学说也坚持"缺省规则应当具有统一性"的前
提。举例而言，如果人们不会选择排除器官捐献的缺省规则，
那么我们不妨制定一个自动加入的缺省选项，以提高捐献的参
与率和移植器官的可用性。又例如，如果消费者会做出糟糕的
贷款决定，我们不妨制定一套尤其适合于最缺乏经验的借款人
的缺省规则，并设置高昂成本以阻碍其选择排除。[4] 这些助推将
统一适用于所有人。

　　除了极少数的例外情况，我们现行法律体系中的缺省规则
的确是统一的。有些完全统一，未留给法院自由裁量空间，此
类规则例如"交货地点为卖方营业所在地"的规定，[5] 抑或"要约
人死亡则要约即告终止"的规定。[6] 其他规则则是情境性的，例
如，在"货物具有独特性"的情况下以实际履行为违约救济方
式。[7] 许多因素将用以判断货物是否独特，因此法院可以根据具
体情况调整这一缺省规则。当"因案制宜"被允许时，人们普
遍认为更精细的因案制宜是更优选，因为其能够增加当事人的

4　参见 Richard H. Thaler & Cass R. Sunstein, *Nudge: Improving Decisions About Health,
Wealth, and Happiness* 6–8 (2008); Cass R. Sunstein, Deciding by Default, 162 *U. Pa. L.
Rev.* 1 (2013); Michael S. Barr et al., A One-Size-Fits-All Solution, *N.Y. Times* (Dec. 26,
2007), www.nytimes.com/2007/12/26/opinion/26barr.html?page。

5　U.C.C. § 2-308 (Am. Law Inst. & Unif. Law Comm'n 2011).

6　Restatement (Second) of Contracts § 36 (Am. Law Inst. 1981).

7　U.C.C. § 2-716 (Am. Law Inst. & Unif. Law Comm'n 2011).

福利，并节省其选择排除的成本。[8]更精细的因案制宜是有价值的，但也是有成本的，法院与监管机关将需要更多的信息输入。尽管因案制宜是普遍的，但私人化却极为少见；缺省指令会因情事类别而异（例如家庭或企业，不动产或动产），但却不会因当事人身份而异。

在所有法律机制中，缺省规则尤其适合私人化。人们普遍认为，缺省应该取决于被监管者的偏好，而这种偏好因人而异。私人化的缺省规则将是为每个人量身定制的，其依据即为大量的能够指向人们最优安排的信息。通过更好地模拟人们的差异化意愿，缺省规则将降低选择排除的成本。如果该规则具有黏性，其就能够赋予每个人对其最优的结果。[9]

为展现这一机制如何运作，我们首先以适用于个人单方决策的缺省规则为例，比如，遗产分配决定。[10]在不存在有效遗嘱的情况下，继承法规定财产在亲属之间进行分配。例如，在许多法律制度中，配偶继承一半的无遗嘱财产，子女则分享另一半。但这一统一性规则对于许多人而言并不适合，他们要么不得不承受一大笔费用来制定正式遗嘱以排除规则适用，要么则被动地（有时是无知地）屈从于不合心意的分配方式。比如，我们从实际遗嘱的数据中了解到，已婚男性比已婚女性更有可能将所有财产分配给配偶（55%比34%）。亦有许多男性

8　Ian Ayers, Default Rules for Incomplete Contracts, in *The New Palgrave Dictionary of Economics* 585 (Peter Newman ed., 2002); Ian Ayres & Robert Gertner, Strategic Contractual Inefficiency and the Optimal Choice of Legal Rules, 101 *Yale L.J.* 729, 762 (1992).

9　Sunstein, *supra* note 4, at 162 *U. Pa. L. Rev.* 1, 30.

10　该案例借鉴于前引: Porat & Strahilevitz, *supra* note 1, at 1417, 1419。

和女性拒绝适用"配偶获得50%"的缺省分配，取而代之以其他份额。但每个群体的行为表现并不同：平均而言，男性将80%的遗产分配给其配偶，而女性仅将40%的遗产分配给其配偶。我们不确定为什么会存在这种差异，这有可能是社会生物学以及文化历史因素的混合产物，不过，背后的原因并不重要。如果目标是模拟逝者的意愿，那么考虑到性别差异会使结果更加成功。

当然，人们遗产分配动机的差异性不仅仅基于性别。事实上，私人化缺省的前提并不是将人粗略地分为两组（男性和女性），而是识别与人们遗产分配意愿相关的大量因素。其他易于观察的特征，如财富、健康、关系持续时间、子女年龄、居住类型，以及职业，均可能与人们的分配意愿相关。这些相关性可以从对实际遗嘱的分析或大规模调查中获得。谁能知道这样的分析会发现何种令人惊讶的因素呢？也许，一些模糊的因素，比如社交媒体数据显示的亲属之间的日常交流强度，将被证明是遗产分配模式的预测因素。[11]

广泛采用这一路径的结果是，更多财产将以更准确地反映 89 人们真实偏好的方式进行分配。由于大多数人认为订立遗嘱很重要，但却并未在死前订立遗嘱，上述优势将会十分显著。[12] 此外，当那些准备订立遗嘱的人意识到自己的遗嘱目的已经反映在私人

11　例如，参见 Xiaonan Kou et al., *Gender Differences in Giving Motivations for Bequest Donors and Non-Donors* 10–22, 26 (2009); Lu Fan & Swarn Chatterjee, Bequest Expectations Among the U.S. Older Adults: The Roles of Generational Differences and Personality Traits, 2 *Fin. Plan. Rev.* e1057 (2019)。

12　参见 Caring.com Wills Survey, at https://www.caring.com/caregivers/estate-planning/wills-survey/2019-survey/。

化缺省规则中，其就能够节省这一成本。他们亦可节省在偏好改变后修改遗嘱的成本，因为他们预期法律将追踪并模拟其个人变化。

其他的私人化缺省也会带来类似的好处。例如，雇主拥有很多关于员工的个人信息，包括年龄、收入、被抚养人数量，以及健康状况，他们可以基于此建立私人化的养老金缴纳方案，并利用这些数据为每个家庭提供最优的储蓄路径。同样可能实现的还有，在遗产继承和退休储蓄领域，一项私人化的缺省规则将发挥背书的功能，帮助人们在知情的前提下做出选择，节省了其在遗产规划咨询上的高昂费用。随着人们的遗嘱、质保以及冒险偏好的改变，其私人化缺省也会发生改变。[13]

私人化的缺省规则能够适用于交易法的大部分领域，取代一般性的合同法、货物买卖法和保险法、劳动法和代理法，以及物权法中的缺省权利与义务。以规定质量保证与违约救济的缺省规则为例。人们需要的、想要的或者能够负担得起的质保范围各不相同。通用型规则将迫使许多人选择排除适用，而非定制其质保范围。私人化的默示质保规则能够从人们以往的消费记录中发现其风险偏好。通常选择额外质保的人将被匹配以更慷慨且更昂贵的质保范围与更低的损失风险条款。过往消费记录、调查、风险规避数据（显示于保险偏好中）、信用评分、收入以及各种其他因素，均有助于预测人们的质保需求。[14]

13　Sunstein, *supra* note 4, at 1, 53.

14　例如，参见 Junhong Chu & Pradeep K. Chintagunta, An Empirical Test of Warranty Theories in the U.S. Computer Server and Automobile Markets, 75 *J. Marketing* 75, 87 (2011); Pranav Jindal, Risk Preferences and Demand Drivers of Extended Warranties, 34 *Marketing Sci.* 39, 57 (2015)。

消费者法可能是最天然地适合私人化缺省规则路径的领域。公司拥有大量的消费者偏好与特征数据，这些数据已被用于定制个性化广告以及在线购物环境。旅游网站和航空公司正在私人化客户的缺省设置——包括航线偏好、座位位置、旅行行李和支付方式等的选择——那么，为什么不将乘客遭遇颠簸撞击或出发延误时的赔偿责任等法律规则也一并私人化？已经用于市场营销的数据可以再度被挖掘，用以发现人们对于法定权利的偏好，而法律可以指导公司运用这些数据定制私人化的缺省规则。

在一些关键领域，核心信息应当被集中用于算法的训练，通过算法制定私人化的缺省规则。退休储蓄、器官捐献、继承规则和抵押贷款等的缺省规则都足够重要，应当通过私人化算法进行预先规划。然而，交易法包含成千上万的缺省规则，为其进行预编程并不具有可行性。不过，只要诉讼当事人被赋予了足够的激励参与定制工作，法院就可以将私人化路径运用于缺省规则中。人们会主动披露自己的真实偏好和特征，以获取更合适的待遇。如果人们报告的偏好能够被记录在册并影响未来的交易和价格，那么欺诈与造假的可能性也会降低。

我们假设，法院需要决定是否要针对货物买卖合同的违约行为给予实际履行的救济方式。根据美国法，如果货物具有"独特性"，则缺省救济方式为实际履行，其他情况下，缺省救济方式则为损害赔偿。[15] 不过，"独特性与否"以旁观者的视角为准。一件首饰可能对某个人来说是独一无二的，但对其他人却极为普通。某些时候，这种区分显而易见：一本罕见的初版

---

15 U.C.C. §§ 2-713, 2-716 (Am. Law Inst. & Unif. Law Comm'n 2011).

书对于资深收藏家而言独一无二，但对于中间商却不是。金钱损害赔偿能够完美地补偿后者，但前者却必须以实际履行为救济。有些人为了其合同计划能够以实物交付的方式顺利履行而竭心尽力，有些人则并不挑剔，怠于做出信赖投资，对货物调整来者不拒，更关注于基本金钱价值。对于这两种类型，法院有可能难以分辨。此时，法院将不得不依赖于诉讼当事人来提供信息，披露其自身以及其对实物履行或金钱损害赔偿的偏好。与私人化损害赔偿一样，私人化救济的选择亦可以回应受害一方当事人的损害与特定利益。并且，如果私人化损害赔偿能够切实弥补违约造成的特定实际价值减损，那么以实际履行来弥补"不可弥补"的损害就不那么必要了。

再举一个例子：宜居性的默示质保规则。这是房屋租赁合同中的一项重要规则。其规定了出租的住宅单位的最低可居住标准。无论该默示规则为强制性条款抑或可排除的缺省规则，其均是一种统一性规则。该规则针对每一住宅单位的具体适用因环境而异，但并不因承租人身份和偏好而异。私人化的法律能够改变上述情况，其将承租人（或者出租人）的特征纳入考虑，以确定宜居性的合适标准。该承租人是否通常愿意为了节约成本而牺牲居住条件？其是否擅长修缮年久失修的房屋？如果答案是肯定的，那么法律应当为其租赁规定更低的宜居性门槛。如果该规则仅为缺省规则，那么私人化将节省当事人订立合同的成本。如果该规则具有强制性，那么私人化的门槛将帮助人们实现其心中的"质量"与"价格"的权衡。

在某些情况下，缺省规则的私人化能够实现第三人获益，而这种提升正外部性（positive externalities）的效果将会促成社会对私人化的接纳。举例而言，社会所面临的一项困境是如何鼓励人们在死后捐献其器官。大多数人会默许采用器官捐献的缺省规则，而不管该规则内容为何。[16]然而，对于器官移植，人们存在不同的宗教上或精神上的价值信念。[17]如果社会要在"拯救器官接受者的生命"和"尊重潜在捐献者的宗教信仰"之间寻求一种最佳折中方案的话，私人化的缺省规则不失为一项解决方案。对于预期会反对器官捐献的神道教徒而言，"不捐献"的缺省规则将更为合适。对于那些只是轻微反对捐献但不愿意承担选择排除的成本的人而言，一个自动加入的缺省规则和一套简单的选择排除程序会比较合适。[18]这种差异化安排，会缓解那些不惜重金支持统一性规则的利益团体所带来的政治阻力。选择不适用自动加入缺省的人也会收敛其反对之声。类似的政治效应亦可能适用于其他领域，也即那些正在为缺省规则的设计而争论不休的领域。例如，如果采用定制的隐私缺省规则以匹配人们的隐私偏好，那么那些支持通用的保护性缺省（protective defaults）或许可性缺省（permissive defaults）的政治活动就可能会偃旗息鼓。

92

私人化的强制性披露

"在美国法律中，'强制披露'大概是被最普遍采用但却最

16　Sunstein, *supra* note 4, at 1, 12–13.

17　参见 Robert Steinbuch, Kidneys, Cash, and Kashrut: A Legal, Economic, and Religious Analysis of Selling Kidneys, 45 *Hous. L. Rev.* 1529, 1566 n. 268 (2009)。

18　Porat & Strahilevitz, *supra* note 1, at 1432.

少奏效的一项监管技术。"这是我们的作者之一（本-沙哈尔）与卡尔·施奈德的合著著作的开场白。书中指出，信息披露对于人们而言并无裨益，然而，其尽管徒劳无功，却又层出不穷；而重新设计以简化信息披露形式的方法却又尚未出现。[19] 信息披露之所以惯常性地失败，是因为其在试图完成不可能完成的任务：通过向人们灌输无穷无尽的信息，来教会人们如何做出复杂性决定。如果信息是冗长的、细碎的、杂乱的，人们会忽略它；如果信息是简短的、省略的、整洁的，人们也会忽略它。

　　强制性披露的忠实拥趸并不会因该制度一贯的糟糕记录而败退。这些"披露党"坚信，强制性披露的许多问题是因其制定不当所造成的，他们寄希望于更简单、更优化的设计，并以行为学上的知情同意为基础，提出了所谓的"定向透明化"（targeted transparency）以及"智能披露"（smart disclosure），呼吁"强化的""有意义的"和"恰到好处的"披露。但他们没有理由欢呼雀跃。因为，即便是符合上述方式的披露也仍然会失败。问题似乎并不在于披露的形式。披露之所以行不通，是因为复杂问题无法被简单地解释和传达。此外，即使我们能够缓解信息过载问题并实现更少披露，人们所获悉的也会更少。人们会被告知更少的风险，也会失去有意义的"知情"机会。对于那些主张人们有权知悉其所受待遇与所面临风险的披露党而言，"披露不完全"的现实是有违道德的。

　　我们无意为"披露失败"这一问题寻求新的解决方案，尤其是那些未经测试就被证明有效的方案。尽管如此，我们认为，

19　Omri Ben-Shahar & Carl E. Schneider, *More Than You Wanted to Know* 3 (2014).

那种无处抒发的改进披露的渴望，应当被引向私人化的方向，这即是普锐理与斯特拉希利维茨的观点。[20] 信息披露的私人化能够为这一命运多舛的监管技术的改革带来一丝希望。 93

当前，强制性披露的目的在于满足处于平均水平的信息接收者的信息需求。在消费市场中，"平均消费者"（average consumer）是一个描述性的概念，也即：在目标人群中具有典型认知技能的人。[21] 但平均消费者也可以是一个规范性的理念，意指（按照欧洲法院的表述）"知情、观察和思考处于合理水平"的人。[22] 在私人化法律下，平均消费者的信息需求这一理念将被一种新模式所取代，这种新理念将根据每个消费者的个人异质性信息需求和处理能力为其提供量身定制的信息披露。私人化的披露的依据既可以是"需求"的描述性概念（即消费者的典型实际需求），也可以是其规范性概念（即消费者的应然需求），但任一方式均不免反映私人化的情事、认知与偏好。私人化的信息披露将缓解信息过载，并（让我们祈祷）增强信息效用。

以产品警告为例。侵权法要求全面披露产品风险，食品药品监督管理局（FDA）要求披露药品的副作用，加州要求对任何含有致癌物质的产品加以警告，消费者保护法要求披露各种费用。由于这类披露安排极尽烦琐，每份披露均用小字条款塞

---

20 Porat & Strahilevitz, *supra* note 1, at 1470-76；另参见 Christoph Busch, Implementing Personalized Law: Personalized Disclosures in Consumer Law and Data Privacy Law, 86 *U. Chi. L. Rev.* 309, 324-30 (2019)。

21 *In re Cliffdale Associates, Inc.*, 103 F.T.C. 110, 1984 WL 565319, at *47 (1984); James C. Miller Ⅲ, FTC Policy Statement on Deception, FTC.gov (Oct. 14, 1983).

22 Case C-210/96, *Gut Springenheide GmbH v Oberkreisdirektor des Kreises Steinfurt—Amt für Lebensmittelüberwachung*, 1998 E.C.R. I-04657, ¶ 31.

入了大量的技术性信息——难怪它们基本上毫无用处。你上一次打开药品包装里的折叠说明书了解药品副作用是什么时候？你上一次认真思考星巴克加州门店所张贴的咖啡因警告是什么时候？你上一次检查商店是否收取额外服务费又是什么时候？

警告没有必要如此烦冗，毕竟每个人仅仅关心或应当关心一小部分的事宜。经营者与其向所有人推送所有已知风险的全面清单，不如向每个用户告知与之相关的风险和副作用。男性无需获知药品与妊娠相关的风险，少量服用者无需获知过量使用所引发的风险，住在养老社区的老年人无需获知婴儿窒息的风险，虔诚的穆斯林无需获知药物与酒精混合服用的风险。

94

广告经营者早已发现了私人化推送的优越性，并将大量支出投入算法化的广告平台。不同的人会得到为其量身定制的信息，而定制的依据即是基于数据对其偏好与可塑造性（即其在多大程度上能够被操纵）的最优预测。私人化的信息披露亦可以采用相同的方式，为接收者定制特殊的警告与产品标签。想象一下，当你在超市扫描食品条形码后会立即收到智能手机推送，通知上只显示你所看重的营养与过敏信息，这会是何其便捷。[23] 又或者，当你每次要点击"我同意"法律条款时，收到的不再是冗长的小字格式条款，而是只有一段话，解释对你而言最重要的义务与免责条款。如果数据显示某人倾向于错过付款或退货的期限，那么，向其突出警告"逾期后果"会更有裨益，

---

23 例如，参见 Scott R. Peppet, Freedom of Contract in an Augmented Reality: The Case of Consumer Contracts, 59 *UCLA L. Rev.* 676, 698, 741 (2012)（本文探讨了当前的条形码扫描应用程序，该应用程序能够提醒人们一般性信息）。

远远胜过格式化的全面警告清单。[24] 再或者，如果一个人经常前往其健康保险不适用的国家，那么私人化提示就应该提醒其注意排除适用的范围。[25]

医疗信息披露无疑是最适合私人化路径的领域。医生的义务不应是告知人们全部的风险，而应当是仅警告与该患者相关的风险。[26] 这一判断标准并非是生物伦理意义上的，即反映一个具有自主性的人应当追求什么或接收什么。相反，这一标准应当是实用性和经验性的，即：向一个已知具有某种特征的人只披露符合相关性与可用性原则的内容。此外，在评估私人化风险时，医生可以考虑（换言之，算法可以为医生提供）各种风险因素的数据。例如，医生在为特定病人定制特别风险警告时，可以依赖于病人的"违背医嘱倾向"预测结果，或者其一般风险承受能力数据——这些信息的来源可以是病人的驾驶、信用、保险购买等数据。

上述方法的潜在应用是无穷无尽的，这或许是因为，强制 95 性披露是如此普遍。人们做出错误选择的原因各有不同，如果监管对策是对人们作出警告，那么最好的方式是，对每个人作出与其相关的警告。比如，如果信用卡数据和社交媒体行为表明有些人容易陷入"身份消费"（status spending）或者其他糟糕但可避免的支出，那么法律就可以要求卖方单独向这些人发出

24　例如，参见 Philipp Hacker, Personalizing EU Private Law: From Disclosures to Nudges and Mandates, 25 *Eur. Rev. Priv. L.* 651, 669 (2017)。

25　Busch, *supra* note 20, at 309, 316 (2019).

26　参见 Gil Siegal et al., Personalized Disclosure by Information-on-Demand: Attending to Patients' Needs in the Informed Consent Process, 40 *J.L. Med. & Ethics* 359, 360 (2012).

红色警告。[27] 如此一来，尽管警告可能不是解决这些问题的最有效的监管路径，但通过精确性警告，监管效果只可能得到改善。

私人化的同意书可能会违背"患者自治"的主流伦理观念，该观念主张患者有权获知全部风险与后果，而私人化的同意书却只显示针对特定人的一小部分风险内容。对于标榜"自主权的神圣性"的自治主义者而言，私人化披露可能不尽如人意，即使已有研究证明，私人化披露事实上提升了患者的信息接收水平。为了缓解这类担忧，不妨赋予人们选择排除私人化同意书适用的权利，并接收完整的、不加省略的披露。我们并不认为很多人会这样做。当前实践表明，人们会不加阅读地将同意书弃置一旁（诊所对此早有预料，因此会贴心地在前台放置一个回收桶来收回这些文件）。我们在前文中已经指出，一部分私人化法律可以适用于选择排除机制，我们没有理由剥夺那些渴望统一性披露的人自得其乐的机会。只需点击"阅读更多信息"按钮，完整的警告标签就会即刻呈现。

私人化披露能够与新兴的"使用模式（use-pattern）披露"巧妙地融合在一起。奥伦·巴-吉尔提供了有力观点，其指出，相较于针对产品属性和常规费用的一般性披露，向人们告知其私人使用模式则更具优越性。[28]公司相较于客户本人，通常能够更准确地预测每个客户所面临的费用。如此看来，与其要求公司披露冗长的潜在收费清单，不如要求其为每个客户量身定制

---

27 Busch, *supra* note 20, at 318–19.

28 Oren Bar-Gill & Franco Ferrari, Informing Consumers About Themselves, 3 *Erasmus L. Rev.* 93 (2010); Oren Bar-Gill & Oliver Board, Product-Use Information and the Limits of Voluntary Disclosure, 14 *Am. L. & Econ. Rev.* 235, 258–63 (2012).

一个更简单的、基于预测的披露。"根据我们所掌握的信息，我们预计您的理财收费为 125 美元。"私人化披露会是考量了"像你一样的人"以及其他可能有助于提高预测准确性的信息后的产物。

　　然而，不同于其他改革，改变对于信息披露监管倍加推崇 96 的政治文化将是困难的。信息披露法的历史是一个单向扩张的历史。立法者们之所以乐于采用强制性信息披露，是因为该方式乍一看对于实际问题的解决极富吸引力，其不需要预算拨款，因而在表决时少有或没有政治上的反对意见。[29] 因此，强制性披露被层层加码，却从未"瘦身"。老练的立法者很少尝试削减信息披露要求，他们也没能解决加码的问题——该法律技术在诸多法律领域被滥用。因此，我们对私人化披露并不抱太大希望，毕竟，我们所尝试激活的是一项从未奏效但却持续获得两党支持的法律技术。

私人化的赔偿

　　私法损害的主要救济方式是向受害人支付金钱赔偿。法律赋予原告获得损害赔偿的权利，其数额恰好足以弥补已被证实的损失。不同的私法部门法采用不同的损失概念。侵权法关注的是受害人所受的伤害，并试图使受害人恢复至事故发生前的状态。合同法保护期待利益，其授予违约相对方以金钱损害赔偿，使其达到如果合同正常履行所能达到的盈利状态。财产法

29　Ben-Shahar & Schneider, *supra* note 19, at ch. 9.

通常允许所有权人要求侵权人交出其违法行为的获益。尽管保护利益各不相同，且"金钱能够抚平伤害"只是无稽想象，但可以确定的是，私法各部门法所施加的损害赔偿均是粗略私人化的，试图衡量特定原告所遭受的损失。

此种损害赔偿的私人化路径的一个例子是侵权法中的"蛋壳脑袋"（eggshell skull）原则。该原则要求加害人对受害人所遭受的实际身体伤害加以赔偿，即使受害人的某种不常见的脆弱性助力了伤害的形成。根据这一规则，违法者必须"对其自找的受害人照单全收"。[30] 私人化路径的另一个例子是合同违约的间接损害赔偿请求权，其条件为，允诺人在磋商过程中已经就导致违约损失增加的特殊个人情况进行了沟通，该损失因此能为全体当事人所预见。[31]

97 现行法中损害赔偿的私人化是粗略的，存在较大比重的统一性与非准确性。私人化损害赔偿的主要局限性之一（既是实践局限性也是理论局限性），就是信息的缺乏。受害人损失或违法者收益的实际情况难以被精确衡量。正因如此，私法在赋予精神损害赔偿时才十分吝啬，精神损害即是一种易于伪造却难以核实的损失。[32] 众所周知，合同法拒绝对"不确定"或"不可预见"的损失给予赔偿——这两点限制，至少在一定程度上反映出实践中的信息困境。[33] 侵权法在判定人身和生命损害导致的

---

30 *Maldonado v. Sinai Med. Grp., Inc.*, 706 F. Supp. 2d 882, 889 (N.D. Ill. 2010).

31 *Hadley v. Baxendale* (1854), 156 Eng. Rep. 145, 151.

32 Restatement (Second) of Contracts § 353 (Am. Law Inst. 1981). 参见 Omri Ben-Shahar & Ariel Porat, The Restoration Remedy in Private Law, 118 *Colum. L. Rev.* 1901 (2018)。

33 Restatement (Second) of Contracts § § 351, 352 (Am. Law Inst. 1981).

收入减少的损害赔偿时，经常使用各种图表来计算受害者的预期终身收入。这些赔偿额图表试图实现私人化，不过，其只是一种非常粗糙且有疑问的私人化，对人们的划分主要根据年龄、性别与种族。[34] 在小数据时代，这类救济规则并未将足够多的因素纳入考虑，因而无法准确预测人们的实际损失。更优的核实措施尽管已经问世，但却成本高昂。正因如此，评论者们更认可基于平均的而非私人化的损害赔偿评估方式的效率性。包括劳动者损害赔偿与社会保障残疾津贴在内的重要救济法领域均采用统一性损害赔偿路径。[35]

现行法对损害赔偿私人化的限制也不乏有意为之，此种情况下，法律忽略了关于实际损失的可靠信息，而出于种种政策原因仅承认损失的一小部分。例如，按照法律规定，受害人具有减轻自身损失的义务，如果能够证明受害人本可以采取合理措施避免损害的发生却没有这么做，则法律会拒绝对该部分损失给予赔偿。侵权法中的与有过失（comparative negligence）原则以及合同法中的减轻损害（mitigation of damages）原则等，限制了受害人在未履行自身"减少风险或损害"的义务的情况下所获得的赔偿。鉴于此种义务或负担并非是私人化的——要求受害人按照理性人标准行事——其实际上是为赔偿制度引入了额外的统一性要素。

98

完全私人化的损害赔偿制度将采用多种因素来衡量每个受

---

34 Ronen Avraham & Kimberly Yuracko, Torts and Discrimination, 78 *Ohio St. L.J.* 661, 669-75 (2017).

35 Louis Kaplow & Steven Shavell, Accuracy in the Assessment of Damages, 39 *J.L. & Econ.* 191, 192, 202 (1996).

害人的实际损失，评估他们受到损害前的状态，并预测如果被告的不当行为未发生，其将会达到的未来状态。这种做法与当前的侵权法并无太大不同，特别是在损害赔偿被设定为未来收入减损数值，且该数值是基于社会经济学统计数据得出的情况下。[36] 大数据能够完善和改进上述方法的实施，并有希望消除其饱受争议之处，也即对诸多可疑分类的依赖。

以受损害的婴儿的未来收入损失赔偿为例——这一问题凸显了现行法律的缺陷。鉴于缺乏关于其工作、教育或生活经历的更具体数据，此种预测主要依赖于种族和性别。[37] 按照该评估方式，女性与少数族裔原告所获损害赔偿显著更低。在一例受害人为美国原住民的案件中，如果将种族纳入考虑，则受害人收入损失的计算结果为433562美元，而如果采用种族中性的评估，其计算结果为744442美元。[38] 尽管这些评估是基于可信的（尽管是粗糙的）精算方法，但其仍然会引发平等待遇方面的担忧。此外，数据所体现出的收入差异，究其根源在于历史上的歧视，而此种做法无异于将历史歧视永久性地固定了下来。

---

36 Eric A. Posner & Cass R. Sunstein, Dollars and Death, 72 *U. Chi. L. Rev.* 537, 593 (2005). 参见 Leo M. O'Connor & Robert E. Miller, The Economist-Statistician: A Source of Expert Guidance in Determining Damages, 48 *Notre Dame L. Rev.* 354, 356 (1972)。

37 Loren D. Goodman, Note, For What It's Worth: The Role of Race—and Gender-Based Data in Civil Damages Awards, 70 *Vand. L. Rev.* 1353, 1360–63 (2017); 对于美国劳动统计局（Bureau of Labor Statistics）的年度工资表格，参见 Kimberly A. Yuracko & Ronen Avraham, Valuing Black Lives: A Constitutional Challenge to the Use of Race-Based Tables in Calculating Tort Damages, 106 *Cal. L. Rev.* 325, 331 (2018)。

38 Yuracko & Avraham, *supra* note 37, at 333–34, citing *United States v. Bedonie*, 317 F. Supp. 2d 1285 (D. Utah 2004), *rev'd and remanded sub nom. United States v. Serawop*, 410 F.3d 656 (10th Cir. 2005).

依靠大数据的预测算法能够实现私人化的赔偿，而不必依赖于种族、性别等宪法上可疑的划分标准。人们不会被当作某一群体的成员来对待，而是被当作独特的样本，每个样本均通过数十个（或者更多）与终身收入相关的特征加以描述。性别与种族可以不再是决定性因素，而是被置于边缘位置。如果可取，种族与性别信息甚至可以被彻底排除。但可以肯定的是，其他因素又会成为这些被禁止的输入值的代理形态（proxies），差异化将会持续存在，因为算法将会不遗余力地确保原告获得接近其真实损失的赔偿，而很遗憾，这一损失的确会因原告作为受保护群体的成员身份而不同。如果某一少数族裔的平均收入低于其他族裔，这并非救济法的偏见的结果，而是救济法的准确性的结果——其反映了我们社会中的收入差异。但是，与现行法律不同的是，该算法将确保人们不会按照群体的平均水平获得分配。同时，该算法会使我们认清群体之间的差距，并认识到针对该问题的实体法改革的紧迫性（这类改革有可能起到促进平等的效果，且该效果不仅仅体现在人们受到损害并寻求救济的环节，而是主要体现在损害未发生之际）。此外，改革还将使代理效应（proxy effects）的消除成为可能，我们将在第八章中对此加以讨论。私人化的赔偿机制完全有可能彻底消除有争议的划分标准的影响。通过施加一项约束条件（比如种族平等），私人化机制将牺牲一定程度的赔偿准确性，但却能实现一项迄今为止没有人类法官能够实现的目标。

反映实际损失的私人化赔偿能够实现私法的矫正正义目标。遭受更大损失的人将获得更多赔偿。然而，存在一些无法抗拒的理由，足以使我们推翻该计划。比如，威慑在各群体之中的平等分布是至关重要的，不应当出现因低收入群体获得损害赔偿较低而导致对其侵权仅受到较低威慑的情况，如此一来，对于潜在侵权人而言，低收入群体将被视为更"负担得起"的受害人。[39]一项对于生命与健康损害给予统一性损害赔偿而不论受害人的收入或报酬的实体法规则，不失为一项良法。其排斥"受害人在相关方面存在差异"的理念，也无须进行私人化。

私人化的权利与义务束

法律以"集束"（bundles）方式呈现。其被单独制定、研究，但却以结合的方式规制人们的生活环境。消费者、雇员和承租人均被赋予一套保护组合（portfolio），这些保护被分别制定，但共同构成了一个综合性的保护伞。例如，当人们申请抵押贷款时，其会得到超过50种不同的披露，反映着各种法律与法规所强制规定的权利。[40]我们已经指出，其中每一项独立的规则——例如合同的撤回权，抑或食品标签——均可以私人化的、非统一性的方式进行配置。在此，我们会将视角放大，并主张，"因人而异"同样适用于法律私人化的规模本身，尤其是预先配置集束的组成部分。

私人化规则所采用的输入值会同时对各种指令产生影响。例如，一个笨拙的人可能在开车时须承担更繁重的注意义务标准，但与此同时，其也被赋予更多的消费者保护。一个接受过

39　Ariel Porat, Misalignments in Torts Law, 121 *Yale L.J.* 82, 97–107 (2011).

40　Omri Ben-Shahar & Carl E. Schneider, The Futility of Cost Benefit Analysis in Financial Disclosure Regulation, 43 *J. Legal Stud.* S253, S265 (2014).

高等教育的人可能会获得更多、更优化的强制性披露，然而一旦其疏于按照产品警告行事，其也面临更高的与有过错标准。一个年轻且不成熟的成年人可能会受到更严格的行为能力年龄规则的约束，但也会获得更高水平的隐私保护。

在统一性法律下，没有必要将规则作为集束来考查，因为组合中的每个要素都一模一样。的确，人们可能从统一性权利中获得不同收益，但法律集束的结构并不允许其在权利 A 和权利 B 之间进行权衡。例如，在当前的统一性法律制度下，我们不会说，"赋予大卫一个比阿比盖尔的更详细的食品营养标签，但赋予阿比盖尔更频繁的实时隐私通知"。私人化的法律则允许我们保持某些保护的总和（例如强制性披露的信息总和）不变，但却改变人们的组合的内在要素。

事实上，私人化集束可以在两个维度上加以实施：构成要素与整体规模。要素的私人化使权利与义务束的各部分改变成为可能。规模的私人化则使集束内的权利与义务总数的改变成为可能。法律可以被想象成沙拉，其混合了各种要素而形成一个特立独行的组合。如果按照统一的方式上菜，那么每位食客会得到一碗大小完全相同、内容物完全一致的混合食品——四个圣女果、两片红洋葱、一把油炸面包渣、一匙姜汁等。而在私人化的沙拉吧里，每位食客都能吃到不同的沙拉组合。规模的私人化意味着人们分别选购不同分量（可能为了符合其不同体重）。要素的私人化则意味着人们被允许按照其个人口味或心情来定制自己的食品组合。私人化的沙拉吧无疑更令人满意，但统一的沙拉可能会节省分销成本。而最佳平衡点则在于这两个目标的权衡。101

就像沙拉吧一样，私人化的法律能够更多地赋予人们对其而言有价值的内容。举例而言，住在楼房里的居民对公共生活的相关权利与义务存在不同的专注点。有些人更希望拥有社区治理的投票权而不关心各类设施的使用权。另一些人则极为关心噪声水平，而不太在意门禁服务。统一性的法律赋予每个居民完全相同的个人权利（rights）与特权（privileges），而私人化的法律则能够改变其内在构成要素。将居民权利规范视为集束而非分散的、逐一的配置，能够使私人化法律对于待遇的定制不仅适用于单一指令层面，还适用于整体层面。然而，与市场分配不同（在市场机制下人们付费购买集束的组成部分并决定其整体规模），法定权利是不能被购买的。因此，人与人之间在构成要素上的差异，相对于总量上的差异而言，更容易被证明具有正当性。

政府支出则尤其适合于针对集束而非单个要素的评估。政府可以为歌剧等只有部分人享受的活动提供补贴，这实际上是将利益分配给一小部分精英。不过，如果由此认为歌剧受众获得了系统性的偏爱，那就大错特错了。政府同样可以补贴街头集市和社区艺术、本土音乐和嘻哈活动，而使不同的人受益。同理，在救援服务方面，政府可以补贴水灾保险，使富裕的海景房主受益；[41] 而其也可以补贴大风的保险和灾害救济，使龙卷风受灾地区的更贫穷的居民受益。这些项目的预算是零碎而分散的，但政策评估应当着眼于各成员获得的全部补贴组合。

---

[41] Omri Ben-Shahar & Kyle D. Logue, The Perverse Effects of Subsidized Weather Insurance, 68 *Stan. L. Rev.* 571, 575, 595-96 (2016).

私人化的权利束为法律目标的推进开辟了广阔的潜在空间。首先，考虑一下消费者金融保护法。制定法赋予了借款消费者各种不可免除的权利：撤回权，获得指导性披露与警告的权利，针对恶劣催收手段的保护，获得准确信用评级的权利，利息与费用的上限约束，等等。这些权利是统一的，其无差别地适用 102 于购买新游艇的富裕借款人，以及试图支付急诊医疗费的困窘家庭。私人化的法律允许差异的存在，并给予消费者其真正需要的保护。这就好比给予了人们一份权利"预算"，其能够以独特方式划分，并在各类保护机制之间进行分配，最终创造出一份私人化的法定权利"沙拉"。现实地说，人们并没有足够的智慧预见到信贷问题并选择最合适、最合理的保护。但是法律可以。如果来自金融机构的数据能够被用来预测人们对信贷保护的差异化需求，那么在促进保护目标方面，私人化集束将优于统一性集束。不论是否增加出借方的整体负担，这种更精确的分配都将改善信贷市场。

这种方法能够适用于许多权利，但是宪法呢？《权利法案》（Bill of Rights）赋予了人们统一的权利和自由。不同的人对于各种权利的私人赋值必然存在差异，但这种差异性是否意味着权利的私人化就是有意义的？举例而言，自力更生的乡村社区居民可能非常关心持有枪械的权利、集会自由，以及政府征收权的限制，而城市居民可能更关心同意搜查规则（consent-to-search rule）等刑事正当程序权利。很多人关心实质性的正当程序权利，但其中一些地区将征收保护看得更重，而另一些地区则更重视投票权或者避孕用品的可获取权。在宪法的统一性机制下，权利被平等地分配给每个人，而不论其偏好如何。没有人能得到"更多"的言论自由,没有人能多投或少投一票,亦没有人能适用更严格的同意搜查标准。而在私人化的法律下,公民可以就每项个人权利获得不同程度的保护——多一些对其格外重要的保护,少一些对其价值较低的保护——而"分配总值"始终是平等的。没错,甚至投票权也可以被私人化,因为有些人不太重视这些权利,也不愿意参与投票。"一人一票"的准则在公司法中已经逐渐瓦解,在公司法中,那些更有资格或更渴望投票的人通常被赋予更多的投票权。甚至在政治领域,自主私人化的政治投票权提案也引发了极大关注。[42] 在私人化集束的语境下对公民投票权进行差异化调整或许会面临更少的反对意见,如果被稀释的投票权的接受者同时也是其他领域"溢价"权利的受益人,那么集束的整体平等性就能得以维持。

我们意识到,这种私人化的宪法存在着幻象丛生且令人深感不安的一面,我们不妨将其作为一场"头脑实验",以展示私人化权利与私人化集束的局限性。首先,就宪法权利和其他一些法律权利而言,其所具有的社会价值远远超过其对于当事人个人的私人利用价值。这就是为什么有些权利是不可剥夺或让与的,其凌驾于人们选择放弃权利的个人意志之上。[43] 投票权

42　Eric A. Posner & E. Glen Weyl, *Radical Markets: Uprooting Capitalism and Democracy for a Just Society* 105-10 (2018). 一般参见 Eric A. Posner & E. Glen Weyl, Voting Squared: Quadratic Voting in Democratic Politics, 68 *Vand. L. Rev.* 441 (2015); Eric A. Posner & E. Glen Weyl, Quadratic Voting as Efficient Corporate Governance, 81 *U. Chi. L. Rev.* 251 (2014).

43　Ariel Porat & Stephen Sugarman, Limited Inalienability Rules, 107 *Georgetown L. J.* 701, 730-31 (2019).

或者政治观点的言论自由权即属于此种类型，因为社会整体将从每个人的参与中受益。各种宪法权利如同社会机器中的齿轮，其在不同程度上为全体公众创造价值，这种价值区别于个体获益的总和而独立存在。许多权利与保护，存在着生产上的与价值上的规模效应。有些权利是集结而成或不可分割的，此类权利一旦产生，将其拆分成小块分配给人们便是不可行或者无效率的。纯粹的公共产品（即非竞争性和非排他性的产品），正如安装在居民楼中的火灾警报器，是无法被私人化的。与之类似，权利也可能基于联合使用而产生价值。如果一部分人对言论自由权赋予了较低的私人价值，并放弃行使这些权利，则社会有可能因其弃权而整体受损。

其次，权利的"总数平等"（equal sum）理念一旦被具体实施，其效果可能会是难以想象的。这一概念能够在沙拉吧中实现，但对于平等的私人化宪法而言，其究竟意味着什么？对于保护束的总量而言，一个可行的衡量指标是，社会为确保人们享有该保护所付出的成本。我们可以设想，存在一个社会总成本的"预算"，而人们形形色色的私人化权利组合即从中而来。在居民楼的例子中，上述机制或许是可行的：增设任意单位的权利，均意味着在全楼预算内增加一项金钱支出，或者为其他成员施加一定程度的义务或不便。如果存在一种衡量非金钱效果的尺度，那么居民就能够获得统一的预算与私人化的权利。私人住宅能够被逐一定价。一些居民楼甚至可以允许其成员支付相应费用以购买更大的集束。然而，对于宪法权利与成文法权利的私人组合而言，确定一种定价单位将面临更大挑战。而即使有可能测量权利的私人定价，我们又如何在每个个案中计 104

算该权利的社会成本?[44]即使在消费者保护的语境(此时,保护的主要成本为企业合规成本)下,仍然有可能存在这样一种情况,即该保护所引发的经济总成本能够确定,但每个消费者的权利的单位成本却并不确定。

事实上,从权利私人化的案例中可以看出,私人化法律将会威胁到"统一性"的重要价值之一:协调的收益。如果每个人都以相同的节奏和音量歌唱,合唱团就能达到和谐——尽管这可能需要每个人付出不同的努力。通常来说,法律——具体而言也即权利——会出于协调生产和使用的目的而要求统一性。机动车靠右行驶就是一个典型的例子,如果规则同时允许一些人靠左行驶,则将是一场灾难。合同订立规则,也即"何者构成对要约的承诺"的规则,应当具备基本的统一性,如此才能促进交易所必需的协调。除此之外,言论、集会、宗教信仰、正当法律程序等统一性权利也是协调性社会活动的表现。

最后,虽然各种市场机制已经发展到了允许权利私人化的程度,但将该实践延伸至成文法和宪法的范畴,则不免引人担忧。允许人们定制沙拉、航空旅行、电话套餐并为服务的升级付费,这固然是好的。选项的多样化改善了个人的选择,并将人们从通用型待遇中解放了出来。然而,对于那些"权利的主要价值为公共价值"以及"人民平等参与对民主而言至关重要"的领域,权利分配的私人化则可能会瓦解其根基。

---

44 对于量化宪法权利成本的尝试,参见 Peter N. Salib, The Pigouvian Constitution, *U. Chi. L. Rev.* (Forthcoming, 2021)。[本文现已发表,参见 Peter N. Salib, The Pigouvian Constitution, 88 *U. Chi. L. Rev.* 1081 (2021)。——译者]

第六章　基于年龄的私人化规则

第四章透过具体法律原则展现了私人化法律的概念，第五章则聚焦于监管手段，进一步展开论证。为了全面展现私人化的法律实践，本章中，我们将注意力转向定制私人化指令所需的输入值。针对每一项义务、权利、缺省规则，抑或救济，受过训练的算法会采用数十个，有时甚至是数百个因素作为输入值，用来确定合适的区分方式。有时候，理论会助力于相关输入值的确定。举例而言，收入与教育这两项个人特征，可能与很多项法律指令的定制相关。也有时候，我们会在过往数据的蛛丝马迹中发现输入值。例如，默示质保规则的私人化可以以过往购物行为中反映出的个人偏好作为依据。

其中一项在许多规则的私人化过程中发挥重要作用的输入值就是年龄。年龄能够提供很多信息，因为其往往与影响法律目标实现的个人因素相关。偏好、认知、判断、经验以及身体机能均会随着年龄而改变。在本章中，我们将聚焦于年龄，并论证其是如何与其他输入值一起在指令定制过程中发挥作用的。这将使我们对于私人化法律实践的认识更为具象。[1]

在法律之外，年龄被广泛认为是各种待遇的私人化的相关因素，有时则是关键性的因素。道德与宗教传统提倡老人的特殊待遇，正如《圣经》箴言所说的那样，"为满头的白发起身，向苍老的面容致意"。[2] 服务往往是基于年龄而定制的。采用个性化设计以迎合不同年龄段需求的住宅会更为有用，此种需求涵盖了从年轻人的儿童防护装置到老年人的浴室扶手。面向儿童与老年人的医疗服务也并不相同。国家老年人医疗保险计划（Medicare）等健康保险为老年人而特别定制。娱乐活动如果适合特定年龄并迎合一代人的兴趣、记忆和口味，则将更受欢迎。理财建议如果能将客户的与年龄相关的未来需求纳入考虑，则将更为实用。膳食计划如果能根据随着年龄增长而出现的新陈代谢缓慢等系统性变化而进行调整，则将更加健康。在无数情况下，无视年龄的"一视同仁"将造成人类总体福利的极大降低，有时，此种疏忽将构成过失行为，甚至犯罪。

在诸多法律规则与社会准则的设计中，年龄同样是一项关键性因素，它名副其实。"低龄"是排除法定行为能力、适用各类家长主义保护的决定性因素。在成人阶段，一些年龄节点决定了法定权利与义务。在老年阶段，各种法律规范会根据随年龄变化的需求、行为能力和资格而加以调整，例如剥夺一些权利人已不能安全行使的法定行为能力。

---

1 参见 Omri Ben-Shahar, Personalized Elder Law, 29 *Elder L. J.* 1 (Forthcoming, 2021)。［本文现已发表，参见 Omri Ben-Shahar, Personalized Elder Law, 28 *Elder L. J.* 281 (2021)。——译者］

2 Leviticus 19:32.

年龄之所以是决定各类法律规则内容的因素，是因为其包含了与促进这些法律规则目标相关的信息。例如，驾驶规则并非年龄法；其主要的考虑是司机所创设的不合理风险。不过，对人们事故风险倾向的系统性预测会将年龄作为其他难以观测的适格因素的重要替代选项。统计数据显示，平均而言，年轻的与极年长的司机均具有与事故风险增加相关的特质，例如判断力低下与冲动（针对年轻司机而言），[3] 或者空间感的减弱以及反应的迟缓（针对年长司机而言）。[4] 因此，机动车保险公司会采用年龄因素来确定保费，以反映年龄与驾驶事故之间的 U 型关系。[5] 与之类似，法律也会基于"年龄-特定风险"关系，对注意义务标准或驾驶条件加以调整。

对于那些专门识别与处理特定年龄群体的法律而言，年龄也是一项决定性标准。例如，1998 年的《儿童在线隐私保护法案》（Child Online Privacy Protection Act）针对儿童在线上所面临的金融与数据隐私风险，使用了统一年龄（13 岁）作为门槛。[6] 印第安纳州的《老年消费者保护法案》（Senior Consumer Protection Act）保护老年人（根据定义为 60 岁以上的人）免受

107

3　Daniel Romer, Adolescent Risk Taking, Impulsivity, and Brain Development: Implications for Prevention, 52 *Developmental Psychobiology* 263, 264 (2010).

4　Diane B. Howieson, Cognitive Skills and the Aging Brain: What to Expect, Dana Found. (Dec. 1, 2015), https://www.dana.org/article/cognitive-skills-and-the-aging-brain-what-to-expect/ (last visited July 8, 2020); A Quick Look at Reflexes, U. Rochester Med. Ctr., https://www.urmc.rochester.edu/encyclopedia/content.aspx?ContentTypeID=1&ContentID=562 (last visited July 8, 2020).

5　Mary Kelly & Norma Nielson, Age as a Variable in Insurance Pricing and Risk Classification, 31 *The Genevan Papers* 212 (2006).

6　15 U.S.C.S. § 6501–6506.

特定类型的财务侵占（financial abuses）。[7] 这些法律之所以将年龄作为法律适用的实质性门槛，是因为年龄象征着特定的保护需求。且根据上述法律，年龄标准被阐释为一项不存在任何解释余地的统一性界限。而在另一些情况下，法律虽在制定时被赋予了统一的适用性而不考虑年龄问题，却在实施中因年龄不同而有所差异。例如，联邦贸易委员会与各州消费者保护机构均针对房地产撇脂定价（home equity skimming）等金融诈骗设置了专门的法律执行计划，用来保护以老年人为主的受害群体。[8]

与现行的统一性法律相比，私人化法律对于年龄的使用更为频繁，但也更为委婉。年龄作为输入值，将会对那些尚不区分年龄的法律指令产生影响。例如，无遗嘱继承的缺省规则可能部分取决于年龄，因为人们的遗产分配动机会随着年龄的增长而改变。又例如，当前统一适用的限速规则可以根据司机的个人技能和风险水平而进行私人定制，并将年龄作为预测技能和风险的诸多因素之一。不过，各领域对于年龄的使用将会有所弱化。年龄的介入，不一定按照法律通常采用的粗笨的、统一的方式进行，例如为特定活动设定年龄门槛。相反，其可以以更精细的私人化的方式被纳入考虑。行为能力法中的"年龄"可以改为因人而异的年龄界限。

---

7 Ind. Code Ann. § 24-4.6-6-1-6-6.

8 参见 Stephen Deane, Elder Financial Exploitation, U.S. Sec. & Exchange Comm'n (June 2018), https://www.sec.gov/files/elder-financial-exploitation.pdf; Fed. Trade Comm'n, Protecting Older Consumers (Oct. 18, 2019), https://www.ftc.gov/system/files/documents/reports/protecting-older-consumers-2018-2019-report-federal-trade-commission/p144401_protecting_older_consumers_2019_1.pdf。

年龄作为法律指令的输入值

　　保险私企的私人化保费一定程度上以投保人年龄为依据，这是因为，年轻人和老年人所面临的风险情况存在可预见的差异性。甚至，由联邦监管的健康保险市场也允许基于年龄设定保费。[9]广告商根据年龄而对广告进行私人定制，因为消费者会随着时光流逝而改变其偏好与交易习惯。[10]法律是否也能如此？是否能在当前（基本上）忽视年龄的领域，运用年龄对法律指令进行调整？在第四章与第五章中，我们研究了各个法律领域的私人化。现在，让我们来探讨，如果将年龄作为一项输入值，这些法律将会受到何种影响。

　　消费者保护。就以一项法定不可免除的消费者保护规定为例，比如撤回权。前文已述，私人化的法律以若干分散式的规则替代上述规定，也即，每位消费者被赋予不同的强制性撤回期限。其方式是，运用指标来评估更长撤回期限带给人们的价值和施加给经营者的成本。收入可能是输入值之一，因为低收入的消费者往往更倾向于仓促地作决定，而不会从容地货比三家和知情斟酌。其他输入值则将反映认知维度、经验、对网上

108

9　42 U.S.C.S. § 300gg(a)(1)(A)(3).

10　参见 Alan R. Andreasen, Life Status Changes and Changes in Consumer Preferences and Satisfaction, 11 *J. Consumer Res.* 784, 793-94 (1984); Itamar Simonson, Determinants of Customers' Responses to Customized Offers: Conceptual Framework and Research Propositions, 69 *J. Marketing* 32, 39-40 (2005)。另参见 Add Age Targeting to Ad Groups, Google Ads Editor Help, https://support.google.com/googleads/editor/answer/47640?hl=en (last visited July 20, 2020)。

购物的熟悉度等。而年龄很可能与这些额外的有关因素相关联，因此可以被用来定制私人化权利。[11]

举例而言，"房屋改造与修缮的上门推销因为打老年人的主意而声名狼藉，这些老年人可能确实需要帮助来维护房屋，其面对承包商上门时很可能招架不住"。[12] 这种销售技巧会造成轻率与令人后悔的决定，据此，一种更强有力的撤回权具有正当性。[13] 事实上，某些立法者已经将年龄纳入到考虑情形之中。伊利诺伊州州法规定，任何房屋修缮或改造的委托合同适用最低三天的冷静期，而如果消费者超过 65 岁，冷静期下限将延长至整整 15 天。[14] 总体而言，老年人与低收入人群一样，更容易遭受过度营销，[15] 这就要求，一方面，其应当适用更长且更有力的冷静期，另一方面，冷静期应当覆盖更多类型的交易，权利警

11　Caroline N. Harada et al., Normal Cognitive Aging, 29 *Clinical Geriatric Med.* 737, 738, 741−43 (2013); Aaron Smith & Monica Anderson, Online Shopping and E-Commerce, *Pew Res. Ctr.* (Dec. 19, 2016), https://www.pewresearch.org/internet/2016/12/19/online-shopping-and-e-commerce/.

12　Senior Fraud, *IN.Gov*, https://www.in.gov/attorneygeneral/2389.htm (last visited July 20, 2020).

13　Jeff Sovern, Written Notice of Cooling-Off Periods: A Forty-Year Natural Experiment in Illusory Consumer Protection and the Relative Effectiveness of Oral and Written Disclosures, 75 *U. Pittsburgh L. Rev.* 333, 337−38 (2014).

14　Illinois Home Repair and Remodeling Act, 815 Ill Comp. Stat. Ann. 513 /20, 513/22 (LexisNexis through Pub. Act 101-643, excluding portions of Pub. Act 101-636). 针对 62 岁以上的老年人的违反消费者保护法的行为适用更高罚金的规定，参见 Wis. Stat. Ann. § 100.264 (LexisNexis through Act 186 of 2019−2020 Legis. Sess.)；特别针对老年人而提高保险合同信息披露要求的规定，参见 Cal. Ins. Code § 10127.13 (Deering through June 28, 2020 legislation)。

15　例如，参见 Sid Kirchheimer, 6 Common Door-to-Door Scams, *AARP*, http://www.aarp. org/money/scams-fraud/into-10-2012/common-door-to-door-scams.html (last visited July 20, 2020)。

告也应当更为频繁。

年龄可以被用于其他防范欺诈和财务侵占的程序性保护的私人化。对于遗嘱、不动产转让、法律委托、监护权转让等重大交易的订立，法律有时要求更多的程序与注意措施。[16] 在这类情境下，老年人往往更容易受到影响。私人化的保护体系可以要求人们在作出表示时保持更高的审慎水平。例如，提供自有资产担保的贷款交易中，有时只需借款人在出借人的表单上签字即可，然而在特殊情形（如房屋反向抵押贷款）下，该交易必须在接受了国家授权机关提供的金融咨询后才可进行。私人化的法律不再采用单一年龄门槛划定受保护人群，相反，其能够定制标准，并将年龄作为资格设定的因素之一。

强制性披露。年龄对于各种披露与警告的相关性评估而言至关重要。老年人或许不太懂科技，他们可能需要更多提示，以避免作出无意识的选择。老年人往往服用更多处方药，对其而言，接收私人化的警告尤为重要，这些警告应当着眼于其药品组合中存在的危险的药物间的相互作用。人们所面临的药物不良反应等风险往往是个人异质性的，按照统计学方法，这些风险能够在一定程度上根据年龄来加以预测。与其他年龄的群体一样，老年人会平均地收到各种风险的警告，尽管每个人所

---

16 关于老年监护的审查义务，参见 A. Frank Johns, Ten Years After: Where Is the Constitutional Crisis with Procedural Safeguards and Due Process in Guardianship Adjudication?, 7 *Elder L. J.* 33, 36 (1999)；例如，监护人侵占、欺诈与剥削威慑计划（The Guardianship Abuse, Fraud and Exploitation Deterrence Program）的实施，参见 Texas Guardianship Reform: Protecting the Elderly and Incapacitated, *TXCourts*.Gov (Jan. 2019), https://www.txcourts.gov/media/1443314/texas-guardianship-reform_jan-2019.pdf。

收到的警告各不相同。

注意义务标准。我们在第四章中建议，司机所适用的诸如公路限速等注意义务标准，最好以年龄为依据。非常年轻的司机更具危险性，这已经不是秘密了；保险公司已将该因素反映在保费之中。老年人也是一样，其驾驶风险会有所提升。这就是为什么伊利诺伊州要求所有 75 岁以上的人必须重新参加驾驶测试才能保留驾照，其他州也要求对开车的老人进行定期视力测试。[17] 数据已经验证了这些分类。兰德（RAND）的一项研究预测，65 岁以上的人比相对年轻的成年人造成事故的可能性高16%，而最年轻的司机则比一般成年司机高出 188%。[18] 然而，上述规则是以一种统一的方式运行的：其不以其他因素对人们进行区分，因此对所有同龄人一视同仁。私人化的法律将以年龄为依据，但不仅以年龄为依据。平均而言，更年老和更年轻的人应当受制于更加严格的注意义务标准；但该标准并非统一的，每个人将根据其预计造成的风险而受到规制，这些风险由一长串额外因素计算得出。例如，注意义务标准可以结合车管所（DMV）信息来确定，这些信息来自于医生和医院，记载每位司机的详细医疗情况。

过失责任法可以运用年龄对医疗专家的注意义务标准进行私人化。随着医生年龄的增长，其通常具备更多经验、知识、

17　625 Ill. Comp. Stat. Ann. 5/6-109(b) (LexisNexis through Pub. Act 101-643). 另参见 Fla. Stat. Ann. § 322.18(5)(a) (LexisNexis through June 29, 2020); Ind. Code Ann. § 9-24-12-5(b)(8) (LexisNexis through 2020 2nd Regular Sess.); Me. Stat. tit. 29-A, § 1303(1) (LexisNexis through 2nd Regular Sess. of 129th Legis.)。

18　David S. Loughran et al., What Risks Do Older Drivers Pose to Traffic Safety?, *Rand Corp.* (2007), https://doi.org/10.7249/RB9272.

判断力，有时还具备更高的技术能力，这些会提升其注意义务标准。不过，存在一个拐点：一个人在达到特定高龄时，其医学知识会变得陈腐，机体本能会退化，认知技能也不再灵敏。或许这就是为什么研究结果显示，老龄医生会对其病人造成更高风险。[19]"可能的原因是，医生越久不接受培训，就越倾向于不遵守有证据背书的治疗指南，越少采用刚被证实的治疗方法，越有可能依赖于过时的临床证据。"[20]的确，医疗机构对晚年从业者施加了更高的注意措施，因为数据显示，其"归纳推理、空间定位、感知速度、数字能力、语言能力以及口头记忆等认知功能"均有所下降。[21]然而，到目前为止，这些路径均是统一性的，集中适用于所有老年医生。而在私人化的法律机制中，这些规制将根据额外因素实现私人化，而摒弃"一刀切"的年龄门槛。

　　与之类似，商业航空公司的飞行员必须从 40 岁起接受频繁的健康检查，并在 65 岁时退休。[22]这反映了（可觉察的）平均认知与身体机能的下降情况。但是，即使该结论在一般意义上

111

19　Yusuke Tsugawa et al., Physician Age and Outcomes in Elderly Patients in Hospital in the U.S.: Observational Study, 357 *BMJ* j1797, j1804 (2017).

20　*Id*. at j803. 参见 M.A. Hlatky et al., Adoption of Thrombolytic Therapy in the Management of Acute Myocardial Infarction, 61 *Am. J. Cardiology* 510, 512 (1988)。

21　Ann Weinacker, Stanford to Implement a Late Career Practitioner Policy, *Stan. Healthcare*, https://stanfordhealthcare.org/health-care-professionals/medical-staff/medstaff-update/2012-august/stanford-to-implement-a-late-career-practitioner-policy.html (last visited July 21, 2020).

22　Barbara Brotman, No Mandatory Retirement Age, but Pilots Must Pass FAA Review Every 2 Years, *Chi. Trib.* (Sept. 30, 2014), https://www.chicagotribune.com/suburbs/elgin-courier-news/ct-pilot-age-met-1001-20140930-story.html.

是正确的，其也不免"误伤"某些个案。正如一项飞机安全性调查所述，"大量研究证明，同年龄段的飞行员之间的个体差异明显大于各年龄组之间的差异"。[23]

缺省规则。在前文对于"私人化缺省规则"概念的介绍中，我们讨论了无遗嘱继承缺省的例子，并证明其应当因性别而异，因为有充分证据表明男性留给配偶的遗产多于女性留给配偶的遗产（女性倾向于给子女更多）。[24] 这一公式同样应在很大程度上依赖于年龄。人们在其一生中会改变遗产分配偏好并重写遗嘱。[25] 随着年龄的增长，未亡配偶的需求逐渐变少，而子女或后代的需求逐渐增加。将年龄纳入考量的私人化继承规则，不仅会为不同人规定不同的分配方式，还会随着人的生命历程加以调整。

除了缺省规则的内容外，选择排除机制亦可被私人化，且该私人化一定程度上以年龄为依据。现行法律制度采用统一的"变更规则"（altering rules），也即变更缺省安排的必要程序的规定。[26] 有时，只需点击"我同意"或签名即可；而有时，"选

23　参见 AOPA Air Safety Inst., Aging and the General Aviation Pilot 13, https://www.aopa.org/-/media/Files/AOPA/Home/Pilot-Resources/Safety-and-Proficiency/Accident-Analysis/Special-Reports/1302agingpilotreport.pdf (last visited July 21, 2020)。

24　Daphna Hacker, The Gendered Dimensions of Inheritance: Empirical Food for Legal Thought, 7 *J. Empirical Legal Stud.* 322, 330 (2010).

25　参见 Deborah L. Jacobs, When Should You Redo Your Will?, *Forbes* (Jan. 11, 2013), https://www.forbes.com/sites/deborahljacobs/2012/08/09/when-should-you-redo-your-will/#695286024a3a; Checklist: Reasons to Update Your Will & Estate Planning Documents, *FindLaw* (Feb. 1, 2018), https://estate.findlaw.com/wills/checklist-reasons-to-update-your-will-amp-estate-planning.html。

26　Ian Ayres, Regulating Opt-Out: An Economic Theory of Altering Rules, 121 *Yale L. J.* 2032 (2012).

择排除"的要约邀请必须配合特别警告或者其他要求较高的技术性程序。变更规则因情境而异，但从未因人而异（仅有的粗略分类如"消费者"和"经营者"）。私人化的变更规则能够针对不同的人采取不同的选择排除程序。我们并不想夸大变更规则的重要意义，毕竟，我们法律体系中的大多数缺省规则都是通过人们的"秒速"点击而排除适用的。但是，如果私人化的缺省规则是最优选，大量的选择排除的活动就可能"三思而后行"；如果变更规则也是私人化的，那就更是如此。老年人需要更多警告，例如："选择排除，你就放弃了一项重要保护。再想想吧！"又或许，他们需要更有力、更肯定的语言，且不被其他警告所干扰。变更规则还可以更有野心，实施比"要求较高"的披露更严格的措施，例如强制性冷静期、"选择排除"的事先建议，甚至成本高昂的技术性程序。这些指令将尤其针对于非常年轻或者非常年长的消费者。

112

年龄作为法律指令的输出值

除了作为输入值外，年龄在法律中的另一项功能则是作为定制指令的输出值，此时，法律指令会提供明确的年龄待遇。这就是"年龄法"：进入（或退出）某些活动的行为能力年龄、获得福利或待遇的最低资格年龄，或者基于年龄的税收规定。这些年龄法的共同点即是统一性：其适用于"所有超过 X 岁的人"，X 值固定适用于所有人。而在私人化的法律之下，X 值则会因人而异。"X"这一特定待遇的分界年龄将会根据大量因素进行私人化，以定制形成个人的最优门槛。

首先，以最低年龄法（minimum age laws）为例，比如禁止向年轻人出售酒精饮料的规定。法律可以不采用"所有人均以21岁为界限"的统一性指令，而采用能够反映当事人酒精滥用的个人异质性风险的私人化指令。定制年龄指令的想法并非史无前例。某些司法辖区曾经尝试过在成文法中进行粗略的区分，为男性与女性设定不同的年龄标准。[27] 这种年龄规则的性别差异化的逻辑前提是合理的：性别是一项承载了重要预测性信息的个人特征，这些信息涉及安全清醒驾驶所要求的成熟度。然而，该规则的实施却是存在缺陷且被认定为违宪的，因为，其将性别作为区分的全部根据。为什么仅限于性别？如果已知其他与酒精类不当行为相关的个人特征，这些特征也应当被用于行为能力法下年龄的私人化。

行为能力法中的私人化年龄很可能以大量附加属性为依据，这些属性被证明与（年龄界限所意图减少的）风险相关联。对于酒类法律，私人化算法可以将"男性"视为一项（但并非唯一一项）升高私人化法定年龄的因素。其他与风险相关的已知因素也将被用来识别行为人。例如，已婚人群或者无车族（因而存在更低的酒驾风险）可以适用更宽松的年龄限制。在其他维度上获得"低过度饮酒风险"得分的人也将得到额外的边际折抵（marginal offsets），这些维度包括冲动、抑郁、冒险等性

---

27 规定男性与女性适用不同的酒精购买年龄要求的法律，参见 Okla. Stat. tit. 37, §§ 241, 245 (1958 & Supp. 1976), invalidated by *Craig v. Boren*, 429 U.S. 190 (1976)。此外，规定男性与女性在担任遗产管理人时适用不同年龄要求的法律，参见 Idaho Code §§ 15-312, 15-314 (1864) (repealed 1972), invalidated by *Reed v. Reed*, 404 U.S. 71 (1971)。

格特征。[28] 信用卡交易、定位记录，以及行车记录仪等驾驶数据能够被汇总和分析，以进一步为私人化的醉酒驾驶风险预测提供依据。究其结果，每位公民将会拥有一个与众不同的、个人化的酒类购买的行为能力年龄。除此之外，如果一个人的任何因素的得分发生了变化——比如，其购买车辆、参军，或者结婚——则其行为能力年龄可能会随之改变。事实上，一些已经达到了其个人化的行为能力年龄门槛的人，可能随后被告知，由于其个人数据的更新，其年龄门槛也随之上调，因此可能被（暂时）禁止购买酒精。在私人化法律机制下，人们也有可能对于活动 A（购买酒精）适用一个私人化的行为能力年龄界限，而对于活动 B（驾驶）则适用不同的私人化界限。

最高年龄法（maximum age laws）亦可适用相同的私人化方法，其既可以用来计算退出某项活动的强制性年龄，又可以为继续某项活动施加额外的审查和监督。当前，任意一项由高龄触发的成文法限制，均对所有人统一适用。这一年龄标准的私人化，将会提升风险规制的精确性，并在老年群体中识别出风险较高的人群，从而只在真正必要时施加更大的限制。 114

年龄法不仅适用于限权，还适用于授权。就以前文提及的伊利诺伊州州法为例，其消费者保护法为超过特定年龄（如 65岁）的人赋予了特殊的加强型权利。[29] 该制定法是统一性法律，其对两类人群（65 岁及以上的人群以及 65 岁以下的人群）加以

28　参见 Nat'l Inst. on Alcohol Abuse & Alcoholism, Young Adult Drinking, 68 *Alcohol Alert*, Apr. 2006, at 3–4。

29　Illinois Home Repair and Remodeling Act, 815 Ill Comp. Stat. Ann. 513/20, 513/22.

区别对待，但在每类人群之内，所有人均被同等对待。年龄是用来区分人群的唯一事实标准。而按照该法的私人化版本，人们所适用的年龄标准将会各不相同。并非所有 65 岁的消费者都需要相同的冷静期来应对其草率的购物行为。一小部分人会更早地需要该法律，而大部分人则到晚年才有此需求。计算私人化年龄规则的算法将会采用各种输入值来区分人们的需求。一位老年人如果使用信用卡（并因此为某些类型的欺诈投了保险）、订阅《消费者报告》、反复购物，且受过财务训练并家境富裕，则其相比于没有上述特征者而言会获得不同的、很可能是更高的授权年龄。

简言之，对于特定的权利或资格而言，"法定年龄标准为何"的问题并不需要一个统一的答案。该问题最早之所以被提出，是因为人们普遍认为，"年龄"能够提供特定需求与能力的信息，其因此具备了成为标准的潜力。事实上，年龄的确能够提供信息，只不过是粗略的信息。数据分析的问世，将会为"何为老（或少）"的问题提供更精准的答案，精准到人，精准到情境。

以年龄作为输入值的困境

基于年龄的区别对待实则暗藏危机。尤其是当老年人的特殊待遇标志着其脆弱不堪时，这种区别对待的做法不免引发污名化，并一再加固人们的消极态度。要求老年人开车更慢，赋予老年人更多消费者保护，或者改变老年人所接收的披露——

这些做法都可能暗示其缺陷并使其蒙羞。[30]

当前，年龄仅在极少情况下被用于法律指令的区别化，但是，其一旦被采用，即会产生重大且统一的影响。相比于现行 115 法律体系中的基于年龄的规则，私人化的法律将会更多地运用年龄，不过最终会引发更少的污名化。其对年龄的运用会更频繁——以一种十分强烈的方式。当前，年龄仅被用于区分特定指令（主要为行为能力年龄规则）；而在私人化法律下，年龄将被用于精确校准每一项法律规则。不过，尽管年龄被更多地采用，私人化法律所引发的污名化问题却将更少，这是因为，此时年龄的作用是微妙的和累积性的，而非排他的和决定性的。年龄虽能影响每一项法律规则，但其影响仅仅是边际性的。与现行统一性法律对待年龄的方式不同，私人化法律下，"老年"将不再会被置于一个突兀的"格子"当中。

统一性年龄规则（即对特定年龄的人群适用相同指令的规则）的公平性与合法性已受到越来越多的质疑，尤其是涉及老年人群时。[31] 私人化的法律要求我们重新考虑这些担忧，特别是"平等保护"的宪法与道德问题。

用一种细致入微且私人定制的方式将人们作为个体对待，并以包括年龄在内的多因素档案作为依据——这种做法将会推

---

30 Jennifer A. Richeson & J. Nicole Shelton, A Social Psychological Perspective on the Stigmatization of Older Adults, in *When I'm* 64 174, 177−78, 180−81 (2006), https://www.ncbi.nlm.nih.gov/books/ NBK83758/.

31 Nina A. Kohn, Rethinking the Constitutionality of Age Discrimination: A Challenge to a Decades-Old Consensus, 44 *U.C. Davis L. Rev.* 213, 281 (2010). 另参见 Govind Persad, Evaluating the Legality of Age-Based Criteria in Health Care: From Nondiscrimination and Discretion to Distributive Justice, 60 *B.C. L. Rev.* 889, 891−92, 948 (2019).

进诸多目标的实现，但是，其如何与"平等"相协调？在下一章中，我们将指出，人与人之间的差别化对待本身并非有违公正。关键问题在于那些区分人们的标准——其是否能基于可靠的实证方式，提供可接受的道德与政治依据来支持这一区分。"为满头的白发起身"的箴言要求对老年人施加特殊对待，这种做法被普遍认为具有道德上的正当性，尽管其提倡的是差别化对待。从这一角度来看，我们的问题应当是：基于年龄而对非常年轻或非常年长的人施加更高的注意义务标准（因为统计显示这类人群往往造成异于常人的损害）是否是公正的？部分出于年龄的原因而让潜在受害人承担不平等的负担分配结果，又是否是正当的？

如果危险人群的风险性源于贫困，或者医疗、就业、教育等基本利益（primary goods）的缺失，抑或一般意义上的社会与经济剥夺（social and economic deprivation），那么对其施加更高注意义务标准就严重存疑。如此一来，对其施以更严格的私人化注意义务标准、要求其承担不合比例的负担就是有违公正的：这会提高其责任保险成本、阻碍其参与各类活动，并从整体上加剧不平等——这种"不平等"，包括已经存在的不平等，以及将其归入"高风险"类别的不平等。

116　　　然而，正如下一章所述，逐一审视私人化法律规则引发的分配正义问题则构成方法论上的错误。以年龄为例的特定属性，其对私人化规则的影响遍布众多法律领域，而其在某一领域所造成的棘手的分配效果可能会被其他领域的相反效果所抵销。老年人可能会面临更严格的交通规则和职业资质要求，但同时也会享有许多优惠的便利与特权。

将年龄作为规则私人化的因素的做法，并不是在人与人之间实现差别化，而是在每个人之内实现差别化。年龄是一项折磨每个人的"特征"。因年龄而异的待遇意味着，任何一个人均会饱尝年龄差别化所带来的好处与坏处。人们将会迎来一个"更少宽容"的年龄，但同时也迎来一个"更多福利"的年龄。例如，许多父母在向年幼的孩子解释为什么其哥哥姐姐能够享受更宽松的就寝时间或更多零用钱时，往往会许诺，到时候你也能得到相同的优待。此时父母所引用的"分配正义"概念，指的是兄弟姐妹所适用的"动态公式"（dynamic formula）上的平等。该公式确立了渐进式的指令，其在各静态时点会得出非统一性的待遇结论——这些事实并不会使其丧失公正性。

传统的年龄法为超过特定年龄的人们施加统一性待遇，这种做法会引发平等保护方面的担忧，尽管年龄并非平等保护条款下的可疑分类方法。[32]假如行为能力年龄的限制不再以平均能力为基础，而是以基于丰富数据的个人异质性能力预测为依据，那么我们必须考虑的问题是：将人们纳入一个过度包含（over-inclusive）的被污名化的"格子"中，是否有违公平？我们将在第八章中讨论该问题——在美国最高法院的平等保护原则下，私人化的法律将如何实施。

最后，一个笼罩在私人化法律之上的普遍担忧即是我们所称的"操纵"：人们改变自身选择，只为获得适用更有利规则的资格。我们认识到，私人化的注意义务标准可能会减弱人们提

---

32 *Massachusetts Bd. of Ret. v. Murgia*, 427 U.S. 307, 311-13 (1976). 将年龄歧视主张纳入《第十四修正案》的尝试，参见 *Lerner v. Corbett*, 972 F. Supp. 2d 676, 677 (M.D. Pa. 2013), *aff'd sub nom. Herron v. Governor of Pa.*, 564 F. App'x 647 (3d Cir. 2014)。

升其人力资本与技能的动力。而如果私人化法律所采用的因素能够为人所控制或操纵，那么上述担忧就并非空穴来风。这一问题不会出现在以年龄为输入值的情况下。将年龄用于法律指令的私人化并不会引发操纵问题，因为，年龄（也几乎只有年龄这一项因素）是不可变的。你可以决定不按自己的年龄行事，但却不能决定自己的年龄。由此观之，尽管年龄最初仅作为其他直接相关性因素（如技能或经验）的替代选项，且哪怕这些因素如今均可被直接观测，继续使用年龄作为输入值也是更优之策。这是因为，与其他直接性特征不同，年龄是不可操纵的。

117

第三部分

私人化法律与平等

119　　一位智者说，没有比平等对待不平等者更大的不平等了。

——费利克斯·弗兰克福特

（Felix Frankfurter, *Dennis v. United States*）

如果说本书的第一部分与第二部分讨论了私人化法律的希望，那么本书的后半部分——第三和第四部分——则将讨论私人化法律的困境。其困境不止一个。"对不同人施以不同规则"是一个悬而未决的范式，因为用以区分人们的因素往往是敏感的、容易引发污名化的，并且可能是极为私密的。此外，该范式饱受争议的另一原因则在于，相比于统一性规则，在该范式下，仅一部分人——而非所有人——会从精确性待遇中获益。交叉补贴将会不复存在，而特别优待将会有差别地加以分配。

在市场配置中，我们会因收到差异化的定制产品而省却不少麻烦，因为私人定制能够迎合并实现人们的多样化偏好。然而，在非市场配置下，私人化待遇则可能会对基本权利的分配产生重大影响，此外，我们所担心的是，其有可能会加剧现有的不平等。市场已经习惯了这种差异化，但法律和政治分配理应解决这种差异。

我们将在第七章和第八章中探讨私人化法律在分配方面所特有的挑战。我们将会提出两个问题：第一，私人化法律是否有违"平等"所蕴含的分配正义理念？其差别化待遇标准是否符合可靠的"平等"概念？第二，私人化法律是否符合宪法中的平等保护规范？私人化的法律保护在设计上是不平等的，但其究竟会促进还是削弱平等保护法理的规范性基础与教义实践？此种分类是否被允许？

第七章　私人化与分配正义

在本书第一部分中，我们指出，支持私人化法律的基本论点植根于法律的有效性。该论点也即我们所定义的"精确性功能"，其是指任何法律的目标均会通过"将人与人之间的差异性纳入考虑"而被更准确地实现。我们紧接着展示了在指令私人化的情况下各种法律规则将如何被重塑。精确性功能，本质上也是"量身定制的裤子比现成尺码更合身""私人化的营养计划比一般的饮食计划更成功""私人化的致谢比模板套词更能增进感情"的原因。

但法律规则不是裤子、零食，或者锦旗。《世界人权宣言》要求，所有人"在法律面前一律平等，并有权不受任何歧视地享有法律的平等保护"。[1]如果法律指令被私人化，不同的人适用不同的规则，那么法律眼中还是否有"平等"的立足之地？

私人定制的规则令人担忧，存在种种重要的理由。现在，在本书的第三部分，我们将一一着手探索。首要的也是最重要的考虑就是平等。我们将首先论证，私人化法律的框架

1　G.A. Res. 217 (Ⅲ) A, Universal Declaration of Human Rights, at art. 7 (Dec. 10, 1948).

（framework）并未违反法律上的平等。相反，私人化待遇将提供符合平等主义观点的分配工具。其后，我们将探讨从"统一性规则"到"私人化规则"的转变中的其他分配问题，并提出私人化法律调和分配正义目标与其他社会目标的可行方式。

私人化的规则与相关标准

所有法律，无论是统一性的抑或私人化的，均基于某些个人情况来实现法律待遇的差异化，据此可见，统一性法律与私人化法律的关键区别在于"量"（quantitative）。比如，统一性法律可能仅以一个因素作为酒精购买的条件，即年龄达到21岁，这一规定将形成两个差异化待遇组。而私人化法律则可能依赖于一长串与酒精滥用相关的其他因素，所有这些因素对于每个人均被赋予平等的权重。私人化的法律将每个人划分为若干属性，对每个属性进行统一对待（通过在算法中赋予固定的权重），然后将某个人的基于各种因素的特别待遇重新加总组合，得出其所适用的指令。这一总和因人而异，因为被测量的因素——人们各不相同的相关方式——是因人而异的。举例而言，假设其中一项因素为醉酒驾驶的历史，那么一个具有该记录的人将会（在其他因素相同的情况下）适用更严格的酒精购买规则，其法定年龄将被设定在更高门槛上。指令会因人而异，但其背后每项个人属性的待遇以及各项因素加总的方式却是统一的。

统一性法律与私人化法律的"量"的区别本身并不能解决平等待遇的问题。只有通过检验两种机制所采用的因素，才能实现有意义的评估和比较。如果人们所应得的（desert）或所需要的（need）有所不同，且其应得和所需取决于多种属性，那么，一个公正的体系就应当赋予人们不同的待遇，以迎合相关属性的不同。当私人化的法律机制能够基于更多这样的因素提供待遇，并公平地衡量人与人之间的差异性时，其就具备了促进平等与公正的潜力。据此，如果内在标准是微妙且多因素的，那么，一项设计合理的私人化法律机制——正如其定义——将比统一性法律机制更能促进分配正义。而如果其止步不前，则原因并不在于私人化本身，而在于该机制用以定制规则的因素要么是不相关的，要么是不正当的、不成比例的，或者是基于有偏见的测量所得出的。[2]如果统一性规则忽视了人与人之间与分配相关的差异性，例如人们的禀赋，以及其他与评估其所需或应得相关的个人情况，则其难以成为实现法律的分配正义目标的载体。[3]一项简单的统一性规则会授予所有公民平等的机会或保护。但如果穷人或者受教育程度较低的人无法认识到这些机会、享受到这些权利呢？私人化的法律能够将分配给人们的机会与保护进行差别化，以反映人们所面临的不同障碍。其可以一种有意识且有意义的方式来实现差别化待遇，以反映人与人之间的此种不平等，并试图对其加以矫正。

允许所有年轻人在 21 岁这个相同的年龄购买酒精，从表面上看是平等的，但其却有违公正。这是因为，正如史蒂文

2　参见 Solon Barocas & Andrew D. Selbst, Big Data's Disparate Impact, 104 *Cal. L. Rev.* 671, 729 (2016)。

3　参见 Ronald Dworkin, What Is Equality? Part 2: Equality of Resources, 10 *Phil. & Pub. Aff.* 283, 309–11 (1981)。

斯（Stevens）大法官在否定该法时所述，其将少数人的"罪恶""推及至"大多数人身上。[4]制定年龄限制原本是为了应对过早饮酒和酒驾的潜在危害。人们在此类风险方面的差异是可预测的。按照一个通用的年龄界限将人们分别"塞入"两个分类中的做法，使那些更应当获得正当优待的人无法获得其正当优待。私人化的行为能力年龄则为促进既定的分配原则预留了幅度空间。

阿纳托尔·弗朗斯谴责这种平等而统一的规则的伪善性，其哀叹道，法律"那庄严的平等……禁止富人与穷人露宿桥下，沿街乞讨，偷窃面包"。[5]如果人们在关乎法律的重要方面有所不同，"一视同仁"只能是对平等与正义的莫大讽刺。不平等的影响或结果使平等主义的粉饰变得模糊不堪。

以消费者保护法为例。其旨在保护弱势的消费者，这些消费者可能会被劝诱而购买那些导致其福利减少的商品。当人们陷于贫穷、具有较低的认知能力与文化水平，抑或处于紧急情况时，其最需要上述保护。如果所有人均获得同等保护，那些更需要保护的人就会被剥夺应得的、更大比例的分配。统一性规则看上去不偏不倚，但却忽略了证明其适用正当性的特征。当福利在理论上可以惠及所有人，而在现实中却被最不需要或最不应得的人所利用时，其将会进一步遭到反噬。[6]

令人遗憾的是，相同的结论同样适用于价格补贴这一改善

4　*Craig v. Boren*, 429 U.S. 190, 214 (1976).

5　Anatole France, *The Red Lily* 95 (Winifred Stephens trans., Dodd, Meade & Co., Inc. 6th ed. 1922) (1894).

6　Omri Ben-Shahar & Carl E. Schneider, *More Than You Wanted to Know* 176-80 (2014).

获取机会的主要方法。世界银行的一项针对能源补贴分配影响的研究显示，存在一种"吊诡的情形，即高收入的消费者获得了其本不需要的福利……能够剩下的用于扩大机会的资源却极少甚至没有"。[7]另一项研究也得出结论，"'（统一性补贴）本质上有利于穷人'的观念显然是一种误解"。[8]一个更公正的分配保护的方式是，根据每个人的需求将补贴私人化，以反映人们不同的禀赋与能力。[9]需要针对个人加以识别的并不仅仅是"需求"。为了进一步实现分配正义的目标，法律还应当考虑到一些特殊障碍，这些障碍限制了最具需求的个人获得保护的途径。一项预测模型如果能够识别出需求与机会的影响因素，其就能够力挽狂澜。此种基于多因素分析而定制的私人化保护，能够服务于平等主义的目标。

　　作为总结，让我们以原告是否有权在遭受违约后获得精神损害赔偿的判断规则为例。尽管此种规则的正当性主要在于威慑或矫正正义，其仍然会产生分配上的效果。例如，假设集团诉讼的原告们均购买了相同的产品、遭受了相同的违约，并为其价值损失与精神损害寻求赔偿。根据我们当前法律体系的统一性规则，精神损害赔偿当且仅当"精神满足"为合同的主要目的时才得以适用。[10]若符合上述要求，则集团诉讼中的所有原

7　Enrique Croussilat et al., Addressing the Electricity Access Gap 12 (2010), http://perma.cc/V4S5-3VAK.

8　Kristin Komives et al., Water, Electricity, and the Poor: Who Benefits from Utility Subsidies? 70-71 (2005), http://perma.cc/5TR5-UN3A.

9　"能力路径"（capability approach）的创立与解释，参见 Amartya Sen, Capability and Well-Being, in *The Quality of Life* (Martha Nussbaum & Amartya Sen eds., 1993)。

10　*Valentine v. Gen. Am. Credit, Inc.*, 362 N.W.2d 628 (Mich. 1984).

告均将获得赔偿。法院将会赋予原告集团一个总数额，由所有人平分。（这就是法院在臭名昭著的大众"柴油门"诉讼中的做法。[11]）私人化的法律可以做得更好。首先，人们的情感目标各不相同，法律可以运用个人化的测试来确定那些可能遭受精神伤害的人。其次，即使在诚实的索赔者中，赔偿金额也不应当一概而论，毕竟人们所遭受的伤害各不相同。如果人们所获份额与其所受伤害成正比，则赔偿基金的分配将会更为公正。

分配正义目标与其他目标的冲突

125

如果某项法律的唯一目标是根据"人们所需的或应得的"这一具体概念对利益或负担进行分配，那么私人化的法律能够比任何统一性法律更好地促进这一目标的实现。这是因为，私人化法律提供了更多工具来测量人们之间的相关差异性。不过，当规则的定制服务于其他目标——例如侵权法中的减少事故目标或者合同法中的促进效率性交易目标——时，这些目标与分配正义理念则未必具有一致性。当法律被用来促进这些相互竞争的目标时，法律的私人化可能会对分配产生不同于统一性法律的效果。我们试图论证，私人化法律将如何加剧不公平（inequity）与不正义（injustice），并提出能够缓和上述计划外冲突的几种途径。

11　参见 Order Granting Final Approval of the 2.0-Liter TDI Consumer and Reseller Dealership Class Action Settlement, *In re* Volkswagen "Clean Diesel" Mktg., Sales Practices, & Prods. Liab. Litig., No. 2672 CRB (JSC), 2016 WL 6248426, at *20 (N.D. Cal. Oct. 25, 2016)。

　　让我们回到第四章所介绍的私人化过失标准的语境下。在第四章中，我们分析了"以私人化注意义务标准取代当前统一性标准"的侵权制度。举例而言，该制度并非要求所有司机遵守相同的注意义务标准（如相同的限速），而是要求其适用不同标准。我们指出，私人化规则将会降低事故成本。其提升了社会福利，并可以说促进了矫正正义，但这些改进的代价是，人们被施以不平等的负担成本。我们区分了基于损害的和基于技能的私人化——该区分在此能够帮助我们评估私人化标准的分配正义问题。

　　人们的行为所造成的风险各不相同，因为人们具有不同的天资或能力。司机们对突如其来的道路危险的反应不尽相同。医生们诊断与治疗的准确性有所差异。有时，风险的差异也是性格的体现。有些司机更不尊重社会秩序，因而其给他人带来更多风险；有些医生则过于自信并缺乏耐心。私人化的过失责任制度将对创造更高风险的人施加更高的注意义务标准。这一安排是否在分配正义的层面上具有正当性？那些创造更高风险的人是否理应得到更高比例的义务负担？

　　在此，我们可以想见两种不同的正义概念之间的冲突。为更高风险的人分配更高注意义务负担的安排体现出直观的公正性。尤其当该风险是由疏忽大意的态度所造成时。具有鲁莽行为历史的人应当被更严厉地对待，这些历史反映出他的漠然与无动于衷。对症下药（To each according to their transgression）。这就是为什么保险公司根据过往数据收取更高的保费，为什么暴力分子被限制购买枪支，为什么酒后驾驶的司机被吊销驾照。这与德沃金的"选项运气"（option luck）的讨论异曲同工，"选

126

项运气"概念是指人们有意识的选择所产生的结果。[12] 每个人必须"承受"自己决策的"重量",其方式即承担后果,无论该后果是好的(例如投资产生了回报)还是坏的(例如鲁莽驾驶而被吊销驾照)。事实上,在如此异质性的环境下,采用统一的机制而对所有人施以中等水平的避险负担是有违公正的——这种负担对于低风险者而言过高,对于高风险者而言又过低。

然而,另一种正义的概念则可能与上述主张相悖。如果风险并非一种罪错(transgression),而是人们难以控制的禀赋特征的产物呢?这是一种并非人们自找的,而是随机的特征与经历,也即"原生运气"(brute luck),而对这些不幸结果的矫正则是一种正义社会的责任(a just society's duty)。[13] 有些人之所以更危险,是因其天生笨拙、身体不健全、认知能力有限,或者资源匮乏——这些条件并非其随意选择所获。将成本更高的注意义务标准施加于禀赋更低的人,将会加剧社会中的禀赋不平等,并将使那些不自主地陷于更恶劣外部环境中的人处于比他人更不利的地位。照此观之,基于风险的私人化标准,由于其将更高负担施加于本就处于不利地位的人,其效果与"平等"这一分配正义的根本目标背道而驰。

如果人们的风险状态与贫困以及医疗、教育等基本利益的获取渠道不畅相关,或者由其导致,那么,对高风险的人施加

---

12 Elizabeth S. Anderson, What Is the Point of Equality?, 109 *Ethics* 287, 295–302 (1999); Dworkin, *supra* note 3, at 283, 292–97.

13 Anderson, *supra* note 12, at 291–92, 297; Dworkin, *supra* note 3, at 293, 297–98, 302–07. 另参见 Justice and Bad Luck, *Stan. Encyclopedia Phil.* (Mar. 28, 2018), https://plato. stanford.edu/entries/ justice-bad-luck/#OptiLuckVersBrutLuck。

更高注意义务负担的做法就尤其存在问题。举例而言，假设有些人的原生运气赋予他们的先天或后天的特征与反应迟钝、判断错误或视力差有关——这些特征使其成为更危险的司机。这些人有可能比平均水平更贫穷，究其原因，则既可能是其缺陷降低了其赚取收入的能力，也可能是其低收入背景剥夺了其改善生活状况的一些机会。有时，使人们更具危险性的身体与认知缺陷，也会使他们在其他各种活动中处于不利地位，这类缺陷所影响的不仅是收入，还有幸福感与成就感。正义要求通过再分配来对抗这些不平等，而对该群体施以更高注意义务标准的做法只会适得其反。

127

　　总体来看，上述例子表明，私人化的指令可能会加剧一个普遍性困境，该困境同样困扰着统一性法律：相互竞争的正义理念之间的紧张关系。在侵权法中，赔偿指令与"应得"的主流概念相符——如果你造成更大风险，你就应当承担更高的注意义务标准。然而，此种指令与其他的正义概念——"消除初始权利的不公正分配"的目标——相抵触。统一性规则缓和了这种困境：其更少地致力于实现"按风险比例承担义务"的特定目标，但其同样不会实现溯源式的再分配。私人化指令提升了其中一种分配标准的准确性，但在此过程中，其也冒着破坏另一种分配标准的风险。

运用私人化法律推动分配正义目标

　　如前所述，如果指令的差别化能够按比例地反映"应得"与"所需"的主流标准，那么，私人化法律就在分配正义层

169

面具有正当性。如果法律仅有一个特定的分配标准（一些保护性规则可能属此种情况），上述结论似乎显而易见。我们也发现，当存在若干个实质标准相互竞争时，促进一个标准则可能削弱其他标准。特别是，一项在特别法的分配及其附随目标下具有正当性的安排，可能与更广泛意义上的分配考量相冲突。

接下来，我们试图证明，私人化法律能够提供解决上述分配目标冲突的独特方式。我们的论证将集中于私人化法律的三个"量"（quantity）的方面：横跨多个法律领域的广度运用，基于多种特征定制指令的密度运用，以及设计"追求多种社会目标均衡组合的指令"的技术能力。

横跨多种法律规则的平等。首先，私人化法律的"广度"维度能够缓和在单一情境下产生的意外分配效果。当私人化规则的运用横跨多个法律领域时，某一规则所产生的分配性配置效果可能会被其他规则的效果所抵销。例如，我们担心，让高风险者承担更严格的注意义务标准有违公正，因为其之所以被归类为高风险者很可能与贫困等个人资本较低有关。但是，正是这些使其归类为高风险并被赋予更高注意义务标准的特征，也即其认知或身体上的较低禀赋，能够使其享有更慷慨、更有价值的私人化保护——正如消费者、借款人，或者雇员。他们也可能有资格在各种部门法之下适用更宽松的程序性规则，例如更低的交通违章罚金、社会保险计划中的定制待遇或优先机会。申言之，如果将人们据以制定私人化法律待遇的差异化能力纳入考虑，则私人化法律将比统一性法律更符合能力上的平等主义。[14]只要我们从广度层面评价私人化法律体系，着眼于人们所面临的整个待遇与结果的集束，注意义务标准的不平等分配问题就会缓和许多。

在本书的前半部分，我们提出了私人化权利集束的想法，我们以沙拉吧为比喻，在沙拉吧中，人们可以拿着容器来盛他们喜欢的食材，而非接受一成不变的组合。在该场景下，每份套餐都与众不同，如果要检测其中某一成分是否具备分配上的平等性，其结论似乎是"不平等"。当然，基于如此狭隘的视角得出结论的做法是荒谬的。允许人们所购各种食材的不均衡配比的做法是该系统的优势，而非缺陷，因为从总体上看人们将享有更平等的满意度。我们用以确定结果平等性的标准并非针对每个独立组成部分的单位数量，而是总数的平等（equality of the aggregate）。

与之类似，私人化法律亦允许权利束的内容存在更多差异，而同时，其可以降低总数上的差异。一个人可能会在某一特定权利方面接受苛刻的私人化权限，但却在其他权利方面获得慷慨的待遇。人们会钟情于不同的政府项目，这些政府项目的分配效果应当基于整体集束加以衡量，而非基于各个组成部分。 129

然而，相反的扭曲并不一定会相互抵销。我们不禁想到那个例子，统计学家将头伸入烤箱、将脚放入冰柜，会得出"总体来看，感觉刚好"的结论。如果两个项目的歧视问题存在于

---

14 参见 Martha Nussbaum, In Defense of Universal Values, in *Social Development, Social Inequalities, and Social Justice* 70, 98-99 (Cecilia Wainryb, Judith Smetana & Elliott Turiel eds., 2008); Amartya Sen, Equality of What?, in *The Tanner Lecture on Human Values* 196, 217-19 (1979).

不同方向上，那么其非正义性应当被视为翻倍，而非抵销。当然，某些分配正义直觉适用于"底线"（bottom line）问题。例如，如果反向歧视能够抵销过去存在的歧视，则其具有正义性。然而，存在一种关于平等的强烈相反直觉，该直觉关注于机会与能力，而非整体福祉。将人们享有的保护与义务集束加以差别化，将会威胁到民主层面的平等主义。如果一些人比其他人拥有更多的特定基本权利，尤其是那些影响其对自身及其社会偏好的代表能力的权利，那么平等将受到威胁。[15]

特征的组合（Portfolio of Features）。私人化法律的第二个"量"的方面即密度维度，其为减轻不公正的待遇和结果提供了充分的杠杆，具体方式为选择性地淡化一些特征并支持其他特征。为说明这一点，让我们回到侵权法中私人化注意义务标准的例子，并着眼于基于技能的标准区分。在该维度上，我们主张，更高的技能将指向更高的私人化注意义务标准。那些受过更优驾驶或医疗训练、更好地掌握更多技术的司机或医生，将被要求施以更多注意。乍一看，在此种情况下，向私人化标准的转变似乎也会带给人们不平等的负担。但令人惊讶的是，事实恰恰相反。

当注意义务标准统一时，具有不同技能的人被要求采取的注意水平相同，但其被施以的实际负担却远未齐平。那些具备更低技能的人必须付出更多的成本和努力以满足统一性标准。（从定义上来看，具备低技能意味着在任何程度的注意义务上均须付出更高的成本。）统一性标准施加了同等的注意程度要

---

15 Anderson, *supra* note 12, at 313.

求，但其导致了更根本的衡量标准——履行负担（burdens of compliance）——的不平等分配。提升技能熟稔的人的注意义务标准、降低技能缺乏的人的注意义务标准的做法，能够抵销此种不平等的负担分配。尽管私人化标准施加了更具差异化的注意水平，但其事实上为人们施加了差异化更小的注意成本。在对负担进行分配时，基于技能的私人化将以更为接近的方式对待人们。

130

更进一步说，首先，那些因具备高技能而面临更高注意义务标准的人的处境会更好。技能是一项优势，甚至是一项特权，其获得与提升须耗费资源。基于技能的私人化标准具有一项吸引人的优点，即抵销社会中的基线不平等（baseline inequality），其方式也即要求更具优势和更富裕的人做更多的事情。我们之所以强调这一点，是因为，就在几页之前，我们担心基于风险的私人化过失责任制度将会导致收入累退（income regressive）。* 而在此，我们发现，基于技能的私人化将产生相反的效果。

不过，并非所有基于技能的私人化特征均能产生相同的预期效果。我们可以进一步区分两种类型的技能——先天（inherent）技能和后天（acquired）技能。如果高技能是通过耗费财力的精心培训与教育而获得的，那么剥夺这些投资于自我提升的人从中所获的收益似乎有违公正。医生如果通过阅读更多专业资料、参加更多会议而实现个人技能的提升，则其享受

---

* 此处借用税制中的"累退"（regressive）概念，意指对低收入者所带来的负担高于高收入者。——译者

辛勤耕耘的收获就具有正当性。基于技能的私人化可能与应得标准（desert criterion）相抵触，后者的逻辑是"因勤施策"（to each according to their effort）。

　　有两种对策可以解决这一冲突。第一，定制所需的输入值可以被限于先天技能，而非后天技能。第二，即使在后天技能之内，输入值也往往只能限于不成比例的范围。举例而言，一个出生于富裕家庭的孩子，相比于一个出生在没有学习资源的家庭的孩子而言，能够更好地学习如何阅读。从表面上看，识字是一种后天习得的技能，但实际上，往往是孩子的原生运气赋予了其习得这种技能的机会。从经验、教育、培训与激励中发展得来的技能，更多地为富人所享有，其并不应当在私人化法律中被赦免。这一结论尤其在一种情况下为真，即人们通过社会资助机会来获取高技能，这些资助为其提供了不成比例的（且有时是补贴式的）教育、信贷或工作的机会。[16]

　　我们举这一例子并非意图证明私人化的过失标准最终比统一性标准更公正。相反，我们的论点是，当几种"应得"的概
131　念相互冲突时，用于私人化的输入值可以通过调整来达成可接受的分配性配置。因为，私人化的法律依赖于大量的个人特征，也即密度维度，这些特征中的一些可以被纳入公式或者被赋予更高权重，而另一些则被删除或淡化，以此实现更公平的分配。

16　关于"为什么注意义务的主观标准也在分配正义原则下具有正当性"的问题，参见 David E. Seidelson, Reasonable Expectations and Subjective Standards in Negligence Law: The Minor, the Mentally Impaired, and the Mentally Incompetent, 50 *Geo. Wash. L. Rev.* 17, 44-46 (1981)。

提炼目标（Refining the Objectives）。我们探讨了应对分配目标潜在冲突的两种对策——一种着眼于私人化法律的诸多适用场景（广度维度），另一种则着眼于其采用的大量特征（密度维度）。第三个"量"的方面则为控制意外分配效果提供了更大杠杆：大量被编写入私人化算法的目标。

与统一性法律类似，私人化法律能够推进多个目标，不过，不同于统一性法律的是，私人化法律能够提供目标转换机制，并能够明确地在分配算法中施加平等分配的限制要求。在第四章对私人化过失标准的讨论中，我们假设最优威慑即为唯一目标。然而，社会目标可以通过纳入分配理念等其他目标而得以充实，其中每个目标被赋予适当的权重。在该方案下，算法可以被设定为，提高高风险或高技能人群的注意义务标准（以实现最优威慑）；但与此同时，如果其分配结果与基于收入的分配目标相抵触，则降低某些人群的合理注意义务标准。

此种社会目标的杂糅为我们提出了要求，其迫使我们针对这一争论已久的命题作出评价：再分配政策应当被嵌入法律指令，抑或被交由财政手段来执行？设想一下，私人化规则能够更有效率地应对法律的其中一项目标（例如，降低事故成本或者促进矫正正义），但与此同时却加剧了根本的不平等。是否应当牺牲"更精确规则的收益"以换取"更大的分配公平"？这一两难困境并非私人化法律所独有。任何促进利益而非分配正义目标的法律规则（例如赔偿、威慑，抑或效率），都必须回答这一问题。一个广为传播但饱受争议的观点指出，法律应当一概忽略再分配目标，因为任何不理想的分配效果均可通过累进

132 税制以及针对性的财政政策加以纠正。[17]且不论该观点在统一性法律的世界中存在何种价值，至少在私人化法律下，该观点能够基于两个不相关的原因而获得额外支持。

原因之一是，私人化规则相较于统一性法律，能够更有效地实现再分配以外的目标。为了实现统一性法律的再分配目标而牺牲私人化法律所提升的利益，将会造成更大的社会损失。如果基于风险的私人化注意义务标准比统一性义务更能有效地减少事故，那么在这一特定领域坚持横向公平（horizontal equity）的成本就会更大。

对于"为什么利用税收来实现分配目标的范式在私人化法律机制下更具价值"，还存在第二个原因，也即实用主义的原因。主要法律规则的再分配效果是难以获知并因此难以切实衡量的，而通过税收补贴机制抵销该效果更是如此。私人化规则能够缓和这一担忧。其通过算法来运行，这就意味着，对人们如何受到规则影响进行密切的量化记录将成为可能。累积性影响（cumulative impact）的透明度以及个人化影响（individualized effects）计算的颗粒度，将会使"财务支出用于定向再分配"的安排在政治层面上变得现实可行。

我们之所以提出"如何最优实现分配目标"这一辩论命题，是为了表明，私人化法律能够促进法律履行其对于分配的承诺。

---

17 例如，参见 Louis Kaplow & Steven Shavell, Should Legal Rules Favor the Poor? Clarifying the Role of Legal Rules and the Income Tax in Redistributing Income, 29 *J. Legal Stud.* 821, 834 (2000)。一般参见 Louis Kaplow & Steven Shavell, Why the Legal System Is Less Efficient Than the Income Tax in Redistributing Income, 23 *J. Legal Stud.* 667 (1994)。

其可行的方式是，为指令的制定施加公平性限制。又或者，既然财政预算程序能够运用更准确的数据来弥补法律的不平等影响，私人化法律亦可以将再分配交由财政政策或税收，而同时提供一个更尖锐的视角，用以衡量主要法律规范所引发的分配的非正义性。

私人化的法律与歧视

研究至此，我们始终聚焦于实质性的分配正义目标。接下来，我们将处理两个与程序相关的问题——分别关于可疑分类以及偏见数据。第一，某些分类有引发歧视之虞。将人们的显著特征公然用于区分其法律指令的事实不免使人心生厌恶。第二，不公正待遇可能是由反映历史性偏见的数据或以歧视方式所收集的数据所导致。使用这些数据，意味着将现存的非正义性永久固化。

可疑的分类方法

133

根据司机每天玩电子游戏的时间对其进行区分是一回事，而根据年龄、性别、宗教，特别是种族等可疑或敏感的分类方式来对其加以区别对待又是另一回事了。使用此种分类设定私人化指令，是否有违公正？

我们的研究将从一项早期评论开始：每个私人化系统都在"歧视"。当医院根据个人病历提供私人化的差别性治疗时，一些患者会消耗更多的医疗资源。但只要其差别性标准符合公认的医疗目标并回应相关的健康需求，在此类程序中考虑性别、年龄或基因并不会构成具有危害性的歧视并继而招致道德谴责。

数十年来，对"可取的"（desirable）和"不可取的"（undesirable）分类方式加以区分的挑战，无时不困扰着保险监管机构。保险公司是数据分析领域的先驱，其利用数据分析对人群进行分类，并基于对每个人将遭遇的风险的预测结果来收取保费。机动车或人身保险公司对男性和女性使用不同的风险和死亡率图表的做法是否构成歧视？男性，特别是年轻男性，往往更有可能遭遇车祸——他们是否应当支付更多对价？女性的平均寿命更长——要求其每年缴纳更多的养老金和年金是否构成歧视？

美国的许多州法院认为，采用性别或年龄分类的差别化保险定价完全具备公正性。保险公司被允许"公平地歧视"——只要其分类是基于可靠的统计数据。[18] 保险的目标是使其所收取的保费能够准确地反映投保人的预期风险及其精算成本。高风险者会从保险中攫取更多价值，因而其应当"承担自己的成本"。法院有时要求这种精算公平（actuarial fairness），其认为统一性定价是有违公正的，而风险级别较低的人应当被单独分类，这样他们就"无需补贴那些构成明显更大风险的被保险人"。[19] 一些刑法学者认同该逻辑，认为不区分性别的风险评估工具将对两种性别均造成分类错误。"如果性别的计入能够提升准确性，那么这种做法就服务于机构与被告人的利益，而非服务于歧视

18　*Telles v. Comm'r of Ins.*, 574 N.E.2d 358, 361 (1991), quoting *Life Ins. Ass'n of Mass. v. Comm'n of Ins.*, 4530 N.E.2d 168, 171 (1988); *Ins. Servs. Office v. Comm'r of Ins.*, 381 So. 2d 515, 517 (La. Ct. App. 1979).

19　*Life Ins. Ass'n of Mass.*, 530 N.E.2d at 171.

性目的。"[20]

精算正义范式容易引发对"原生运气"理论的批判，后者认为，人们不应当因"并非自己带来的不利环境"而在享受有利机会方面受限。向某些人收取高昂费用而限制其参保，这种做法在道德上是错误的，哪怕该费用是基于精算图表得出的。[21] 私人化的系统必须超越精算定价机制，其保费计算应当将个人财务状况在内的额外因素纳入考量。

基于不同的理由，美国最高法院禁止将性别分类用于私人化风险的预测，即使该方法在统计上是准确的。法院认为，尽管数据在精算意义上具备可靠性，仅仅因人们的性别而向其收取更高保费构成非法歧视，因为数据的可靠性这一"证据并不能推翻如下主张，即，此种做法从表面上看即构成对每一位（参保的）妇女的歧视"。[22] 精算公平，如果被用于将人们分割为两组，就会成为歧视的问题，而非歧视的解决办法。

值得一提的是，最高法院将性别分类视为非法歧视的原因在于，风险预测并未达到私人化——这一主张我们将在后文进行深入论证。"无法保证，任意一位女性……会符合作为（基于性别的）保险依据的一般性条件。"法院解释道，歧视的合法性取决于"对个人的公平，而非对集体的公平"。[23] 如果风险分类是私人化的，而非粗略地基于其作为某一群体的成员身份，那

20　Melissa Hamilton, Risk-Needs Assessment: Constitutional and Ethical Challenges, 52 *Am. Crim. L. Rev.* 231, 255 (2015).

21　参见 G. A. Cohen, On the Currency of Egalitarian Justice, 99 *Ethics* 906, 916–25 (1989)。

22　*City of Los Angeles, Dep't of Water & Power v. Manhart*, 435 U.S. 702, 716 (1978).

23　*Id.* at 708–09.

么法院可能不会否定保费的差别化。女性不会被置于与全体男性相分隔的独立类别中。颗粒式的私人化，也即基于每个人的准确（且差别化）的大量可测量特征而实现的待遇定制，能够支持"对个人的公平"。

基于特定群体成员的身份加以分类的做法之所以是错误的，是因为其未能将人作为个体来对待。[24] 歧视之所以是错误的，是因为其将人们仅仅作为某一群体的成员来对待，而这一群体的划分方式在道德上是不相干的或者错误的。人们的其他方面均被忽视，只有一项天生的特征被提取出来，并发挥决定性作用。当这项特征在历史上作为歧视的依据时，法院即会介入。美国最高法院说道，"政府必须将公民作为个体对待，而非仅仅作为种族、宗教、性别或族裔阶层的组成部分"。[25] 私人化之所以能够免于上述批判，是因为其比其他任何体制更能将人们作为个体对待。这种对待，基于对"他们是谁"的审慎有力且细致入微的刻画，基于对他们的一切了解，而非仅仅基于其所属的生理性别或社会性别群体。

尽管如此，以相关因素为基础的私人化待遇亦有沦为有害歧视之虞。以个性化广告为例。个性化广告根据人们的偏好定制营销推送，而非将人们淹没于千篇一律的、毫不相干的、通用的垃圾邮件之中，我们很难发现其道德上的瑕疵。然而，这

135

24 例如，参见 Benjamin Eidelson, Treating People as Individuals, in *Philosophical Foundations of Discrimination Law* 202, 203–04 (Deborah Hellman & Sophia Moreau eds., 2013); Kasper Lippert-Rasmussen, "We Are All Different": Statistical Discrimination and the Right to Be Treated as an Individual, 15 *J. Ethics* 47, 53 (2011)。

25 *Miller v. Johnson*, 515 U.S. 900, 911 (1995) (internal citations omitted)。

一安排的效率性，却可能将"既有的歧视"的一些令人不安的方面加以突出和放大。举例而言，如果推广 STEM* 职业规划的在线广告被推送给男性的频次多过女性，[26] 如果暗示被逮捕前科的广告更多地出现于黑人常见姓名的搜索结果中，[27] 此种私人化待遇就存在不可取的歧视效果。投放这些广告的企业是理性的（因为其正在力求投放的信息能够换得更多回报）。这类营销活动由私人化数据分析所驱动，其能精准反映人们对产品与信息的需求。[28] 不过，在一个本就存在歧视与不平等的社会下，"广告投放价值的最大化"并不必然等同于"信息传播的社会最优解"。相反，其助长了歧视的固化。

相较于统一性系统而言，私人化的医疗、教育与膳食能够更好地治愈、教育并滋养人们。甚至个性化广告也能帮助人们获得更多相关信息。在许多情况下，由数据驱动的私人化所带来的收益远远超过其负面影响。但是，这些优点不应该使我们忽视其潜在的、负面的差异性影响。我们将在第八章中详细讨论如何减轻这些不利影响。但首先，我们会稍作停留，来审视那些植根于偏见数据的不公平分配问题。

136

---

* STEM 即科学（Science）、技术（Technology）、工程（Engineering）、数学（Mathematics）四门学科的英文首字母缩写。——译者

26 Anja Lambrecht & Catherine Tucker, *Algorithmic Bias? An Empirical Study into Apparent Gender-Based Discrimination in the Display of STEM Career Ads* 32 (2018). 另参见 Amit Datta et al., Automated Experiments on Ad Privacy Settings: A Tale of Opacity, Choice, and Discrimination, in *Proceedings on Privacy Enhancing Technologies* 92, 102 (2015).

27 Latanya Sweeney, Discrimination in Online Ad Delivery, 11 *ACM Queue* 44, 50−51 (2013).

28 参见 Amit Datta et al., Discrimination in Online Advertising, A Multidisciplinary Inquiry, 81 *Proc. Machine Learning Res.* 1 (2018)。

反映历史偏见的数据

私人化指令将需要大量关于人的数据，其中部分指令会反映那些在非正义环境下所形成的属性或以偏见方式收集的数据。依赖于此类数据，不仅会固化过去的错误，还会阻碍以矫正不平等为目标的改革。在服务于刑事量刑的私人化风险评估领域，上述问题已经得到了广泛关注。[29] 其共识是，历史上的非正义性已经带给了人们某些特质与烙印。因此，依赖于此类输入值分配更为严苛的私人化待遇，就是错上加错。如果准确的数据"准确地模拟了不平等"，那么其就不应当被使用。[30]

针对该问题的著作颇多，讨论了以反映历史偏见的数据为基础的预测程序的风险性。然而，我们并不认为，这注定了法律私人化事业的失败。首先，法官即使适用统一性规则，也很难不受类似的历史性的影响。主观评估会受到无穷无尽的社会问题以及有意的和潜在的偏见的滋扰。在刑事风险评估领域，已有"压倒性的证据"表明算法更可靠，这是因为，"与统计模型相比，个别法官可能在更大程度上运用笼统的思维，并更少地获得证据佐证"。[31] 此外，算法是（或者应该是）透明的。检

29　例如，参见 Andrew G. Ferguson, *The Rise of Big Data Policing: Surveillance, Race, and the Future of Law Enforcement* 132 (2017); Sonja B. Starr, Evidence-Based Sentencing and the Scientific Rationalization of Discrimination, 66 *Stan. L. Rev.* 803, 805–06 (2014)。

30　Solon Barocas & Andrew D. Selbst, Big Data's Disparate Impact, 104 *Cal. L. Rev.* 671, 729 (2016).

31　Sandra G. Mayson, Bias in, Bias Out, 128 *Yale L.J.* 2218, 2278 (2019), citing Sarah L. Desmarais et al., Performance of Recidivism Risk Assessment Instruments in U.S. Correctional Settings, 13 *Psychol. Services* 206 (2016).

验算法的非正义性远比检验人类的非正义性要容易，消除公式中的歧视也远比消除人类思想中的歧视要容易。[32]

数据偏见并非预示着私人化法律的失败，但其却不失为一个提示，督促我们寻求解决该问题的可行策略。有幸的是，存在一些颇有前景的路径可供尝试。使用算法的一大优势即是其识别待遇或影响的差异性的能力。因此，与其将可疑因素从算法中去除（这将是一项并不十分有效的策略，因为有所谓的"代理"因素的存在），不如将算法设定为，生成满足明确的平等标准的指令。[33] 举例而言，刑事量刑算法可能会被要求"平等对待不同种族的人"。为此，其需要知悉种族的分类，以便抵销各种代理因素。该系统将持续私人化待遇，但待遇的施加将会受到约束。

另一种解决偏见数据问题的路径则是，同样允许算法知悉上述可疑的分类，但此种"知悉"仅限于训练阶段，而非后续的筛选过程，以此来消除偏见。为了展示其如何运作，让我们设想一项针对非法解雇的私人化赔偿规则。算法可以基于与违法和损害相关的各种因素来得出损害赔偿结果，我们假设，其作出判断的依据是过往的法院裁判。如果该算法将"性别"这一容易被验证的事实作为损害赔偿私人化的因素之一，并以过往的歧视判例法为指引，认定女性被赋予更低的工资，该算法是能够被修正的。一项极具吸引力的解决方案是，拒绝算法访问偏见因素，也即雇员的性别。然而，此时同样可能导致差别

137

32　Joshua A. Kroll et al., Accountable Algorithms, 165 *U. Pa. L. Rev.* 633, 634 (2017).

33　参见 Cynthia Dwork et al., Fairness Through Awareness, in *Proceedings of the 3rd Innovations in Theoretical Computer Science Conference* 214, 223 (2012).

化影响，毕竟，许多其他输入值也均与性别相关。而更复杂的解决方案则是，基于（包括性别在内的）全部变量来训练算法，以消除其他变量所隐含的作为性别之代理的情况，并确保非性别输入值在算法中被赋予的权重能够反映其独立的预测功能。[34]继而，当筛选算法被用于确定每个原告个人的损害赔偿时，仅仅那些具备预测价值的非性别输入值可以向算法披露。在没有原告性别信息的情况下，算法必须假设其"平均"性别，并对男性和女性一视同仁。据此，任何基于性别的歧视均可被消除。

138 　　最后，如前所述，抵销算法私人化法律下所存在的歧视，可以通过在特定维度上增加"平等"作为算法的明确目标之一的方式来实现。允许算法意识到分类，可以使其识别出"差别化影响在何种情况下由偏见数据所导致"，并使其实现"减少此类残存偏见"的精细化目标。[35]

修正统一性法律的不平等影响

　　统一性法律已在不经意间做到了私人化法律所有意为之的事情：对人们加以区别对待。按照平等来制定的指令常常被不平等地适用。让我们来审视两种影响统一性法律不平等适用的机制——执法者的自由裁量权和权利人的机会障碍，并探讨私

34　Devin G. Pope & Justin R. Sydnor, Implementing Anti-Discrimination Policies in Statistical Profiling Models, 3 *Am. Econ. J.* 206, 207–08, 217 (2011); Crystal S. Yang & Will Dobbie, Equal Protection Under Algorithms: A New Statistical and Legal Framework 31, 34, 46–51 (Harv. L. Sch., Discussion Paper No. 1019, 2019).

35　Kleinberg et al., Discrimination in the Age of Algorithms, 10 *J. Legal Analysis* 113, 152–158 (2018).

人化法律是如何对其施加限制的。

执法者的自由裁量权。私人化法律要求立法者明确地确定法律的目标，而用于私人定制的特征则是由识别统计相关性的算法推导而来。这意味着，任何对人的差别对待均是有意的、明确的，以及透明的，任何涉及的可疑因素均可被消除。与之相比，统一性法律则将自由裁量权赋予法官。由决策者对案件进行区分并加以差别化对待——这是一种隐性的私人化——并且，此种区分可能按照公平的方式进行。不过，如果没有算法私人化的严谨性与透明度，没有修正无意识的偏见或意外的差异性影响的技术工具，那么歧视便是一项严重问题。法律的目标数类繁多，因而模糊不清；法官所采用的信息输入值的性质、相关性与权重总是边界不明；偏见的根源不易察觉，甚至有时出其不意；[36] 而该系统监测与发现统一性法律的歧视性适用的能力也捉襟见肘。

针对刑事司法与司法行为的实证研究揭示了法官在适用统一性法律时"自由裁量权导致不平等"的各种方式。种族歧视和其他形式的偏见量刑在统一性法律的视域下发生着。[37] 被告人可能会因法官（有时是潜意识地）注意到的某些本不应当计入 139

---

36 例如，参见 Adi Leibovitch, Relative Judgements, 45 *J. Legal Stud.* 281, 282-85 (2016); Zhuang Liu, Does Reason Writing Reduce Decision Bias? Experimental Evidence from Judges in China, 47 *J. Legal Stud.* 83, 106-07 (2018)。

37 Paul Butler, Race and Adjudication, in 3 *Reforming Criminal Justice: A Report by the Academy for Justice* 211, 214-17 (Erik Luna ed., 2017); *The Sentencing Project, Report of the Sentencing Project to the United Nations Special Rapporteur on Contemporary Forms of Racism, Racial Discrimination, Xenophobia, and Related Intolerance Regarding Racial Disparities in the United States Criminal Justice System* 2-11 (2018); Starr, *supra* note 29, at 838-39.

考虑的因素而被判处更严厉的刑罚。克丽丝特尔·扬指出,《联邦量刑指南》(Federal Sentencing Guidelines)的实际废除导致了司法裁量权扩大和黑人被告人刑期的延长,这一现象在那些从未受制于《联邦量刑指南》严格约束与纪律的年轻法官当中尤为突出。[38] 黑人违法者被判处徒刑的可能性高出20%,且刑期通常高出10%。[39]

"上述裁量结果具有歧视性"的前提在于,其并未反映个体的差异,而是反映了集体的成员身份。一项或者几项显著性特征,将会造成巨大的、离散性的差异。遗憾的是,此种基于自由裁量权的歧视比基于数据的私人化法律更不透明,也更难以纠正。其更不透明,是因为,你要如何证明决策者没有可能基于信息充分的、个人异质性的观察作出回应?我们面临着"归因"(attribution)的困境,也即,待遇的差别化可能由于裁判者所观察到的输入值所导致,然而其却极难被解构。[40]

如果影响人们决策的歧视趋势能够在统计上显示出来(这本身就是一项巨大的方法论成就),那么,我们对于这种偏见的系统性救济就几乎无计可施。人类的决策与直觉并不能简单地被重构或改进。为了矫正人的偏见,我们可以尝试操纵人们所

38　Crystal S. Yang, Free at Last? Judicial Discretion and Racial Disparities in Federal Sentencing, 44 *J. Legal Stud.* 75, 101-05, 108 (2015).

39　Butler, *supra* note 37, at 217. 转引自 U.S. Sentencing Comm'n, Demographic Differences in Federal Sentencing Practices: An Update of the *Booker* Report's Multivariate Regression Analysis 2, 6 (2010)。Cassia Spohn, Race and Sentencing Disparity, in 4 *Reforming Criminal Justice: A Report by the Academy for Justice* 169 (Erik Luna ed., 2017).

40　Kleinberg et al., *supra* note 35, at 118.

看到的信息，或向决策者解释其偏见，抑或向其展示描述异常性的图表，不过，尚无任何证据证明，消除法官偏见的尝试产生了重大影响。[41]

　　私人化的法律能够通过限缩自由裁量权来减少不平等的法律适用所带来的非正义性。尽管其采用的数据输入值是历史歧视的反映，但其亦有技术力量来矫正这些偏见，且相较于自由裁量的统一性法律，私人化法律的矫正效率要更高。　　140

　　权利人的机会障碍。统一性法律存在不平等适用的原因还在于另一项机制：获取法律赋予的统一性收益的机会差异。回想一下阿纳托尔·弗朗斯对法律的蔑视——法律统一地禁止人们睡在桥下（或者，现在我们应该说，毫无歧视地禁止人们露宿街头）。[42]这正是"平等待遇的不平等性"的体现，费利克斯·弗兰克福特将其定性为最恶劣的不平等形式。[43]这一评价平等地适用于那些毫无针对性地授予人们获取收益的平等机会的法律。

　　许多法律在分配收益时遵循着盲目的平等：规定每个人享有同样的权利资格。从技术上来看，这类规则与私人化的法律相反。然而，在现实中，这类规则可能会引发差异性的和不平等的适用。进入公园的统一权利，进入名校的资格，或者选民预登记的权利，均可能造成不平等的分配。并不令人意外的是，

41　Chris Guthrie et al., Inside the Judicial Mind, 86 *Cornell L. Rev.* 777 (2001).

42　例如，参见 Adam Liptak, Supreme Court Won't Revive Law Barring Homeless People From Sleeping Outdoors, *N.Y. Times* (Dec. 16, 2019), https://www.nytimes.com/2019/12/16/us/supreme-court-idaho-homeless-sleeping.html。

43　*Dennis v. United States*, 339 U.S. 162, 184 (1950) (Frankfurter J., dissenting).

此类收益的获取机会往往不利于弱势群体，因为弱势群体更难以满足标准。更为普遍的是，接受信息、获得赔偿、行使消费者保护的统一权利可能会有选择性地为一部分人——而非其他人——所适用。更强势的人群更有可能从这类权利中获益，因为其具有经验和能力来识别并达到接受信息、赔偿与保护的标准。这些法律以"平等"为名而获得通过，并有时特别声明其帮助弱者与穷人的愿景。[44]然而，这些法律往往无法达成其公平目标，甚至会适得其反，因为，其作用发挥机制存在内嵌于其中的机会障碍，这些障碍会对不同人产生不同影响。[45]

通用型规则具有形式上的平等性，但实际上，其具有再分配性质，并常常造成意想不到的交叉补贴。以统一的强制性保护及设施为例，其制定的目的在于克服由财富或先天禀赋不平等导致的既有差异性。解决此种差异性的常见方式是，制定赋予所有人相同权利和机会的强制性规范。然而，人们对强制性保护的行使却有所不同，较少行使的权利人将会交叉补贴经常行使的权利人。让我们举两个例子，一是灾后救济，二是考试设施。

洪涝灾害救济是一项针对自然洪水灾害所造成财产损失的保护性社会政策。这项财政计划，旨在践行"我们对最贫穷者、劳动者和中低收入者的道德义务"，[46]使"费尽心力解决温饱需求

141

---

44 例如，法院认为，"自我辩护者……的答辩状所适用的标准比律师撰写的答辩状更为宽松"。*Haines v. Kerner*, 404 U.S. 519, 520 (1972).

45 参见 Omri Ben-Shahar, The Paradox of Access Justice, and Its Application to Mandatory Arbitration, 83 *U. Chi. L. Rev.* 1755 (2016)。

46 151 Cong. Rec. H7760-61 (daily ed. Sept. 8, 2005) (statement of Rep. Frank).

的劳动者们"免受失去家园之苦。[47]换言之，此项补贴可以说是为了促进有利于经济弱势群体的再分配。而讽刺的是，其效果却恰恰相反。从结果来看，洪灾救济主要惠及的是强势群体。能被洪水淹没，你必须住在水边，而水滨地产价格不菲。因此，相比于住在内陆与山上的人们而言，住在洪涝平原和海滨地带的富人们能够享受到更多补贴。[48]

又或者，以残疾人设施为例。此种福利是根据需要而有选择性地赋予的。其设立是为促进特定的分配目标，抵销那些基础的、既有的不幸。然而，此类分配亦有可能是累退性的，也即，在有资格享有该设施的整个群体内部，这些设施被不成比例地分配给其中的精英成员。根据 1973 年的《康复法案》（Rehabilitation Act）第 504 条规定，[49]公立学校的残疾学生有权在考试中获得额外的时间。越来越多的证据表明，富裕地区的学生相比于低收入地区的学生而言更有可能享受此类设施。一项调查显示，富裕的学生利用残疾设施的比例高于平均水平将近五倍，而贫困学生却仅能获得低于平均水平的利用比例。[50]

以上两个案例说明了一种模式。当法院赋予获得收益或权利的平等机会时，某些人的利用机会很可能系统性地少于那些更资深的人，其原因在于获得资格的成本、与资源的接近程度、所需的信息，以及相比较而言的经验丰富程度。这些障碍往往

47　160 Cong. Rec. S581 (daily ed. Jan. 29, 2014) (statement of Sen. Heitkamp).

48　Omri Ben-Shahar & Kyle D. Logue, The Perverse Effects of Subsidized Weather Insurance, 68 *Stan. L. Rev.* 571, 596, 610 (2016).

49　29 U.S.C.A. § 701 (West, Westlaw through Pub. L. No. 116-58).

50　Diane Rado, Special Help Starts as Early as Grade School—but Only for Select Students, *Chi. Trib.* (June 6, 2012), http://perma.cc/4BGQ-N4LP.

不成比例地困扰着更弱势、更贫困的人口。

142　　向私人化权利资格的转变为促进平等机会、保障利益共享提供了一种更为精准的工具。尽管许多项目是通过创设难以被私人化的公共产品的方式来进行的（例如，高速公路或公园的通行权），但仍有一些项目是可排除或可分割的。考试设施就是一个很好的例子。其资格门槛可以被私人化，而无需坚持通用型标准。家境贫寒的儿童应当适用更低的资格门槛或获得更多有关现存设施的帮助与建议，或者获得更灵活的提交指南，来引导其提交适合的申请。实质门槛和资格实现方式的私人化，能够抵销当前统一性机制下的意外的和不平等的分配结果。

第八章 私人化法律与平等保护

第七章指出，私人化法律指令坚持采用将人与人之间的相关差异性纳入考虑的"平等待遇"概念，这一做法能够促进分配正义目标。不过，对人们加以区别对待的做法仍然可能与《第十四修正案》所确立的平等保护的宪法原则相冲突。私人化规则向不同人施以不同保护，如果其采用的输入值包括某些可疑分类，或者与可疑分类相关，则其有可能与宪法"平等对待个人"的根本指向相抵触。私人化法律能够在"正义"的诸多道德概念下被证明具有正当性，但这并不足以使其通过宪法审查。本章中，我们将提出如下问题——平等保护条款（Equal Protection Clause）是否会对私人化法律的实施施加额外的限制？

首先，宪法原则并非对不平等待遇加以绝对禁止。相反，其允许一些不平等待遇，而条件为，政府对该不平等待遇的推行应当基于难以抗拒的国家利益而具有正当性，且其能够对该待遇加以精准定制，以实现其合法目标。对不同群体加以区别对待的法律将接受"合理基础"（rational basis）的审查，并且，如果该法律影响到基本权利，或者其根据种族、宗教等最可疑分类来区分人群，则其将适用严格审查（strict scrutiny）之下的更高的审查标准。而无论采用哪种方式，只要该分类是良性的，或者，此种差别性待遇能够充分促进难以抗拒的国家利益并采用审慎的、符合比例性的方式进行，那么，这一差别性待遇就能够获得允许。

以不平等待遇为目的的各种分类类型是被禁止的（或者受到严密的原则约束）——在这一认识的基础上，我们要重新表述我们的基本问题：私人化究竟是加剧抑或减轻了这些宪法困境？既然区别对待群体尚不被允许，区别对待个体能否被允许？如果私人化法律机制采用多属性的、数据加权的定制方式并实现因人而异的效果，那么在宪法原则的审查下，其与采用单一特征并对该特征赋予更多权重的机制相比是否相对不那么144 棘手？

乍看之下，并无理由对此谨小慎微。私人化法律机制在量身定制指令时对于众多个人特征的使用在宪法层面上看是微不足道的。如果算法所使用的是收入、品味、购物记录、教育等常规因素，而不考虑种族、宗教、族裔或性别等敏感因素，那么就不存在迫在眉睫的宪法恐慌。当然，如果法律根据消费者使用的是 PC 还是 Mac，抑或其在网络游戏上花费的时长来区别对待消费者，那么，只要该区别对待在功能层面上具有令人信服的理由，且该特征并非其他更可疑分类的代理形态，则宪法原则并不会对此提出反对意见。

但当私人化法律采用可疑分类进行区别对待时，更深刻的问题就此出现。如果其采用种族和性别等因素作为私人化指令的直接输入值，或者采用其他因素作为可疑分类的隐性代理形态，那么，平等保护就成了至关重要的问题。我们将分几个步骤来探讨这类问题。首要问题是，宪法如何将"统计"视为不平等待遇的基础。统计差别化所引发的主要担忧在于，即使不存在偏见，其也仅仅在平均意义上具有准确性，而非能够适用于每个个案。法院对此种个案的非准确性有所顾虑，并因此对统计待遇施加了严格的限制。[1]据此，人们可能会认为，私人化的法律这一"超强版"的统计差别化系统并不会通过宪法的审查。然而，我们并不赞同这一立场。一些对于"采用统计方法的法律"的担忧助长了宪法对这类法律的限制，但这种担忧并不会因私人化的待遇而加剧，反而会因其而缓解。私人化的法律将成为法院对于过度包含和缺乏严谨的统计歧视的"解决"之策。

其次，我们将论证，私人化的法律规则体现了一种完全符合平等保护原则约束的不平等待遇的形式。其提供的谦抑定制（narrow tailoring）是一项与平等保护原则相一致的概念，因为此种定制采用的是整体性路径（holistic approach），在该路径下，划分人们的依据不只是某一特定集体的成员身份。事实上，基于数据的私人化法律能够最大限度地满足各项宪法根本要求。 145

我们还将讨论差别化影响的困境：即使不以可疑分类作为

1　美国最高法院并未明确处理过基于种族的统计歧视（statistical discrimination）的合宪性，不过，不少对其先例规范的解释认为，严格审查应当会适用于此类政策。例如，参见 *Johnson v. California*, 543 U.S. 499, 505 (2005)［"所有（政府施加的）种族性分类必须经过受理法院的严格审查。"引自 *Adarand Constructors, Inc. v. Pena*, 515 U.S. 200, 227 (1995)］; David A. Strauss, "Group Rights" and the Problem of Statistical Discrimination, *Issues in Legal Scholarship*, May 2003, at 4; Aziz Huq, Racial Equity in Algorithmic Criminal Justice, 68 *Duke L.J.* 1043, 1086 (2019); Sonja B. Starr, Evidence-Based Sentencing and the Scientific Rationalization of Discrimination, 66 *Stan. L. Rev.* 803, 826–27 (2014)。

输入值，如果私人化最终仍会导致平均而言某类受保护群体成员的待遇比非成员更为苛刻，那么，私人化能否获得允许？这一深刻的疑虑，已经在刑事司法领域新兴的数据分析情境下引发了广泛的关注与讨论。该论争中形成的经验能够用以阐释私人化法律的合法性。

统计的合宪性

酒后驾驶是存在于年轻群体中的一个迫在眉睫的问题。为寻求解决之策，俄克拉何马州在 20 世纪 70 年代通过了一项法律，禁止向年轻人出售特定酒精饮料。然而，该法律并非典型的统一性指令。由于已知酒后驾驶在年轻男性群体中尤其严重，该法律规定的购买酒类的年龄为男性 21 岁，女性仅为 18 岁。统计证据有力地支持了此种差别化，其显示，绝大多数因酒后驾驶而被捕者为男性（93%）。年轻男性驾驶频率更高且距离更远，因此发生的车祸也更多。他们因酒后驾驶被捕的次数为年轻女性的 18 倍。总之，其构成了比年轻女性所具有的风险要高得多的风险群体，并因此适用更严格的年龄规则。[2]

而当该成文法因违反平等保护条款而受到质疑时，最高法院在标志性案例——克雷格诉博伦（*Craig v. Boren*）案中推翻了该法，法院认为，此种基于统计数据的差别化为宪法所禁止。[3]法院认为以性别为中心的一般化必须"符合事实"，且法院也认

2　*Craig v. Boren*, 429 U.S. 190, 223 (1976) (Rehnquist, J., dissenting).

3　*Craig*, 429 U.S. at 208-10.

同了男性与女性酒后驾驶模式的差异"在统计意义上并非无足轻重"。[4]但是，法院判定，使用统计数据本身从根本上并不足以成为其通过平等保护审查的依据。在另一项同样适用于其他受保护群体的裁判中，最高法院得出结论，"用统计数据证明广泛的社会学命题是靠不住的，并且，其不可避免地与平等保护条款背后的规范性哲学基础存在紧张关系"。[5]

146

　　私人化法律确实"用统计数据"来检验"广泛的社会学命题"，并似乎因此处于被禁止的范畴。但是，我们不妨审视一下最高法院的论证过程，以确定其如何适用于私人化法律。法院提出了两个理由。第一，统计差别化导致太多没有酒后驾驶的年轻男性被一概纳入了严格的行为能力年龄规则。尽管数据显示，只有2%的男性被证明违反了合法饮酒规范，上述限制却适用于100%的男性。"在我看来，"史蒂文斯大法官指出，"如果要因2%的人的罪过而迁怒于98%的人，这将是对这个国家的所有年轻人的侮辱。"[6]第二，统计数据所显示的风险尚未严重到"足以证明如此重大的限制具备正当性"的程度。布伦南大法官指出："如果将'男性'作为饮酒和驾驶的代理形态，那么，仅有2%相关性的'匹配度'必然被认为是过分薄弱了。"[7]

4　*Craig*, 429 U.S. at 199, 201. 不过，有案例承认了用于弥补女性所遭受的"特定经济缺陷（economic disabilities）"的性别划分，参见 *United States v. Virginia*, 518 U.S. 515, 533−34 (1996)。相反，任何种族分类则必须适用严格审查。参见 *Parents Involved in Cmty. Sch. v. Seattle Sch. Dist.* No. 1, 551 U.S. 701, 741−42 (2007); *City of Richmond v. J.A. Croson Co.*, 488 U.S. 469, 500 (1989)。

5　*Craig*, 429 U.S. at 204.

6　*Craig*, 429 U.S. at 214 (Stevens, J., concurring).

7　*Craig*, 429 U.S. at 201−02.

第二种理由尤其难以捉摸，而我们必须对此加以处理，因为私人化的法律往往依赖于具有此种微弱相关性的因素。为何2%的风险对于宪法原则而言并不足够，这令人费解。也许，法院持怀疑态度的理由是正当程序（Due Process）——此种"较小"风险不足以证明代价高昂的"自由剥夺"具有正当性。但可以肯定的是，如果某些行为的危害足够重大，则即使是很小比例的风险也能够证明某些预防性限制的正当性。[8] 想象一下，所有安全管制都会因此而违宪，因为其所处理的风险只有2%或更低。如果飞行员的视力低下等残疾问题"仅仅"会造成2%的坠机风险，法院是否会认定"禁止此类飞行员上岗"的规定无效？在不考虑危害严重程度的情况下认定2%的可能性本身不充足，这是对"风险"概念的错误判断。并且，讽刺的是，这种做法同样将统一性法律置于悬而未决的合宪性地位——因为统一性法律常常为了降低甚至更小的风险而限制所有公民的自由。

最高法院对统计数据的主要反对意见则更具挑战性，其触及了平等保护法理的核心——避免"因2%的人的罪过而迁怒于98%的人"的利益。这是一种"反集合化"（anti-pooling）的基本原理，其支撑着数量众多的"平等保护"判决：禁止不分良莠地将一个群体的所有成员加以集合（仿佛所有成员均与非成员存在完全一致的差异性）。由于盖然推理必然会运用到此种集合，其对于集合中的许多成员（也即此处的"98%"）而言有失

147

8　事实上，不少法院支持警察在描述嫌疑人时使用种族因素，尽管有时这种做法对有色人种造成了不成比例的影响。在这些情况下，找到罪犯的可能性超过了司法对于基于种族的差异化的担忧。Bela A. Walker, The Color of Crime: The Case Against Race-Based Suspect Descriptions, 103 *Colum. L. Rev.* 662, 671–75 (2003).

公平（是一种"侮辱"）。

　　作为反对私人化法律的理由，上述反集合逻辑在两个关键的层面上存在偏误。第一，任何基于既有风险的规则，包括（且尤其是）那些完全不采用差别化对待的规则，都会将一部分人的罪过推及至其他人身上。法院推翻俄克拉何马州成文法的结果是，覆盖男性和女性的统一年龄规则的整体倒退。此时，某些疏忽大意的男性的罪过将不仅仅由所有男性承受，还将由所有女性承受。[9] 从更宏观的层面上看，我们假设一项不进行分类的规则，例如 55 英里每小时的高速公路限速，该规则以全体司机的平均风险和技能作为依据，其反映了"理性人"特征而忽略了所有个体差异。对于那些本可以以更快速度安全行驶的优秀司机而言，该统一性规则为其强加了过分苛刻且潜在不公平的限制。法律让其承受了中等司机和差司机能力不足导致的后果。在现实中，任何统一性规则均采用这种"集合"。很难想象，宪法会禁止所有以如此理性的方式处理风险的法律。甚至更难想象，在符合此种反集合的、个体性对待的原则方面，有什么比私人化法律更好的解决方案。

　　也许，上述辩驳在可疑分类的情况下确实没有说服力。但是，"将所有司机集合在一起"和"将一个受保护群体的所有成员聚集在一起"并不能等同视之。针对反集合逻辑，私人化的法律还提供了第二种，也是更有力的一种回应：不同于俄克拉

9　不考虑种族和性别，至少在某些情况下会不成比例地影响受保护群体的成员，因为此种做法是将"为大多数群体定制"的政策适用于受保护群体成员。Ian Ayres, Outcome Tests of Racial Disparities in Police Practices, 4 *Just. Res. & Pol'y* 131, 140 & n. 9 (2002).

何马州的"男/女"二元对待的做法，私人化的法律并不会将人们集合在基于团体（group-based）的"格子"中。人们并不会被统一地扔进一个过度包含的集体，例如"所有年轻男性"。在私人化法律机制下，年轻男性有可能适用更严格的酒精购买限制。然而，他们并不会统一地受到比女性更严格的对待，至少其待遇不会仅仅基于其作为年轻男性的事实。一个数据丰富的预测机制会考虑到大量的社会、行为、生物和经验数据，挑选出一小部分有必要限制酒精购买的年轻男性。的确，以上列举的其他特征中，有一些——例如男性更容易收到的违章罚单[10]——也与性别存在相关性。然而，可疑分类将不再是男女之间不同指令的决定性原因。如此一来，私人化法律将不会加剧法院关于"集合"迷思的核心难题。而是为其提供了一个解决办法。

让我们假设一项私人化的行为能力年龄规范，该规范依赖于性别分类以及其他数十个与酒驾风险相关的因素。在其算法中，男性身份会产生推高私人化法定年龄的效果，且这适用于所有男性。不过，举例而言，假设已婚男性将适用经过折减的年龄限制，其原因是婚姻与更安全的驾驶相关。[11]每个人，无论男女，其得分均可能获得额外的边际调整，依据是与酒精消

148

---

10 参见 Heather S. Lonczak et al., Predicting Risky and Angry Driving as a Function of Gender, 39 *Accident Analysis & Prevention* 536, 541 (2007); Türker Özkan & Timo Lajunen, Why Are There Sex Differences in Risky Driving? The Relationship Between Sex and Gender-Role on Aggressive Driving, Traffic Offences, and Accident Involvement Among Young Turkish Drivers, 31 *Aggressive Behavior* 547, 548 (2005)。

11 参见 Frank Imbert, The One Time When Being Married May Cost You Less, *CNBC* (Mar. 28, 2015), https://www.cnbc.com/2015/03/27/car-insurance-is-cheaper-if-youre-married-new-study-shows.html。

费相关的其他指标，或者一些更普遍意义上预测"鲁莽性"的指标，例如性侵犯前科或者失态行为等。如果数据发现，从历史上看，男性往往比女性更危险，那么，男性的平均行为能力年龄就将会如实反映这种模式，其设定将会高于女性。不过，在私人化法律的世界中，这种平均值层面的比较会更加无关痛痒，因为大多数男性并不会按照平均值被对待。男性的平均值的增高可能会归咎于一小撮的"极端危险男性"的子群体（subgroup），他们将被单独挑选出来，施以更严格的待遇，而其他安全驾驶的男性则基本不会受到影响。

此外，在私人化的行为能力年龄机制下，决定年龄指令的私人化风险得分可能每天都在变化。例如，如果某人买了一辆车，找到了一份工作，或者因为醉酒滋事被捕，其行为能力年龄就可能改变。由于情事的改变，其年龄限制可能会上浮，以至于其可能（暂时地）被剥夺系统原本授予的能力。系统作出的法律指令仍然是"是"或"否"，但获得"是"的资格门槛在人与人之间有所差异，在每个人之内亦有不同。

上述讨论说明了私人化法律的一个关键特征：即使某一群体成员身份将作为影响待遇的因素被纳入考虑，该群体的成员也不会受到统一的待遇。他们并非被集合在一个"格子"中。我们之所以强调这一点，是因为我们认为其处理了"平等保护"的核心困境。在克雷格诉博伦案中，最高法院担心俄克拉何马州基于性别的分类是缺乏数据的，其将人按照单一维度进行划分的做法只会限制预测的能力。[12] 对自由的限制如果是基于一些

149

12　*Craig*, 429 U.S. at 201–04.

社会不再愿意视为显著人格指标的特征，那么这种做法将会以潜在的毁灭性方式强化既有的刻板印象。私人化的法律则会避免这些陷阱。其对人们的刻画是根据数量众多的、存在较少问题的因素进行的，这类因素例如收入、就业、性格，以及过往行为。而对于可疑因素，其权重即使有，也是微不足道的。

也有可能，就种族（但也许不包括性别）等因素而言，如果将其纳入考虑会造成尊严的减损，则即使其仅发挥微不足道的作用，也将会被禁止。如果是这种情况，那么算法可以被加以设计，以忽略那些被禁止的分类信息，以此避免任何差别化对待。举例而言，俄克拉何马州可以制定私人化的行为能力年龄制度，其并不依赖于性别，而是依赖于一系列能足够准确地预测酒后驾驶或者其他失态行为可能性的因素。但即使是这样一个不论性别的机制，仍然有可能对男性造成平均而言更为严苛的影响，不过，一般来看，其并不会引发《第十四修正案》的担忧（后文将对此加以详述）。

私人化法律所具有的、能够证明其正当性的关键特征在于，其并没有将人按照单一的、显著的敏感分类而进行划分。每个人都会基于反映自身特征的、以及与法律所规制的风险相关的全部因素来确定待遇。如果"宪法所保障的平等保护的核心是一项简单的指令，即政府必须将公民'作为个体'对待"，而非仅仅将其作为团体或群体中同质化的成员对待，[13] 那么，私人化比其他任何机制都能更好地满足这一保障，其无疑要比从未对

---

13 *Metro Broadcasting, Inc.v. F.C.C.*, 497 U.S. 547, 602 (1990) (O'Connor, J., Dissenting), *quoting Arizona Governing Comm. for Tax Deferred Annuity & Deferred Comp. Plans v. Norris*, 463 U.S. 1073, 1083 (1983) (Marshall, J., concurring).

个体加以区分的统一性规则更好。的确，男性身份可能会在某些情况下对某些人造成不利——正如俄克拉何马州的酒精购买规定那样，但是，对于一个不构成更高风险的人而言，其他因素的影响将会盖过其性别与年龄的微弱影响。有可能更多男性将被归入禁止组，但这并不再是因为他们的男性身份，而是因为他们很危险。如果俄克拉何马州的二元划分被一种"每个人被赋予不同行为能力年龄"的私人化机制所取代，那么，我们就不能再说"人们基于其可疑分类结果而被不公平归类"了。

个人化待遇

我们已经指出，私人化并不会引发最高法院所认定的平等保护问题，这是因为，群体分类并非确定一个人待遇的唯一决定性因素。即使作为某个受保护群体成员的身份属于制定私人化指令的考量因素，该群体中的每个成员也将受到不同对待。私人化法律将每个人视为一个独特的组合，其中包含了数量众多的分类。成为"类别"（category）的，是单个的人，而非单个的群体。

我们即将证明，宪法原则显然对于这种多因素的多次切分更为宽容，此时，受保护群体的成员身份只是输入值组合中的一个增量因素，私人化待遇因数量众多的特征维度而不同。在两起具有里程碑意义的大学招生平等保护判决中，最高法院接受了这种组合路径下的一个版本。我们将证明，上述判决并非特例；其代表着平等保护规定的核心标准，这一核心标准在其他情况下同样适用。这一法理为私人化法律提供了宪法基础。

大学招生案处理了"公立大学是否可以考虑种族因素以增加少数族裔学生的录取机会"这一由来已久的两难困境。[14] 密歇根大学通过两种方式赋予了少数族裔学生以优越待遇,其中一项被允许,而另一项则不然。其本科招生政策赋予了每一位少数族裔申请人一项一次性的巨大优势,即在其总体录取评分中额外增加 20 分——这在该大学 0 至 150 分的分数区间中占据关键份额。法院认定,这种机械式的方法违反了平等保护。[15] 相比之下,法学院的招生政策则仅仅将少数族裔身份视为定性式的"附加项"(plus),将其融入对申请人的多因素、全面且个人化的审查中。最高法院认为,此种做法是允许的。[16]

为什么 20 分的额外加分方式被法院禁止,而定性式的"附加因素"路径则被允许?法院告诫道,在以种族作为单一要素的"20 分公式"中,种族因素的权重是如此重要,以至于其"导致'种族因素'几乎对于每一位资格最低、最欠缺代表性的少数族裔申请人均'是决定性的'"。[17] 由于这一数额可观的优待将种族提升至了决定性地位,最高法院认定,这一做法并不是为实现教育多样性利益而进行的谦抑的量身定制,也未能"为申请人提供有意义的个人化审查"。[18] 通过忽视"学生们的不同背景、经历和特点",上述本科招生方式"确定地导致了申请人的多样性贡献无法被个人化地评估"。[19]

14　*Gratz v. Bollinger*, 539 U.S. 244 (2003); *Grutter v. Bollinger*, 539 U.S. 306 (2003).

15　*Gratz*, 539 U.S. at 255, 270−72.

16　*Grutter*, 539 U.S. at 337, 343−44.

17　*Gratz*, 546 U.S. at 272 (quoting *Regents of Univ. of California*, 438 U.S. at 317).

18　*Id.* at 276 (O'Connor, J., concurring).

19　*Id.* at 272−73, 279 (O'Connor, J., concurring).

因此，该项目的失败并非因种族的使用所导致，而是因程序上的失败所导致，其未能明智地将种族纳入因素组合之内，亦未能赋予种族之外的因素以适当且相称的权重。事实上，在对法学院招生政策所采用的另一种方式，即种族仅作为与其他输入值并行的"附加"因素的审查中，最高法院确信，该项目"足够灵活，能够确保每个申请人被作为个体来评估，而非以一种以其种族或族裔作为申请的决定性特征的方式来评估"，且法院从宪法角度明确，"在考虑种族的招生项目中，这种个人化考量的重要性是至上的"。[20] 当然，实现个人化考量的方式有很多，但你将很难想出一个颗粒更小、更灵活、更个人化，继而更私人化的法律。

法院在审查对种族等可疑分类加以差别化对待的项目时，将适用严格审查。密歇根大学招生案所呈现的立场是，在多样化的高等教育项目的场景下，不平等对待（仅仅勉强）是可容忍的，但前提是其采用的是多因素方式。其必须依赖于数量可观的输入值，并赋予每个输入值以适当的增量价值（incremental value）。该公式必须"足够灵活，能够考虑到所有相关因素……并把它们置于相同的位阶上考虑，尽管不必然赋予它们相同的权重"。[21]

私人化的法律应当如何在其灵活的公式中设置不同权重？我们认为，宪法并非要求一种"仅依赖于粗浅人类直觉的定性式评估"的整体性路径。更具优越性的做法是多因素的个人化待遇路径，运用数据来提示并量化既有直觉；是识别那些捉摸

152

20　*Grutter*, 539 U.S. at 337.

21　*Id.* at 309, 334 (quoting *Regents of Univ. of California*, 438 U.S. at 317).

不定的"相关因素";是赋予每项因素以应有的、透明的、经过审慎思考的相对权重。

谦抑定制

大学招生案中不平等待遇的合法性不仅取决于实现个人化待遇的整体性路径,还取决于"让学生广泛接触多样性的人群、文化、思想和视野"这一政策利益(governmental interest)——这是大学招生中的独有利益。[22] 如果没有此种"多样性"的国家利益,基于可疑分类的政府行动将更加难以合理化。一般而言,法律如果是为了促进人们的基本目标而对人们进行理性分类,则其可能为有效,但其必须适用"两步走"的审查,也即此种分类是否"存在不可抗拒的国家目的作为支持,以及实现该目的的手段选择是否被谦抑地定制(narrowly tailored)"。[23]

并非所有的法律都具有"不可抗拒的国家目的"。消费者保护、高速公路安全,抑或犯罪威慑是否足够不可抗拒,是否足以证明"同样将可疑分类纳入考虑的权利和义务的不平等分配"的正当性?例如,在出于刑事量刑目的而确定违法者的累犯风险时,普遍接受的观点是,种族不能被纳入考虑,甚至不能作为基于数据的、多因素的风险评估工具中的算法输入值。[24] 算法

---

22 *Grutter*, 539 U.S. at 307.

23 *Wygant v. Jackson Bd. of Educ.*, 476 U.S. 267, 274 (1986).

24 例如,参见 Model Penal Code § 6B.09 cmts. a, i (Am. Law Inst., Tentative Draft No. 2 2011); Christopher Slobogin, Risk Assessment and Risk Management in Juvenile Justice, 27 *Crim. Just.* 10, 13–14 (2013)。

可以使用其他因素，但算法所得出的待遇往往最终会对受保护群体的成员产生差别化影响，这是因为，其他许多输入值——即使是那些无害的输入值——也很可能与被禁止的因素存在关联。[25]

在存在"不可抗拒的国家利益"的情况下，仅当该项目被加以谦抑地定制以促进该利益时，该项目才能够在审查中幸免。对于严格审查与谦抑定制的涵义是什么，以及是否"严格审查仅仅在理论上是严格，但在实践中却一击致命"的问题，其答案多少有些模糊不清。[26] 我们认为，私人化法律能够提供一种具体而严格的谦抑定制技术，其实施的充要条件为，私人化法律的设计能够确保受保护群体成员身份的赋值并非过当。这些分类的使用是谦抑的，其并未超出数据驱动的正当性边界，也并未弱化所有其他个体特征的累积性效果。如果性别或种族之类的因素被使用，则其不应当"本身具有决定性"，亦不应当以"非个人化的、机械式的"方式进行。这些因素可以被允许作为"在决策时与其他因素相权衡的因素"，其使用目的在于"提供有意义的个人化审查"。[27] 当"受保护的特征"实际上仅为诸多因素之一时，则可以保证，该特征不会上升至决定性地位。事实上，这种"逐一考虑每个因素"的机制并不会比"将全部相关因素纳入考虑"的机制更具谦抑性。

25　Crystal S. Yang & Will Dobbie, Equal Protection Under Algorithms: A New Statistical and Legal Framework, 119 *Mich. L. Rev.* 291 (2020).

26　Adam Winkler, Fatal in Theory and Strict in Fact: An Empirical Analysis of Strict Scrutiny in the Federal Courts, 59 *Vand. L. Rev.* 793 (2006); *Fullilove v. Klutznick*, 448 U.S. 448, 507 (1980) (Powell, J., concurring).

27　Parents Involved in Community Schools, 551 U.S. at 723, quoting *Gratz*, 539 U.S. at 280 (O'Connor, J., concurring).

举例而言，当某个州为购买酒精等活动设定行为能力年龄规则时，数据可能证明"基于性别的差别化对待"具备正当性。如果年轻男性的酒精滥用或酒后驾驶的频率更高、引发更多事故，则存在一项不可抗拒的政策利益，要求限制其酒精类购买行为。如果仅仅出于形式上的平等就将所有年轻男性（以及所有年轻女性）加以平均化并施以相同限制，则会有违公平。正因如此，经克雷格诉博伦案推翻的俄克拉何马州制定法"将平均差异转化为三年的性别差别"的做法是有违公平的。一旦众多因素均被用来预测每个人酒精滥用与酒后驾驶的可能性，年龄与性别之外的其他特征也将会影响行为能力年龄的私人化门槛。这些特征可能包括来自警方数据库或保险公司的驾驶记录，以及体育活动、入学情况、学术成就等。当所有其他特征均被纳入考虑时，性别的剩余影响就将会受到极大限制并实现谦抑定制。

私人化能够在诸多场景下满足谦抑定制的要求。以另一项具有里程碑意义的判决为例，在该案中，最高法院推翻了一项为少数族裔提供更优待遇的州法。在威甘特诉杰克逊教育委员会（*Wygant v. Jackson Board of Education*）一案中，该城市与教师达成了一项劳动协议，赋予了少数族裔雇员以倾斜性保护，保护其免遭解雇。[28] 该法的最终目标是增加少数族裔教师的比例。其造成的结果是，非少数族裔的教师被解雇，而资历较低的少数族裔教师却被留用。与密歇根大学招生案不同的是，本案中的解雇条款并未经过谦抑定制，以实现"矫正该学区曾经出现

28　476 U.S. at 270.

的就业歧视"的目的，相反，该条款旨在通过"树立少数族裔的榜样"来改善社会歧视。[29]一部分大法官认为，通过"设立长期雇用目标"等其他途径，相同的代表性平等（representation equity）同样可以在没有刺眼的歧视性解雇标准的情况下实现。不过，即便是差别化的解雇条款，如果其定制更为谦抑，则其同样有可能通过严格审查。私人化机制能够为解雇公式提供必要的谦抑性，甚至能够避免采用任何种族分类。有别于上述做法，私人化机制将赋予每位雇员一个私人化的留用评分，其中包含有关每个人背景、家族史和过往成就的所有信息。通过这一做法，那些属于历史上的弱势群体或者缺乏代表性的族裔的候选人，以及那些克服了高于平均的困难而走上教师岗位的候选人，将能够得到优先考虑。其他与多样性无关的因素——例如资历和教学技能（最好有）等——均会被纳入私人化评分中，并被赋予相应的权重，这些权重由教育工作者和政策制定者来决定，而非由码农来决定。

差别化待遇的三种争议

155

私人化法律对于私人指令的差别化，至少在一定程度上依赖于可疑分类。哪怕其是整体性路径的一部分（该整体性路径以海量数据为依据，且基于其他因素而实现谦抑定制），哪怕受保护群体中的个人并非获得相同待遇，我们总会对"以任何方式将这些分类用于差别化待遇"的做法心生抗拒。因为，这种

29　476 U.S. at 271, 274, 278.

使用（至少在象征意义上）会将这些分类提升至不恰当的显著地位，这会造成对尊严的冒犯。同样令人不安的是，即使私人化公式并未使用可疑分类，"因人而异"的机制也将会对受保护群体造成差别化影响。哪怕法律指令的定制并未赋予种族以权重，不同种族群体亦可能受到差别化对待，因为其他许多被纳入考虑的因素可能与种族相关。

在我们讨论差别化影响的更深层次的宪法问题之前，我们必须处理几个附带问题。首先，当私人化待遇并非体现为程度上的"多"或"少"，而是体现为无伤大雅的差异时，人们很容易忽视可疑分类所带来的差别化影响。例如，根据个人偏好制定私人化遗嘱缺省规则或者器官捐献规则的机制，在理想情况下应该会使用有关个人性别和宗教的信息。如我们在第五章中所述，女性与男性的遗产分配并不相同，因而性别将会成为私人化缺省的一项考虑因素。为不同性别制定不同缺省规则是否违反平等保护？当每个人都得到比统一性体系下更优的待遇、每个群体中有更多的人获得理想选择时，是否有人受到歧视或待遇更糟？

体现"社会妥协"（societal compromise）的统一性规则表面上是平等的，但从功能角度来看，其对任何人都没有好处。更有甚者，统一的多数性缺省规则破坏而非促进了平等，因为其仅仅赋予了多数群体他们喜欢的条款。私人化法律则提供了平等的待遇，因为其制定了统一的标准：投其所好（to each according their preference）。然而，偏好是我们生活条件的产物。不同性别的不同遗产分配偏好无疑反映出更为深远的经济与文化根源，而这可能正是法律意在改革之处。近十几年来，法院明确表示了对于创设"区隔领域"（separate spheres）的担忧，这一概念基于刻板的分类区分男性与女性，其"用性别塑造指令"的做法与法院的怀疑态度背道而驰。[30] 156

差异性待遇并不等同于"不平等保护"——这一论点将会适用于大量法律，包括所有缺省规则与强制性披露。一项机制如果使用受保护分类来反映人们的可预测储蓄偏好和退休需求，继而定制私人化养老储蓄缺省规则，则能够为人们提供更平等的保护，以帮助人们抵御收入不确定性。[31] 类似地，一项强制性披露机制如果根据人们所面对的不同风险而赋予不同的人以不同的警告，则能够提供比统一性披露更优的保护，以帮助人们避免信息不足的和误导性的决策。

证明"可疑分类的使用具备正当性"的第二个附带观点，则关注其作用方向。如果受保护群体的成员受到的是有利影响，而非不利影响，反对差别化待遇的力度就会减弱。这正是俄克拉何马州为女性所做的事情（一项不那么严格的酒精规则），也是密歇根大学为少数族裔所做的事情（一项不那么苛刻的入学门槛）。如果私人化规则更有利于那些历史上的歧视受害者，有关不平等保护的担忧就会有所消减。我们的法律领域充

30　例如，参见 *Hibbs v. Dep't of Human Res.*, 273 F.3d 844, 865-66, 870 (9th Cir. 2001), *aff'd sub nom. Nevada Dep't of Human Res. v. Hibbs*, 538 U.S. 721 (2003); Cary Franklin, Inventing the "Traditional Concept" of Sex Discrimination, 125 *Harv. L. Rev.* 1307, 1346-47 (2012)。

31　对于相反观点，也即私人化缺省规则与平等和平等保护规范相冲突的观点，参见 Hans Christoph Grigoleit and Philip Bender, The Law Between Granularity and Particularity: Chances and Limits of Personalized Law, in *Algorithmic Regulation and Personalized Law* 115, 127-131 (Busch & De Franceschi, eds., 2021)。

斥着"为正在或曾经遭遇歧视和机会限制的人提供倾斜性待遇"的立法。各种法律为身体上、情感上或精神上有残疾的人们提供特殊待遇，这些法律试图纠正统一性基准所造成的不统一的影响，并确保机会的平等。[32]

　　受保护群体的成员身份被增量计算，形成对其而言更有利的私人化指令——这一事实有可能减少私人化法律所引发的道德与政治层面的不安，但并不会减轻平等保护规范对这些指令的约束。尽管法律原则对于性别上的区分并不那么严格，但其禁止任何种族维度上的倾斜性待遇，无论个人属于哪个群体、经受了何种历史上的不公平对待。鲍威尔大法官在更早的一起大学招生案中解释道："平等保护的诺言不应当意味着，适用于某个人时是一番光景，适用于其他肤色的人时又是另一番光景。如果两个人不能被赋予相同的保护，那么这就不是平等。"[33]

　　第三个为"私人化法律对受保护群体成员的差别化对待"辩护的附带理由是，歧视意图（discriminatory intent）的缺乏——这一点在处理基于性别的差别对待的案件中比较相关，而在处理基于种族的差别对待的案件中则不太重要。[34]这一辩解可以用于解决以下两种情况。第一，如果私人化算法使用有

32　例如，参见 U.S. Dep't of Justice, Americans with Disabilities Act Title Ⅲ Regulations, ADA.gov (Sept. 15, 2010)。

33　*Regents of Univ. of California*, 438 U.S. at 289-90. 另参见 *Adarand Constructors, Inc.*, 515 U.S. at 218; *City of Richmond v. J.A. Croson Co.*, 488 U.S. 469, 494 (1989)。针对性别维度的一项更可行的路径，参见 *United States v. Virginia*, 518 U.S. 533-34 (1996)。

34　比　较：*Virginia,* 518 U.S. at 533-34; *Parents Involved in Cmty. Sch.*, 551 U.S. at 741-42。

数据记录的相关性而"趁机"制定了基于受保护成员身份的不利待遇，那么此时，"缺乏歧视意图"这一点可能十分重要。第二，如果不存在明确的歧视待遇，但受保护群体或多或少地受到了差别化影响，那么此时，"缺乏歧视意图"这一点同样可能很重要。[35]

平等保护规范所要求的"不仅仅是意志（volition）层面的或者知晓后果层面的意图"。[36] 为了证明歧视性目的的存在，我们必须证明，规则制定者已经"选择或确认了具体的诉由（course of action），其至少在一定程度上是'出于为特定群体造成不利影响的目的'（because of），而非仅仅'对于为特定群体造成的不利影响不置可否'"。[37] 只要数据在某种程度上"批准"了这种差别化对待，换言之，只要相关特征与法律目标之间的相关性是扎实的，则赋予一部分人不那么尽如人意的法律待遇就是被允许的。

私人化法律依赖于识别相关因素的算法。任何与"受保护群体的成员身份"的关联均是初阶算法决策的无意识产物，这些算法决策原本已被设定成"仅识别相关预测因素"的模式。以注意义务标准设计中对年龄的使用为例。"高龄"与某些技能

35　某些司法机关并不区分差别化影响（disparate impact，也即间接歧视）和差别化待遇（disparate treatment，也即直接歧视），而是将二者同等归为对平等性的违反。参见 Tarunabh Khaitan, *A Theory of Discrimination Law* 160-62 (2015)。与之相对，"美国法院的当前趋势是，将差别化影响和差别化待遇作为分析层面的区分而加以对待"。Joseph A. Seiner, Disentangling Disparate Impact and Disparate Treatment, 25 *Yale L. & Pol'y Rev.* 95, 98 (2006).

36　*Personnel Adm'r of Massachusetts v. Feeney*, 442 U.S. 256, 279 (1979).

37　*McCleskey v. Kemp*, 481 U.S. 279, 298 (1987).

158 和认知功能的下降有关，其因此被用来向年老的司机、医生等专业人士施以更高的注意义务标准。[38] 如果年龄可以以统一的方式被合法地使用——用以将所有超过特定年龄门槛的人放置在一个"格子"中，那么，年龄当然也可以以私人化的方式被合法地使用——用以对私人化的注意义务标准进行边际调整。

尽管如此，在许多场景下，法律可能会禁止使用可疑分类，这些分类中最重要的一项就是种族（当其作为差别化对待的考虑因素时）。[39] 不论待遇的定制多么谦抑，不论其统计基础多么可靠，亦不论其是否为弱势少数群体提供了倾斜性待遇，将种族纳入待遇考虑因素的做法往往都会被禁止。而如果不使用可疑分类，私人化法律也很可能会锁定替代因素，作为可疑分类的代理。消费者保护规则如果赋予低收入购买者更大权利，则将会不成比例地影响少数族裔。更为严重的是，刑事量刑算法如果对于有更多犯罪前科的人加重惩罚，或者对于更容易被侦查到的人减轻惩罚，则其也将会对不同种族群体造成差别化影响。类似地，行为能力年龄规则如果基于大量驾驶数据将酒精购买的年龄加以私人化，则将会对男性造成差别化影响——哪怕算法已经否认了性别信息。

大量替代因素被作为禁止性分类的代理形态，这种做法能

---

38 Diane B. Howieson, Cognitive Skills and the Aging Brain: What to Expect, *Dana Found.* (Dec. 1, 2015), https://www.dana.org/article/cognitive-skills-and-the-aging-brain-what-to-expect/ (last visited July 8, 2020); Yusuke Tsugawa et al., Physician Age and Outcomes in Elderly Patients in Hospital in the U.S.: Observational Study, 357 *BMJ* j1797, j1804 (2017).

39 例如，参见 *Wygant*, 476 U.S. at 283-84。该案认定，在解雇决策中运用种族因素并不构成服务于不可抗拒的国家利益的充分性谦抑定制，因而不能通过严格审查。

够提升私人化法律的准确性，并强化"使用可疑分类对于实现法律目标而言并非至关重要"的理念。然而，代理输入值的使用将会再次引发对于不平等保护的担忧。即使法律不再直接施加不平等待遇，其仍可能对受保护群体的成员产生差别化影响。

差别化影响

"私人化法律指令即使不明确考虑可疑分类，也能够对受保护群体成员施加差别化负担"——针对这一质疑，存在两种回答。第一个也是相对不太令人满意的回答是，当前的宪法原则并不认为差别化影响违反了《第十四修正案》的平等保护条款。只要对受保护群体成员造成的不成比例的不利影响是由于其他属性的存在——收入、教育、健康等——且这些属性在推进法律目标方面被认为具备合法性，那么，对受保护群体的附带差别化影响就是可容忍的。[40] 私人化的法律能够充分地匹配这一被允许范围：其能够理性地挑选出与追求法律目标相关的待遇变量，并在整体性、多因素的框架下对其加以使用。

第二个对于差别化影响的回答，则实现了釜底抽薪。如果以牺牲部分精确性为条件，则上述问题是可以努力避免的，而私人化法律能够为其实现提供独特的工具。为推进这一努力，我们必须先后退一步，重新论述由变量之间相关性所造成的差别化影响。私人化算法识别的是相关性，而非因果性。例如，

159

---

40 *Texas Dep't of Hous. & Cmty. Affairs v. Inclusive Cmtys. Project, Inc.*, 576 U.S. 519, 519 (2015); *City of Richmond*, 488 U.S. at 493; *Weinberger v. Wiesenfeld*, 420 U.S. 636, 638 n. 2, 648 (1975).

如果较高信用评分将使投保人享受更低的私人化保费，那么这并不是因为较高的信用评分造成了其驾驶更安全（反之亦然）。算法所识别出的内容是被忽略变量（可能是一系列与自我控制相关的难以验证的特征）的效果，这些变量同时与"人们如何开车"和"如何还贷"具有因果关系。而其代理变量——信用评分——与这些被忽略变量具有相关性，且更容易被观测，因为，数据显示，信用评分高的人发生车祸的可能性更低。一旦该代理变量与利益（事故风险）的最终观测之间的相关性能够被检测到，则算法就可以为该变量施以精确的权重，并认定其能够预测该特定结果，即使该代理变量并非该结果的原因。

我们之所以提及这一点，是因为其能够帮助我们理解，为什么"刻意将可疑分类从私人化法律模型中删除"是于事无补的。这引发了"被忽略变量"的难题——与被删除的输入值相关的其他因素会不断涌现，并成为代理变量。任何消除私人化法律（或者任何非统一性的指令机制）的差别化影响的尝试，都将会沦为一场"打地鼠"游戏。当诸多个体属性均与受保护群体的成员身份相关时，赢得这场游戏也就变得非常困难。"种族"如果不被允许，则其将会以"邮编"作为代理形态出现。如果邮编因触发"红线"而受到质疑，*则收入、就业、个人资产等其他因素又会被选定为输入值。由于这些代理输入值具有统计上的价值，且其本身不具有可疑性，差别化将会永续存在。

鉴于这些代理效应，有没有办法减少私人化法律指令的不

---

* 红线（redlining）是指，出于对特定种族或族裔居民的歧视而拒绝向某一社区群体发放贷款或保险的违法行为。　　译者

公平的差别化影响？有。我们已在前章中对此简要提及，但现在，让我们在一个最敏感、最重要的背景下来加以阐述：刑事量刑。刑事审判要求法院对每个被告人进行私人化的风险评估。由于量刑的目标之一是保护公共安全，人们普遍认为，对那些有较大累犯风险的被告人施以更长的刑期具有正当性。为了避免依赖于法官的偏见直觉，许多司法机关已经转而采用基于统计的私人化模型。其依靠算法工具来预测每个被告人的累犯风险。人们的普遍共识是，这类工具不应使用被告人的种族作为输入值，[41] 事实上，全国各地使用的算法量刑工具都没有将种族用于评估累犯风险。[42]

　　不过，我们已经知道，如果一项预测性特征被从模型中省略，则其他与之相关的变量将会在一定程度上成为代理，达成其预测效果。这些其他变量将被赋予放大的和偏见性的影响，这种影响混合了其自身效果以及其作为被省略变量的代理变量的效果。事实上，大多数（如果不是全部的话）在风险评估算

---

41 参见 Danielle Kehl et al., Algorithms in the Criminal Justice System: Assessing the Use of Risk Assessments in Sentencing 24 (2017), https://cyber.harvard.edu/node/99985; J. C. Oleson, Risk in Sentencing: Constitutionally Suspect Variables and Evidence-Based Sentencing, 64 *SMU L. Rev.* 1329, 1337-40; Dawinder S. Sidhu, Moneyball Sentencing, 56 *B.C. L. Rev.* 671, 694 (2015)（"国会宣布，联邦系统的风险预测设备中禁止使用种族、性别、初始国籍、宗教、社会经济地位。"）; Starr, *supra* note 1, at 803, 824, 850-51 (2014). 有观点认为，"一个基于强大精算数据集的量刑系统，如果包含了统计上与风险相关的所有因素（包括年龄、种族或性别），则其即使适用严格审查，也能够经受住宪法的审视"，参见 Richard G. Kopf, Federal Supervised Release and Actuarial Data (Including Age, Race, and Gender): The Camel's Nose and the Use of Actuarial Data at Sentencing, 27 *Fed. Sent'g Rep.* 207, 213 (2015)。

42 Christopher Slobogin, Risk Assessment and Risk Management in Juvenile Justice, 27 *Crim. Just.* 10, 13-14 (2013).

法中所使用的非种族输入值都可能与种族相关。[43] 在先的犯罪行为，作为在评估未来犯罪时最重要的预测性因素，就与种族相关，其部分原因是少数族裔的较高刑事追诉率，以及侦查中的种族偏见。平等保护原则并不禁止使用此类种族的间接代理形态（前提是其使用并不具有歧视目的）。然而，此种代理所造成的种族差别化却同等棘手。

代理效应能否从算法中清除？消除那些与种族关联密切的输入值当然可能。但是，正如多比（Dobbie）和扬（Yang）的研究所示，在量刑算法中排除与种族相关的因素"几乎是不可能完成的任务，毕竟，种族几乎影响了今天美国生活的方方面面。若在前述场景下，则没有办法运用算法来形成预测"。[44] 为了消除代理效应，非种族输入值必须在算法中被赋予能够反映其独立预测能力的权重，且该权重排除了任何因其与被省略种族特征的相关性所产生的替代效应。经济学家已经证明，这可以通过如下两个步骤的统计程序实现。[45]

第一，预测模型必须根据所有特征加以评估，其中包括种族、性别等可疑分类。这种做法可以"漂白"非种族输入值，以确保其预测权重不会因其与种族的相关性而受到偏见，并确保影响不包括任何间接代理效应。第二个步骤则涉及对于"如何使用模型"的关键限制。在筛选和预测任何潜在被告人的

43　Crystal S. Yang & Will Dobbie, Equal Protection Under Algorithms: A New Statistical and Legal Framework, 119 *Mich. L. Rev.* 291, 345 (2020).

44　*Id.* at 345.

45　David G. Pope & Justin R. Sydnor, Implementing Anti-discrimination Policies in Statistical Profiling Models, 3 *Amer. Econ. J.* 206, 207, 211–15 (2011); Yang & Dobbie, *supra* note 43, at 346–48.

过程中，只有那些具有预测价值的非种族输入值能够被编入算法。在预测某一特定被告人的私人化风险时，模型将不会知晓其种族（模型将假设一种统计上的"平均"种族），因而不会产生任何差别化待遇。模型将在训练阶段使用其他评估因素，但仅仅是赋予这些因素其自身权重，而并不添加针对种族的代理效应，算法能够确保其不再携带种族信息。代理偏见被排除后，预测也将不会引发任何差别化影响。正如波普与西德诺的解释，

> 这一路径可以确保，赋予每个变量的权重在发挥预测性价值时能够反映出其对利益结果的直接预测效果……尽管受反歧视法保护的特征也被用于评估，但这些特征并没有被用于形成预测价值，因此，该过程保持了种族上的隔绝性。[46]

这一针对预测算法所开发的程序能够为私人化算法所用，以消除那些不受欢迎的、基于种族或其他敏感分类的差别化待遇。例如，在出于将注意义务标准私人化的目的而评估人们的偏好时，算法将根据所有特征（包括受保护特征）进行训练，但随后其被适用于筛选个人时，则不使用以种族、宗教或其他可疑分类为输入值。

162

结　论

每个人都憎恶歧视，都希望得到平等保护，正因如此，宪

46　Pope & Sydnor, *supra* note 45, at 207.

法禁止法律指令适用中的不平等。本章考察了私人化法律是否与宪法的反歧视保障相抵触。结论总结如下。首先，用于法律指令私人化的绝大多数因素，如教育、偏好和认知等，都不涉及可疑问题，也不会引发宪法层面的担忧。其次，一些中间因素，如年龄和性别等，会引发适度的担忧，但是，如果将其以理性的、谦抑的方式与其他因素共同使用，作为"整体"方法的一部分，则其很大程度上是被允许的。最后，当一些因素——主要是种族和宗教——被用于区分法律规则时，则会引发最高程度的担忧。对此，我们指出，在所有的法律方法中，私人化的法律是最有可能经受住严格审查的一种。我们还指出，私人化法律不仅不会引发不平等保护问题，反而会缓解这一问题。当然，避免这一难题并将可疑分类完全从私人化体系中删除是可以实现的，但如果可疑分类被替换为代理输入值，那么删除的做法就是徒劳的。相反，我们认识到，理论上，算法生成的法律规则可以被设计用来减少并消除种族差别化，其不仅适用于直接待遇，还适用于代理影响层面。

按照人们的不可变特征所施加的差别对待，会引发一系列令人不安的问题。其可能导致污名化，并使负面态度根深蒂固，而当差别化指令标志的是人们的弱点时，上述问题则会更甚。要求老年人开车更慢，给予少数族裔更多保护，或者根据种族和宗教出身改变缺省规则——这些做法可能暗示着缺陷、例外或者异常，引发耻辱与排斥。[47]

---

47 Jennifer A. Richeson & J. Nicole Shelton, A Social Psychological Perspective on the Stigmatization of Older Adults, in *When I'm 64* 174, 184–85 (Laura L. Carstensen & Christine R. Hartel eds., 2006).

　　但是，私人化的法律也许会减少，而非放大这些效应。与 163
现行法律体系中"一刀切"式的分类相比，其对于私人化输入
值的运用更为广泛，但其造成的污名化与歧视却更少。目前这
些因素仅在例外情况下用于法律指令的区分，但在私人化法律
下，人们的个人信息能够广泛地用于大量法律规则的校准。而
即使对个人因素的使用变得更为频繁，其显著性却会减弱。这
是因为，这些因素的作用发挥将是微妙的和累积性的，而非决
定性的。在私人化法律下，人们永远不会被置于群体的"格子"
中；每个人都会别具一"格"。

第四部分

私人化法律的实施

165　　　在第三部分中，我们考查了差别化规则体系下不可避免的司法难题。现在，我们将转而对实施层面的一系列难题加以审视。私人化法律关涉到法律内容与法律执行的根本变革；这必然会带来许多实质性和程序性的挑战。本书的最后一部分，将对此进行探讨。

　　　我们将私人化法律的挑战分为三类。首先，私人化法律可能会破坏社会协调。交响乐团无法为每个成员定制私人化的演奏节拍，即使成员的个人技艺有所不同。类似地，我们并不希望有些司机靠右行驶，而有些司机靠左行驶，即使每个司机的大脑运行在一定程度上有所不同。私人化的限速是否会使高速公路交通更不协调、更加危险？私人化的合同法是否会阻碍贸易？第九章将考察此类协调问题。

　　　私人化法律也打开了操纵问题的大门，对此我们将在第十章中讨论。如果某些特征或记录影响着私人化规则，人们就可能以不甚可取和意想不到的方式操纵它们。指令的广泛差异性将成为一种"诱惑"，诱使人们获取能够适配更优待遇的资格。而此种寻租可能是徒劳无益并具有破坏性的，其可能会破坏私人化法律的准确性。

　　　最后，私人化法律需要信息，大量的信息。信息将从何而来？是否会被误用？管理如此庞大的工程令人望而生畏，围绕其上的是对私人化法律所赋予政府的权力的担忧。这些担忧包

166 括但不限于个人隐私和大规模数据库可能对我们社会生态所造成的"污染"。相比于私人部门的数据库，由政府握有如此庞大的信息是危险的。第十一章将讨论这些问题。

第九章　协调

设想一下，行进中的军乐队不再以统一步调而是以私人化的混合方式来演奏乐曲。有些队员可以走得更慢，有些队员则可以使用不同的节奏与音量奏响乐器——每个人仅专注于其自身的个人最佳方案，遵循其音乐和自身的优势与局限。每件事都通过私人化来抵达完美，除了和谐之外。

私人化法律会不会就像杂乱无章的乐队一样？它是否愚笨地实现每个最小单位的最优化，但却忽视了整体产出？它是否"只见木而不见林"？为了成就一个浑然天成的整体，彼此相异的个体角色必须步调一致——对音乐而言如此，对法律而言同样如此。正如乐队一样，法律的作用是实现公民之间的协调行动，这种协调既在于行为层面，也在于纠纷解决层面。协调往往要求标准化与统一性，以维持和平与共存，实现预见性与生产力，并协同服务于公共事业。

在前几章中，我们主要讨论了个体行为人及其个人的法律环境。本章将转向对联合活动（joint activity）的关注，也即私人化法律如何影响人与人之间的互动。此刻，我们关注于"林"，并思考个体环境的整合是否会破坏参与者之间的协同效应，是否会导致该有机体系的退化。这就是协调问题，也即对于独立行为人所组成的集束或网络的管理。

协调面临着不同类型的挑战。首先，我们将论证，联合活动的管理需要何种程度的标准化。正如乐队一样，许多活动是以团体为单位进行的，并要求成员实施步调一致的行动。我们称之为"团体活动"（group activity）的挑战，对此将在第一小节加以讨论。我们将论证这一挑战的严重性，但也同时证明，团体活动往往具备组织性与协调性，但并不具备统一性。并且，当各角色被私人化时，团体活动事实上能达到更高水平的协调。

协调所面临的第二项挑战则在于人们从事"个体活动"（individual activity）但个体之间的互动必须加以协调的情况。

168 例如，贸易和运输就是这样的活动，对其而言，市场规则和道路规则是必要的，以确保产品和旅客的顺畅流动。一种强烈的直觉告诉我们，这种互动的成功取决于规则的统一性，这种统一性简化并促进了流动。行驶需要速度与路权的协调。想象一下，如果行人穿过繁忙的马路时每辆车以不同的速度驶来，这将是怎样的挑战。与之类似，市场需要买方和卖方之间的协调，因此标准被投入使用：技术标准（例如，USB 接口）以及法律标准（例如，格式合同）。如果卖方必须注意到每个消费者的各项权利与保护，或者注意到无穷无尽的私人化财产权形态，那么原本有效的贸易与二级市场就会被残忍地扰乱。

协调所面临的第三个挑战涉及"以信息作为计划行动的关键因素"的情况。人们需要有关其环境和法律的信息。人们需要知道产品的价格和质量、其他人会怎么做，以及其行为会产生什么后果。我们担心，私人化的规则，由于其高度的特异性与复杂性，将会扰乱信息传播。我们将直面并尝试至少部分地消除这样一种强烈的直觉：当法律和行为统一时，获取信息、识别必要模式，并最终计划我们的行动必然会更加容易。

最后，本章将探讨一个更广泛的协调理念，我们称之为"参与"（participation），它代表着法律秩序以最佳方式吸引人们参与生产活动的能力。许多法律影响着人们的参与。该影响可以通过直接的方式实施，例如，对某一项活动设置许可标准、准入费用或税收；也可以通过间接的方式实施，即调整从事该活动的成本（例如，借助责任与保护机制）。在本章的最后一部分，我们将指出，私人化法律具有显著提高社会参与的潜力。

我们认识到私人化的法律可能威胁到现行的协调方式，但我们将证明，其在促进新的协调形式方面有着惊人的潜力。通过统一性而实现的协调很可能是一种过时的一致行动（concerted action）技术，是信息成本居高的旧时代的遗留产物。新的信息技术能够实现异质人群之间的协调，而无需将人们塑造成一模一样的锡兵。我们由此意识到，早期社会认为贸易的唯一协调途径就是通过即期交易——时间和空间的统一性——而实现。但人们了解到，如果商事交易能够借助法律创新来适应这种异质性，那么人类的福祉将会大大提升。此类法律创新例如货币、可执行的允诺（合同）、或有对价（contingent prices）、信贷、保险、公司等运用更多信息并赋予交易者更多变动性与灵活性的机制。私人化的法律即能够运用信息来创造具体的、从前无法想象的协调模式，来取代传统的同质性的方式。

团体活动的协调

没有一名船员划桨时会因顽固个性而受到表扬。

——拉尔夫·沃尔多·爱默生

统一行动的团队，如其定义，需要的是统一性。在此，我们将思考那些因集体行动而产生价值、因原子化而折损或丧失价值的活动。我们已经给出了一个乐队的例子，乐队只有在所有成员都遵循统一乐谱时才能达到和谐。

当人们一起从事团体活动时，人们往往需要协同地（simultaneously）工作，这意味着其必须遵守相同的时间表。私人化的时间表会破坏团队计划。比如说，如果一个家庭的每个成员都根据自己独特的新陈代谢来定制不同的晚餐时段，那么共同居住的一个关键节目——家庭晚餐——就会支离破碎。

当我们考虑"消极活动"（inactivity）的规制时，规则的统一性对于团体活动的协调而言更是至关重要的。我们以托儿所的休息时间管理为例。孩子们必须统一遵守"安静时间"；如果允许每个孩子根据其自身生理条件优化个人的"安静时间"，而其他人却在四处乱跑，那么这种安排便是毫无意义的。与托儿所一样，法律也必须对"安静时间"加以强制性规范，要求在特定的夜晚、午间或安息日时段关停各种活动。尽管事实上对于"安静时间"的最优私人化择机（timing）因人而异，但法律必须是统一的。如果目标是促进休息，那么每个人的休息质量似乎取决于其他人在同一时间休息。

又或者，以宗教活动规则的统一性需求为例。宗教团体联合举行的仪式，不管是日常祷告还是节庆大餐，都需要时间、意识、场景以及精神忠诚层面的统一，来维持彼此的同伴关系。在第二章中，我们设想宗教命令在理论上是可以私人化的，并给出了"为赎罪而禁食"的例子。不同于犹太教所规定的赎罪日的 24 小时"通用型"禁食期，私人化的禁食期，也即一种"因人施策"（each, according to their ability）的规则，能够更公平、更有效地促进"忏悔"这一本质目标。如果人们对于禁欲的忍受力有所不同，设计一项私人化的持续期机制，可以实现"负担"的统一施加。然而，如果我们考虑到团体活动，则这一机制可能会适得其反。宗教与信仰具有私人性，但也具有社群性。形成身份认同的宗教活动的一个重要部分，就是一致化的社群活动。如果不同的人在不同的时间前来祷告或开斋，他们如何能够共同庆祝其共享的信仰与成就呢？如果宗教的目标之一是构筑一个社群（community），那么协调其集会的统一指令就不可或缺。

保险则是另一项"只有通过协调一致的团体活动的组织才能产生价值"的社会与法律机制，其将风险分散于整个集体中。如果你像小王子一样，独自住在小行星上，你就无法享受保险。尽管保险池中的被保险成员在其风险程度、寻求的保险范围和支付的保费方面常常有所不同，但其均适用相同的保险条款，也即相同的格式合同。与之类似的协调限制也适用于赌博、彩票或游戏领域。很难想象，在抽奖活动或者国际象棋比赛中，每个参与者将遵守不同的规则。

我们再举一个例子。集团诉讼通过将个人诉讼聚合为团体

170

227

活动来解决个人诉讼的"负期望值"（negative expected value）问题。集团诉讼要求诉由具有"共同性"（commonality），而私人化法律则可能会使这一要求受挫，因为人们不再拥有共同的权利，也无法辩称其受到相同的侵害。[1]试想一下，在信息披露不再统一、每个借款人将被赋予私人化提示的情况下，如何针对贷款人提起"未能提供充分提示"的消费者诉讼。私人化的权利将会阻碍协调性的救济。

至此，人们可能会认为，私人化的法律在团体活动中寸步难行，在该场景下，人们基于一个统一的计划而协同工作。然而我们认为，私人化的法律能够应对甚至解决此类协调问题。我们将首先确定私人化规则维持群体协调的情境。随后，我们将深化一个更具野心的论点：协调可以作为个人指令的明确目标而被写入系统，以避免本可能发生的干扰。正如各种"平等"观念可以作为明确目标而被实施一样，团体协调也可获得"升级"，而其代价则是个人最优待遇的相应折损。

如我们所见，团队活动的挑战在于将个体协同于某些跨个体的参数上。这是个"匹配"（matching）的问题，其可以通过对个体差异的识别与输入来解决。这样的例子数不胜数，但或许，没有什么比撮合恋爱更重要的协调任务了。私人化的匹配会更好——这一点有无疑问？"你做饭，我打扫"很难成为一项统一机制。的确，家庭生活是一项团体协作的大工程——其所创造的价值超过每个成员的效用总和。对于某些家庭活动而言，一项适用于所有人的通用规则（例如晚餐时间）会收效甚

1　参见 Fed. R. Civ. P. 23(a)(2); *Wal-Mart Stores, Inc. v. Dukes*, 564 U.S. 338, 349–50 (2011)。

佳，但也有不少家庭得益于角色与规范的私人化。

再来考虑另一项团体活动：个体之间的体育竞赛，比如拳击比赛。拳击规则要求拳手按照体重进行分类，以使瘦小者（"轻量级选手"）得以公平竞争，而不会被重量级选手所压垮。这是一个简单的公式，试图根据个人特征来匹配选手。有别于"同一标准适用于所有人"，我们采用的是"所有适用同一标准的人"的逻辑：体育竞赛将人们分别划入十几个梯队，并进行每个梯队池内部的竞争。这一公式在实际中会更复杂一些，分类依据还会包括性别、格斗经验和排名等。但究其核心，这种分类依赖于粗略的私人化。如果分类公式得到改进，对额外的个体特征加以监测，来推进均匀匹配选手的目标，那么竞争性的增加是否是毫无疑问的？拳击和恋爱都是从联合性的跨个体协作中获得价值的活动，在这两种情况下，活动的更优协作都是通过私人化的匹配方式来完成的。

匹配即是一项协调，其通过对加入活动者的私人化挑选来实现。然而，一旦参与者被选出，其并不会对内部指令进行私人化设置。所有的拳击手都必须遵守同样的比赛规则。如果一个团体中的每个人都受制于不同的规则，那么这个团体的生产力还能保持吗？能，但条件是，成功的协调在塑造私人化指令的内容时即被确定为明确目标。如果私人化法律被设定为仅服务于每个人行为的优化，那么其就无法促进团体协调。如果算法忽略了个人匹配以外的其他目标，那么毫无疑问，其无法推进集体目标。据此，如果团体协调——团体所创造的价值超出个体成员所创造的价值——被设定为目标之一，则协调问题就可以得到应对。与其通过统一性规则实现低技术协调，不如建

172

立一个由匹配算法形成的高技术协调体系。

这类协调的一个典型示例即自动驾驶汽车。自动驾驶汽车的设计者所面临的首要挑战就是如何训练算法来预测其他行为人会做什么，以及如何最优地融入车流中。[2] 如果在杂乱无序的道路上都能够实现协调，还有什么地方不能呢？让我们（最后一次）以赎罪日的私人化禁食期为范例。我们最初的担心是，其会破坏斋戒结束后想要集会和一起祷告的信徒之间的协调。而解决方案并不必是完全的统一性。如同拳击手一样，信徒们可以被划分成"梯队"而在集会中聚首，每一梯队由相似的私人化指令联合在一起（例如，所有禁食 16 小时的人，所有禁食 20 小时的人，等等）。又或者，协调可以围绕"最小公分母"进行：等到"最长禁食组"禁食完毕后再召开祷告集会。再或者，即使禁食期规则必须被加以统一来实现协调，禁食指令的其他维度也可以被私人化，对不同人群适用不同的饮食或其他负担。天主教如是附和："忏悔的真意首先要求我们约束自己最所欲之事，对当代的许多人而言，戒荤已不再意味着忏悔，戒掉其他事物反而更具忏悔的意义。"[3]

在算法编写层面实现协调，而非依赖于粗略的统一性标准——这一想法对于其他团体活动中协调的促进亦有潜在价值。

2　Robert Hult et al., Coordination of Cooperative Autonomous Vehicles, 33 *Inst. Electrical & Electronics Engineers Signal Processing Mag.* 74, 75 (2016); Scott D. Pendleton et al., Perception, Planning, Control, and Coordination for Autonomous Vehicles, 5 *Machines* 6, 9, 11, 43-44 (2017).

3　Pastoral Statement on Penance and Abstinence, U.S. Conf. of Cath. Bishops (Nov. 18, 1996), http://www.usccb.org/prayer-and-worship/liturgical-year/lent/us-bishops-pastoral-statement-on-penance-and-abstinence.cfm.

回到集团诉讼。集团诉讼要求诉由具备共同性，而上述想法能够适用于处理"对个人权利的共同侵害"的情况，即使权利侵害的损害程度与救济有所不同。用于区分指令的因素也可以被用于区分人们所得到的救济。在当前现实中，损害的严重程度与赔偿的不同并不能阻却"集团"的认定。[4] 人们可能会遭遇对其私人化权利的私人化侵害，并导致私人化的损害结果，但是，只要存在一种"模式或实践"将其黏合在一起——被告的实质行为能够解释损害为什么会发生——原则上，"共同性"要件就得以满足。[5] "该模式存在与否"是举证层面的问题（a matter of proof），而在法律被私人化的情况下，对其证明可能更加困难，但这丝毫不影响其存在本身。

173

认为"指令的统一性是协调的必要条件"的直觉，在乐队和其所追求的和谐性的语境下是令人信服的。但经过进一步反思，我们很快意识到，乐队达到和谐——协调的类型之一——是通过匹配，而非通过统一性所实现的。从某些维度上来讲，乐队是私人化的：每个成员用不同乐器演奏不同旋律，在不同时间节点呈现不同音色。为不同的人设立不同角色的做法，不仅与成功的团体活动具有同向性，更对于其实现具有必要性。和谐，是对于不同元素——而非统一元素——之间协同性的追求。在交响乐团中，不同角色经过系统性整合，交织汇聚成为

4　"第 23（b）（3）条规定的集团诉讼中，涉及不同集团成员的不同损害赔偿结果是非常普遍的情况。"参见 *De La Fuente v. Stokely-Van Camp, Inc.*, 713 F.2d 225, 233 (7th Cir. 1983)。

5　参见 *Int'l Bhd. of Teamsters v. United States*, 431 U.S. 324, 336 (1977)。另参见 *United States v. City of New York*, 717 F.3d 72, 82–85 (2nd Cir. 2013)。

一个和谐的输出，这一切均在一个十分人性化的算法的管理之下进行，该算法也即维持音律脉动和整体节拍的指挥家。

简言之，团体活动的某些方面必须服从于统一性指令，但其存在和必要性远没有最初想象的那么强大。即使是"休息时间"这个我们前述用于支持统一性价值的例子，也可以通过允许人们选择其工作时间与假期来实现私人化。如果团体内部的社会协调要求一体性与和谐性，那么其为规则与角色的私人化留下了很大空间。为了混合各不相同的部分，我们需要的是一个整体规划，而非统一性。

个体行为的协调

在本章的开始，我们讨论了人们协同工作的团体内部的协调问题，该种情况下，通过统一性来实现协调似乎更具紧迫性。然而，许多（如果不是大部分）行为是以个体形式——而非作174 为团体生产的组成部分——来实施的，而其同样需要被整合融入社会秩序中。学习、驾驶和购物都是为人们创造价值的行为，其独立于任何交互性的协同作用。然而，它们并不是孤立的，其成功取决于与他人的协调。这种成功，可能被又一次认为以指令的统一性为条件：每个人服从于同一套规则，在统一性指令下行事，以避免交通拥堵、事故与浪费。

这种直觉源于通用标准的广为人知的作用——其凭借统一性来提升联结性。我们需要统一的语言来相互理解，需要统一的计量单位来实施贸易，需要统一的软件与硬件协议来彼此兼容。货币、电力与时钟均是标准化的，以此实现更高效的交互活动。

　　这种直觉也适用于法律规则。从红绿灯到限速，从路权到停车时间，交通法规是协调交通的必要条件。除非所有的车辆同时停在别处，否则城市无法清理马路边缘——尽管这给车主们带来了差别化的负担。除非人们遵循预先设定的优先顺序，否则十字路口将会拥挤不堪。如果每个人遵守不同的限速，司机们将面临一个险象环生的道路环境。这些活动都是彼此独立的，但当一个人的行为与另一个人的行为发生碰撞时，用于避免冲突与拥堵的统一性规则就似乎必不可少。

　　与之类似，法律监管着贸易，而贸易需要协同性。我们将在下文中讨论财产法的物权法定原则（numerus clausus principle），该原则禁止了财产权类型的私人化，我们也将讨论"将该原则视为交易效率所必需"的理论。诸多法律影响着可交易性资产的价值，而这些法律的统一性能够降低交易壁垒。举例而言，证券法要求每个人在公平的竞争环境中进行交易，因此，其设置了统一的披露、交易规则和禁止性规定。知识产权的创造以出售为目的，但如果知识产权被私人化，导致卖方持有的权利与买方购得的权利不一致，那么专利与著作权市场还会存在吗？如此之多的交易依赖于交易单位的统一，正是这些统一赋予了其便于量化、包装与定价的属性。

　　在此，"将统一性视为协调个体行为所必需"的想法又一次忽视了私人化指令之间相互协同的各种方式。为了证明这一结论，让我们着眼于私人化限速规范。人们会轻易地认为，统一规定高速公路上的机动车速度对于交通协调而言不可或缺，因为人们能够就此预测并回应他人的行动，这比在"车辆各自遵 ¹⁷⁵

循不同规则"的情况下要容易得多。如果每辆车都以不同的速度行驶，司机和行人所接收到的危险信号将极具混乱性与迷惑性，而"融入车流"将成为一项令人望而生畏的挑战。

但是，统一速度仅仅是预测与缓和环境风险的其中一种方式，而且是一种比较原始的方式。如果交通安全的关键在于预测他人会做什么并做出相应反应，那么，私人化法律具备改善而非破坏这种协调的潜力。交通安全受制于多种因素，既包括速度，也包括每个司机的技术与危险性。这些额外因素的相关信息均可为私人化机制所吸收，从而实现道路安全水平的提升。

我们再以航空交通安全为例，以示对比。不同飞机航行中的协调是至关重要的，但可以肯定的是，协调的实现并不要求所有飞机以相同的速度飞行。协调不是靠飞行员的直觉实现的：飞行员们不需要透过驾驶舱的挡风玻璃向外张望，也不需要反复检查其他飞机是否离得太近。相反，这种协调是在技术层面上实现的，由机器根据速度等因素进行轨迹预测，以此实现更优的航空安全。

当下，司机和行人进入一条道路时会凭直觉检查任何驶来的车辆的速度，以确定风险。而他们忽略了其他一些因素，例如其他司机的视力、及时刹车的本能，以及其车辆的质量与保养情况等，因为他们并未获得这些信息。拥有这些信息的私人化法律机制，能够为每个司机设置不同的速度限制，也即，允许行驶速度上的更大差异，但这种做法将会使一项更重要的差异变得更小——风险。这或许是反直觉的：私人化的限速能够"找平"（equalize）每辆汽车所外部化的风险。在这样一种速度各异的环境中，能够以更快速度行驶的车辆将是那些更有能力、更为警觉的司机所驾驶的车辆。因此，相较于统一性限速，协调能够更进一步地被提升：不同车辆产生的风险将更加统一，这将使司机和行人更容易预测他们的整体风险环境。

记住，规则的统一性并不能保证行为的统一性。在我们现行的统一性限速机制下，并非所有汽车均以相同速度行驶。司机并未被要求以限速行驶，因此道路上事实上存在着诸多差异。分开的车道、红绿灯、指示牌、汽车鸣笛在当下管理着交通协调问题。其并不依赖于统一性。这些源于前人工智能时代的粗陋的协调方式，使高速公路行驶成为社会上最危险的活动之一，每年（在美国）会造成大约 4 万人死亡。[6]这很难说是协调的胜利，也很难说是对统一性规则的肯定。而数字技术已经成功地解决了私人化环境中复杂的协调问题，例如优步所连接的司机与乘客，或者 Zoom 所连接的教师与学生。一旦自动驾驶汽车落地，上述技术很可能彻底解决交通安全问题。其所实现的上述一切场景，均不要求人类行为人服从于统一性规则。我们据此认为，技术能够经受住这一挑战——对于遵循私人化注意义务标准的、技能参差不齐的司机所驾驶车辆的协调。

相似的逻辑同样适用于诉讼领域，也即人们单独行动但必须受到对弈规则协调的另一个领域。在此，统一性规则可能存在问题，因为其在形式上平等，但在实效上却对弱势一方造成不利。个人原告如果想向强大的公司主张其合法权利，则会面临漫长的不确定性与惨重的成本。由于经验、资金、风险承受

176

6　Motor Vehicle Deaths Estimated to Have Dropped 2% in 2019, Nat'l Safety Council, https://www.nsc.org/road-safety/safety-topics/fatality-estimates (last visited July 2, 2020).

能力与建议的缺乏，个人与家庭原告相较于商事主体或重复博弈者而言处于决定性的弱势地位。任何由程序规范的统一性所带来的协调利益，均可能被各类型当事人之间的不匹配与不协调所抵销。

私人化的民事程序制度，则能够赋予存在各种程序性弱势的当事人以额外的程序性权利，使其能够更有效地进行实质性权利的辩护。这些权利可能取决于当事人的对手方是谁。如果其起诉邻居，则适用一套程序性权利；如果其起诉保险公司，则适用另一套程序性权利。私人化的程序法能够因此消除当前统一性体制下所存在的一些不平衡现象。其可能会牺牲某些方面的协调，例如每个人拥有相同的动议（motion）提起期限，但却会推进其他更为关键的方面，比如公平竞争。

协调与信息

协调需要信息。统一性规则的复杂性更低，因而更容易习得和遵守。不经过法律训练，人们也能够非正式地习得规则。他们观察别人怎么做、分享法律技巧、接受反馈，并猜测什么是合理的。我们中的很多人都有过这样的经历，当身处异国时选择"随大流"，这就是基于"当地规则与规范具备统一性"的假设。非正式的学习模式强化了经济和社会的流动性。

即使是高风险交易中经验丰富的缔约方，也会依赖非正式的信息流，并受益于规则和规范的统一性。安德鲁·维斯坦描述了促进货物交易者之间协调的信息，这些交易者似乎非常在意"其他交易者遵循同样的规则"。他们根据对其他交易者行为的预测来确定立场并实施交易策略，而其之所以能够预测对方行为，是因为其知道并预期对方遵从相同的规则。他提到了这样一个例子：一位大豆交易商取得了"免受正常交易限额约束"的条件，其因此突袭"买断"了市场，打了其他交易商一个措手不及。[7] 在此种合作或竞争的环境中，私人化规则可能会降低每个参与者做出预测并校准自己最优回应的能力。

"信息作为协调基础"理论的一项具有影响力的法律适用，即是财产法中的物权法定原则，该原则限制了法律所承认的、具有"对物"（in rem）地位的财产权类型。[8] 对于财产权形式的私人化变更是不被允许的。举例而言，A 不能卖给 B 其车辆"在星期一的所有权"。B 要么具有每一天的完整所有权，要么则不具有所有权。[9]〔当然，A 可以为 B 设置一个内容为"在星期一使用车辆"的"对人"（in personam）的合同权利，但该项权利并不具备基于财产权的更广泛的保护地位。〕梅里尔和史密斯为这一排斥私人化的"元规则"（meta-rule）提供了一项合理解释，一项基于协调的解释。如果法律允许大量私人化和不寻常的产权形式，则会"对第三人造成难以承受的信息成本"。[10] 如果没 178 有形式的统一性，其他想进入市场并确定自己所购买权利范围的人将面临更高的信息成本和准入壁垒，从而导致交易的收益

---

7 Andrew Verstein, Privatizing Personalized Law, 86 *U. Chi. L. Rev.* 551, 565 & n. 42 (2019).

8 Jesse Dukeminier et al., *Property* 260–61 (2018).

9 当然，B 可以从 A 那里获得私人化的、经过仔细雕琢的合同权利；但其并非具有对物属性的财产权。该权利仅能对缔约相对方实施。

10 Thomas W. Merrill & Henry E. Smith, Optimal Standardization in the Law of Property: The Numerus Clausus Principle, 110 *Yale L.J.* 1, 26, 35 (2000).

更低。

同样，价格有助于人们协调交易，因为其传递了有关标的物相对价值的信息。在其他条件相同的情况下，价格较高的商品被认为比同类商品更具价值。然而，在一个私人化的法律机制中，价格将不得不反映主观方面，比如不同主体获得的具体保护、差别化的支付能力，甚至卖方的个人属性。我们沮丧地想起了自己在耶路撒冷老城市场购物时的一则逸事。那里贩卖的许多商品并没有固定的标签价格，这使得商贩可以根据其感知到的（往往十分精准）每位顾客的支付意愿来定制价格。在这个市场上，许多消费者都有过失望的经历，他们后来发现一件自己砍价到100谢克尔的东西，被另一个人以25谢克尔的价格买走。在此种私人化的市场中，价格所传递的信息较少，这使得消费者很难确定价值。

此外，非正式规范常常产生于可观测的规律。无论是出于周全计划还是心血来潮，当人们的行为彼此相似时，规律就更容易被发现和遵循。诚然，建立一个基于原则性标准而实施差别化对待的复杂规范是有可能的（正如按照年龄来区分孩子们的就寝时间），但是，该规范的基本原理随着其模式的更加复杂而变得更加模糊，这会使自发的秩序和积极的履行变得更加困难。

那么，我们再一次面临这样的挑战：私人化是否破坏了协调的信息基础？而正如我们先前尝试的那样，我们将再一次反思私人化法律能否应对这一挑战。可以确定的是，某些以"从统一性实践中所窥见的信息"为基础的协调形式，将变得无法实施，并必然被逐步淘汰。但无需担心，会有更复杂精巧的协作方式取而代之。

物权法定原理是一项统一性规则，其被认为能够降低信息成本并促进协调。然而，事实上，其证明了为何统一性不再必要。在过去，与财产交易相关的信息成本很高。你需要知道卖方是否拥有完整所有权，为此你必须追踪资产的交易历史和可能的权利主张。将财产权形式限定于少数几个"范本"的做法减少了信息负担，并提升了财产的流动性。[11] 电子数据和数字技术的出现宣告了这个故事的过时。现在，关于资产及其历史以及卖家声誉的信息既便宜又丰富。人们在"eBay Motors"网站上购买豪车时甚至未曾见过卖家或检查过车况，原因在于，人们已经获得了有关汽车描述的有效性的可靠信息，足以对其最终满意度做出极佳的预测。像 eBay 这样的做市商为错误信息风险的降低提供了保证。据此，买方的信息不再需要来自中心化的登记机关。更多类型的财产可以被识别和录入，使买方能够轻松搜索其历史。借助这些信息工具，对财产权加以精雕细琢并将之混入私人化集束将不会造成重大问题。[12]

那么价格呢？在一个合同权利与强制性保护均被私人化（比如说，同一商品的质保期因消费者而异）的世界里，价格也将有所差异，以反映其对于不同主体而言的私人化成本。针对

179

11　Thomas W. Merrill & Henry E. Smith, The Property/Contract Interface, 101 *Colum. L. Rev.* 773, 778, 802, 833 n. 200 (2001).

12　例如，Vehicle Identification Numbers, Nat'l Highway Traffic Safety Admin. (Dec. 28, 2009), https://www.nhtsa.gov/sites/nhtsa.dot.gov/files/documents/vin_errors.pdf; Inventories of American Painting and Sculpture, Smithsonian Am. Museum, https://americanart.si.edu/research/ inventories (last visited July 7, 2020); 目前，不少手机具备了独特的"国际移动设备标识"（International Mobile Equipment Identifier），该技术被用以识别盗赃手机，参见 Protect Your Smart Device, Fed. Commc'n Comm'n (Dec. 31, 2019).

价格的"货比三家"将变得更为困难。不过，对于这一问题，技术同样能够介入。消费者无需获知其他消费者为该产品支付的对价是多少，而只需知道不同卖方的定价是多少。"价格对比"服务能够接收某一消费者的私人化法律保护的信息输入值，并基于此对诸多卖方的价格进行比较。

信息成本长久以来被作为另一项统一门槛机制——职业资格——的正当性基础。颁发职业许可的主要逻辑在于，告知客户该服务提供者具备法定资格。对于很多职业而言，新入行者只有在达到明确且统一的门槛之后才获准进入。然而，零工经济（gig economy）的出现挑战了这一前提。优步与爱彼迎等平台正在与持有执照的出租车与酒店竞争，而其出现却并未削弱（可能还会改善）交易的信息基础。在这些平台上，尽管不存在事先性执照许可，且服务质量的差别化日渐增大，但人们仍然可以对服务质量加以预期。平台采用"信誉评分"来汇聚有关私人化体验和交易体量的信息，为用户提供出色的信息服务。[13]

"通过观察人群来推断法律指令的内容"并非最优的学习技术。我们也质疑，其是否经常被用于实践。在一个每人都"一周 7 天 / 一天 24 小时"在线的世界里，私人化通知以及线上资源已经使人们了解他人对自身的预期并基于这些预期来定制私人化方案成为可能。大卫和阿比盖尔这两位我们引言故事的主角，并不需要就"继承规则对其如何适用"或者"违规停车罚金几何"等问题咨询他人。信息要么距离他们只有一"点击"之遥，要么则可通过调整线上资源的通知设置而实现自动推送。

13　Todd Henderson & Salen Churi, *The Truth Revolution* (2019).

技术使得"生成指令的算法一并提供私人化建议"这种新的信息攫取方式变得如此低廉、如此高效，远远超越那个古早的"小数据"世界。并且重要的是，信息将更为精确，因为其并不统一。

由此观之，协调确实需要信息。私人化的法律能够生成更多、更好的信息，包括协调所必需的信号。在本书的在先章节中，我们讨论了私人化强制性披露的概念。我们特别指出，在统一性信息披露制度下，人们会忽视其所需要的信息，因为他们已被自己不需要的信息所淹没。如果私人化的信息披露能够哪怕细微地改善人们的知情状况，那么，其也能改善协调。

因此，诚然，信息是成功的协调所必需的，但是，用以实现私人化的同一海量数据集合同样能用来实现社会协调。由此观之，私人化的法律并不会引发协调的信息困境，而是会为其解决提供一个令人兴奋的新方向。协调行动——或者甚至是私人行动——所需要的信息，不必从统一性规范中获得，而是可以从私人化方式中产生，以更深入地反映人们的所想与所需。

参与式协调

参与是社会协调的一个尚未提及的重要方面，其能够从私人化中极大受益。监管活动的关键挑战在于，决定谁能够参与其中、如何进行准入筛选，以及如何帮助被排除者获得更多参与机会。人们需要通往集体平台和公共空间的渠道（access）。他们也需要基于自身资质而被加以分类。法律运用了各种监管技术对参与者进行筛选。某些时候，人们必须通过获得资格许可来参与；也有些时候，人们需要承担成本或克服障碍才能入围。不论这类分类筛选机制设定得如何精细，当标准统一时，总会有许多有资格者被排除在外，而一些无资格者却获准进入。想想大学入学考试、服务收费、职业许可规定，抑或强制性保险——所有这些都是监管门槛的不同类型。当前，这些门槛基本上是统一的，人们必须达到这些门槛才能获得特定活动的许可。其分类效果远不及完美。

如果以私人化的方式设定参与标准，结果又会如何？职业执照可以"去标准化"，福利设施可以基于私人化因素而提供，考试成绩可以按照私人化门槛进行评估。此种机制的设计，能够将不同的人所面临的不同障碍与风险以及其参与所带来的收益考虑在内。据我们所知，统一性标准往往被人为地拔高，为准入设置障碍。而一旦经过私人化，许多曾经被拒绝者将会获得进入渠道。事实上，这正是私人化信用评级的效果，其为许多曾经被一概拒绝的人提供了获得信贷的渠道。[14]

为了说明这一点，我们以公立学校招聘优秀教师的挑战为例。多年以来，美国的公立教育系统一直遭受师资短缺的困扰，特别是在诸如科学和数学等长期人手不足的学科、贫困社区，以及少数族裔学生比例较高的学校。[15]对统一的教师选拔方式进行的统一性修正措施，例如提高教师资格认证的标准等，很大程度上会适得其反，并导致人才池的平均质量的降低，这是因

---

14 例如，参见 W. Scott Frame et al., The Effect of Credit Scoring on Small-Business Lending, 33 *J. Money, Credit & Banking* 813 (2001)。

15 Understanding Teacher Shortages: 2018 Update, *Learning Pol'y Inst.* (Aug. 24, 2018), https://learningpolicyinstitute.org/product/understanding-teacher-shortages-interactive.

为其不仅将不适合的人拒之门外，也阻止了适合的人。统一的
教师认证标准要求几个月或几年的额外学习，这会增加成为一
名教师所需付出的成本。那些具有更高机会成本的人——比如
同样受到其他职业吸引或者面临急迫经济需求的人——将被排
除出市场。[16]

　　我们对于统一的教师资格认证的想法是如此习惯，以至于
需要一定时间的适应才能将其消除。但事实上，许多教育已经
采用了一种非统一的管理方式，其遵循的是一种（非正式的）
私人化招聘模式。美国的高等教育在某些方面是世界一流的，
但美国的中小学教育则不然。然而，大学教师无需认证教师资
格。他们的选聘是基于对其学术特点的多种观察（以及对其学
术产出的私人化预测）。废除统一性认证标准同样可以吸引更多
有能力的人进入公立学校教学。[17]

　　类似的模式也适用于私人化设施。在第七章中，我们讨论
了通用型的考试安排所带来的意想不到但影响深远的不平等。
这一制度的愿景是高尚的：公立学校的残疾学生应当被赋予额
外的考试时间。但是，其实施依赖于一个统一性规则——任何
人只要在学习障碍性方面达到统一的特定分值，其就可以获得
统一的时间补贴——这一结果变得非常不平等。来自最贫困社
区的最有需求的孩子鲜有资格获得福利，因为其达不到这一统

182

16　Omri Ben-Shahar & Carl E. Schneider, Teacher Certification Makes Public School
　　Education Worse, Not Better, *Forbes* (July 21, 2017), https://www.forbes.com/sites/
　　omribenshahar/2017/07/21/teacher-certification-makes-public-school-education-worse-
　　not-better/#671ed28c730f.

17　参见 Daniel Nadler & Paul E. Peterson, What Happens When States Have Genuine
　　Alternative Certification? 9 *Educ. Next* 70, 74 (2009)。

一标准（该标准需要一定知识阅历与资金支持才能满足）。与此同时，来自最富裕地区的孩子中，有资格的人数却高得惊人（同样是由于知识阅历和资金支持）。[18] 我们不能将这种"扭曲的参与"完全归咎于分类标准的统一性。当然，还有更深层次的社会经济因素在发挥作用。但是，如果学校采用一种私人化方案来决定谁有资格获得福利设施，我们就能在"改善基线不平等所造成的差距"的道路上前进一大步，且并不需要大量的资金预算。

183　　在更广泛的意义上，私人化法律能够提升参与度，因为其能够降低许多活动的成本。如果司机遵守私人化的交通规则，如果医疗从业者遵守私人化的过失责任法，如果购买的产品附有私人化的质保条款，则会有更多的人驾驶、行医、购买商品。原因很简单，我们对此已在第三章中加以明确：私人化待遇能够增加整体剩余。更高的剩余源自于，私人化待遇能够吸引那些可能原本认为活动无利可图的人参与其中。而尽管有些人当前会退出活动，但整体而言，更高的剩余能够得以确保，扩大"准入"所带来的收益在抵销之外还能够超越"退出"所造成的全部损失。

---

18 Diane Rado, Special Help Starts as Early as Grade School—but Only for Select Students, *Chi. Trib.* (June 6, 2012), https://www.chicagotribune.com/news/ct-xpm-2012-06-06-ct-met-accommodations-folo-20120606-story.html [http://perma.cc/4BGQ-N4LP]. 完整的数据参见 New Data from U.S. Department of Education Highlights Educational Inequities around Teacher Experience, Discipline and High School Rigor, U.S. Dep't of Educ. (Mar. 6, 2012), https://www.ed.gov/news/press-releases/new-data-us-department-education-highlights-educational-inequities-around-teache [http://perma.cc/A7US-PSLC]。

最后，在另一个关键领域，私人化的法律也能够鼓励更多的参与，这一领域也即公共产品的生产。为了克服"搭便车"和集体行动难题，受益的一方必须付出代价。统一的"为福利付费"制度规定了单一的费用数额，但这是存在问题的，因为，公共产品所带来的收益因人而异。[19] 这种统一的缴费率（contribution rate）意味着，一些人不得不支付超过其获益的金额。这部分人将会反对这一计划，他们可能会通过自己的政治影响力来阻碍公共产品的生产——尽管此类生产将带来正社会价值。与之相反，如果缴费率被加以私人化，也即每个公民所支付的金额以其基于数据预测得出的私人化收益来确定，那么，反对之声就会逐渐消散。如果技术允许我们预测或衡量每个受益人所获之价值，并据此定制私人化缴费额，那么，我们将生产更多具有正价值的公共产品以及更少具有负价值的公共产品。

19　Ariel Porat, Private Production of Public Goods: Liability for Unrequested Benefits, 108 *Mich. L. Rev.* 189, 209–210 (2009).

第十章　操纵

　　私人化的法律根据人们的众多可量化特征的分值为其量身定制法律指令。其中有些特征显示技能与风险；有些贴近个人偏好与需求；有些则展现冲动、反射、风险厌恶等认知与生理因素。在本章中，我们将追问：如果人们能够控制这些输入值，则会发生何种情况？私人化的法律是否会滋生操纵（manipulation），也即人们通过扭曲自身行为来影响那些决定其私人化指令的分值？

　　为了论证这一问题，让我们以一项消费者保护规则为例，即首次购买商品的消费者将被赋予更长的撤回权。这一规则是否会导致消费者相较于原来更多地加入首次购买？又或者，如果消费者保护被更多地赋予缺乏信息的消费者，是否人们获取信息的动力就会降温？在侵权法中，如果医疗注意义务标准要求医生在接受预防措施培训之后必须采取额外的高成本预防措施，尽管同样的效果可以通过低成本方案达成，这是否会阻却医生获取这项技能？总之，如果人力资本投资的结果之一是更严苛的义务，该投资是否会减少？

　　操纵问题是真实存在的。"为了获得更优待遇而扭曲行为"

的做法在其他情境下很常见。举例而言，保险的投保人可以通过改变自身行为而适用更优惠的保费。[1] 通常而言，此种动机从社会层面来看是可取的，其也不应当被认定为操纵（例如，安装消防洒水器以减少危险）。但是，当被保险人造成的成本超过其社会价值时，此种投资就是不可取的。例如，投保私人化的人寿保险可能会引发人们为了更优保险费率而进行短期节食的行为，这就扭曲了保险池内精算的公平性。

　　操纵现象是私人化法律的产物。并不是私人属性决定了待遇，而是待遇最终决定了属性。当然，这一现象在其他领域同样普遍，就连统一性待遇也未能幸免。在学校中，其体现为"应试教育"问题：人们"考什么学什么"，而非"学什么考什么"。在市场上，其体现为评级操纵问题：声誉机制影响了服务如何被塑造，而非服务影响了声誉如何被塑造。而在高等教育领域，其体现为，大学"影响"（influencing）《美国新闻与世界报道》（*U.S. News*）学术排名的难题，也即，大学会在被评分的因素上投入更多。私人化的法律可能会加剧这种扭曲。统一性注意义务标准可能会促使人们曲意逢迎，尽管这一标准对其个人而言并不合理；而私人化标准则可能会产生"扭曲人们对自身人力资本的潜在投资"的额外效果。人们有可能会雇佣顾问来帮助其塑造法律算法所衡量的一些维度，以便有资格获得更少的繁重义务和更多的有益权利。

186

　　我们将从对各种操纵类型的描述开始，展开本章叙述。我

1　Tobie Stanger, 5 Home Improvements That Can Save You Money on Homeowners Insurance, *Consumer Rep.* (July 7, 2018), https://www.consumerreports.org/homeowners-insurance/home-improvements-that-can-save-you-money-on-homeowners-insurance/.

们将首先阐释何种激励能够影响内在特征。继而，我们会探讨"伪装"的可能性，也即人们"仅改变外观而不改变其内在特征"的意图。我们还将论证第三项问题——"套利"，也即人们通过由他人代为行动或者从他人处购买更优法律待遇等方式来绕开自己的私人化待遇。在认识到这一系列操纵策略之后，我们将转而论证其解决方案。

被扭曲的人力资本投资

我们就从针对操纵的最一般性问题入手：人们更改其个人技能以适配于更有利的私人化待遇。为了说明该问题，让我们回到私人化注意义务标准这一场景。我们说过，标准取决于"技能"，也即每个人在降低事故风险方面的资质。一项技能是如何形成的？在此之前，我们假设法律只是观察，但不会影响个人属性的发展。例如，决定人们能够更难或更易地执行各种预防任务的反应速度或灵敏性，是独立于法律机制而变化的。但更现实的情况是，我们必须意识到，这些技能某些时候是由人们有意（deliberate）的投入所决定的。举例而言，司机可以

187 通过参加驾驶课程和培训来提高其驾驶技能；医护专业人员可以通过继续教育来提高医疗技能；飞行员可以进行更多模拟训练；学校教师或专家顾问可以学习识别儿童的特殊情感需求，从而做出更适当的回应。

当技能水平因此类投资而提高时，注意义务标准也会相应提高。由于更高技能的存在，根据所报告的技能因素定制注意义务标准的算法，就会上调其标准。如果人们预料到这一点，

并预料到履行上调后标准所需承担的额外成本，那么，人们进行此种具有社会价值的投资的动力就会事先性地弱化。更高的技能或许会以其他方式获得回报，但按照其他条件一致的情况来看，当前的成本无疑更高。

在医疗领域，如果一名医生本想通过训练来提升其技术水平，以胜任对更精密仪器的运用或者作出更精准的诊断，那么她会三思而行。在统一性注意义务标准机制下，医生的此类投资可能会对其个人而言有利（更精湛的技术有助于更成功、更高盈利的执业实践）。然而，在私人化机制下，此类投资实际上会成为征税的对象。虽然并非直接性的，但同样令人不快。的确，医生接受的培训越多，其所获得的技能就越高，也就能够更轻松、更低成本地满足任何注意义务标准。但是，随着标准的提高，其一部分获益将会被削减。技艺高超的医生可能会被要求购买昂贵的新设备、提供更详尽的同意书，并应对更多针对治疗失败的投诉。其所承担的更高过失责任负担将转化为更高的责任保险费率。因此，尽管该项投资对于社会而言有益，其也未必会得到实施。（我们在此假设，医疗服务市场并不完美，因而价格并不能完全捕捉医生的技能和被上调的私人化注意义务标准。）

同样的影响也可通过"与有过失"来证明。当过失是由加害人和受害人所共同造成时，法律可以根据当事人的相对过错而在当事人之间分摊成本。一方当事人在采取合理预防措施方面的过错越大，其承担的责任份额也就越大。投资于高技能的一方会被期待承担更高比例的责任，因为法律会为其设定更高的标准，并更严苛地看待其过失。

事先性的扭曲投资问题，有时则可能出现相反的表现：人们可能会在自我提升方面投资过度，而非投资不足，其目的在于获得并无社会价值的私人利益。为了证明这一点，让我们将注意力从"基于技能的过失责任标准私人化"转向"基于风险的过失责任标准私人化"。此时，投资于降低风险者将得到回报，而非受到征税，其会适用更低的或者成本更小的注意义务标准。举例而言，一位存在夜间视力问题的司机会被要求采取更高的私人化预防措施（例如避免夜间行驶或以低速行驶等），其可以通过投资于多种治疗来补救这一情况。而如果其最终成功，则上调的注意义务标准将被调低。

用于降低自身风险的投资有可能会被扭曲——其原因有些微妙，这与降低风险所产生的私人价值与社会价值之间的偏离有关。私人价值也即，履行更低的私人化标准时所降低的成本。而社会价值则相对更少：加害人所施加的更低注意将导致他人被暴露于更多的没有补偿的风险之中。而这种暴露并不会影响加害人本身，因为加害人已经满足了其私人化标准，因而不对损害承担责任。履行（此时更低的）合理注意水平也就成为加害人阻却责任承担的"盾牌"。[2]

"被扭曲的投资"并非必然发生的情形。许多用以提高技能或降低风险的投资，会创造足够的（有时是压倒性的）私人与

2　从技术上讲，我们认为，降低风险的投资所带来的预期损害的变化是由双重因素造成的。第一，由于在任何注意水平下，风险较低的人发生事故的概率更低，则预期损害会下降。第二，由于风险较低的加害人此时仅有义务采取更低的注意水平，则预期损害会上升。如果第二种效应比第一种效应更强，对他人所造成的预期损害就会增加。

社会利益，而这些利益会超越其间接影响。然而，对其的担忧却具有一般性：反映人力资本上升的私人化的注意义务标准会改变私人的计算模式。私人化标准是针对此类资本的征税与补贴形态，其存在扭曲投资的可能。

记住一点尤为重要：此类扭曲，在一定程度上，已然出现在我们当前所实施的统一性注意义务标准体系之中。[3] 如果人们受制于相同的统一性注意义务标准，而不论其个人异质性风险如何，则其鲜有激励为降低个人风险而付出私人成本。此种降低将不会影响其注意义务标准，继而也就不会以"更低履行成本"的形式对其投桃报李。不过，与此同时，统一性标准却也保留了人们提升个人技能、降低注意成本的激励。

现在，让我们推而广之。在侵权法视域之外，与前述相类似的扭曲将会出现在私人化法律的其他领域。如果信息不充分、未经保险，或者家境贫穷的消费者会获得更多法律保护，则消费者将更少地投资于信息、保险，抑或工作上。这一问题在其他领域也得到了确认——以"低技能"或"高需求"为条件的补贴，扭曲了人们提高技能或减少需求的动机。[4] 类似地，如果投资于"降低消费者保护成本"的卖方会因此被要求提供更高

189

3　Omri Ben-Shahar & Ariel Porat, Personalizing Negligence Law, 91 *N.Y.U. L. Rev.* 627, 656 (2016).

4　例如，参见 Gary M. Galles, How Government Subsidies Make People Appear Poorer Than They Actually Are, *Found. Econ. Educ.* (Apr. 8, 2019), https://fee.org/articles/how-government-subsidies-make-people-appear-poorer-than-they-actually-are/; 一般参见 Sixia Chen et al., Escaping from Poverty Trap: A Choice Between Government Transfer Payments and Public Services, 2 *Global Health Res. & Pol'y*, 2017, at 1, 15; Richard S. Toikka et al., The "Poverty Trap" and Living Wage Laws, 19 *Econ. Dev. Q.* 62, 63 (2005)。

的保护，那么，卖方就会减少投资。比方说，卖方可以安装一个程序，来翻新那些本应被丢弃的退货产品。但这种做法会降低卖方提供撤回权的成本，并可能导致更高的提供撤回权的义务。如上的整体结果可能就会打消卖方使用该程序的念头。

在以"竞争稀缺资源"为特征的寻租情境下，也会出现"投资激励扭曲"的意外后果。设想，人们竞相争夺有限的资源份额，比如某种地下矿产。每个人都被给予了一把铲子，在资源耗尽之前尽可能多地进行挖掘。一个人积累的越多，留给别人的就越少。现在，设想一下，这些铲子是私人化的：身材健硕的人被赋予更大的铲子，能够挖掘更大的体量。那么，人们将会有私人动力来投资于肌肉的强健，以便有资格获得更大的铲子。然而，这些努力的社会价值则是负的：一个人的获益将被另一个人的损失所抵销，其净效果是，投资被浪费在了健身上。

私人化的信息披露就像铲子。在第五章中，我们提出，人们的知识水平应当影响其所获得的私人化强制性披露类型。那些能够阅读并理解更复杂信息的人应该得到更详细的披露。在一般情况下，为经验丰富的人提供更多、更优质的信息，将有利于其改善决策，且不会对他人产生负面影响。因此，在这类一般情况下，人们对提高行业知识的投资是一种纯粹的社会进步，这些针对问题解决的技术性知识将有助于人们更好地从具体披露中获益。但是，有些时候，这种投资则与"负外部性"相伴而生。那些知识水平有所提升的人将会获得优势，但这些优势可能会让其他人付出高昂代价。任何存在隐性交叉补贴——赋予某些受益人机会的成本被分摊于更广阔的人群范围

中的现象——的社会项目均适用于上述担忧。[5] 如果更有知识的　190
人更能够有效地利用私人化披露并由此获得更多享受这类项目
的渠道，那么，其他人的情况将出现如下两方面的恶化。第一，
这些被提高的利用率所引发的成本，将不得不由其他人补贴。
第二，其他人有可能会被挤出项目。当负面影响集中于那些缺
少知识阅历的人身上时，问题则尤为棘手，这些人可能更贫困、
更年老、受教育程度更低、病得更重。[6] 这种"再分配"的动因
在统一性披露机制下也会存在，但在私人化披露的情况下，受
教育程度较低和较高的人群之间的鸿沟将会被放大，并继而提
升上述动因。

　　人力资本投资的此种扭曲并不令人意外。这是那些"试图
用一种机制来控制人们的多个决策维度"的法律机制的普遍缺
陷。一项法律规则如果既要实现对实时决策（例如，需要付出
何种水平的注意）的最优控制，又要实现对事先性投资维度的
最优控制，那么其就必须直接监控这两个维度。[7] 如果规则关注
于日常的注意义务水平，那么私人化的规则将会改善这一维度，
但是，其无法保证另一维度上的最优决策，也即人们事先已经
做出的"如何塑造自己人力资本"的潜在决策。同理，如果消
费者保护的唯一标准是消费者的当前需求，那么私人化的法律

5　Omri Ben-Shahar, The Paradox of Access Justice, and Its Application to Mandatory Arbitration, 83 *U. Chi. L. Rev.* 1755, 1782–85 (2016).

6　参见 Lawrence P. Casalino et al., Will Pay-for-Performance and Quality Reporting Affect Health Care Disparities?, 26 *Health Affairs* (2007); D.B. Mukamel et al., Quality Report Cards, Selection of Cardiac Surgeons, and Racial Disparities: A Study of the Publication of the New York State Cardiac Surgery Reports, *Inquiry* 41(4), 435–46 (2004)。

7　参见 Steven Shavell, *Economic Analysis of Accident Law* 9 (1987)。

能够保证人们获得基于需求的更精准的待遇，但是，其无法保证人们"降低需求"的决策的最优化。

伪　装

如上所述，私人化的法律可能会影响人们提高人力资本的激励。人们可能会尝试以另一种方式操纵私人化指令。如果人们认识到，其行为被加以衡量并能够影响其未来的权利与义务，则其会特意改变其行为。有些时候，这恰恰是规则所预期的效果：一项私人化的刑事罚金应当影响人们从事犯罪的决策。但在其他时候，行为的改变则是计划之外的和不可取的，这种情况也即，人们试图表现得与其真实情况不同，仅仅为了有资格适用一个更优的法律指令。这正是谚语中的智慧，"揣着明白装糊涂"。

以私人化的消费者合同撤回权为例，其根据实际利用率所反映出的人们的撤回需求而量身定制。交易撤回率高的人被推断为从该权利中取得更多利益，这会引发对其私人化保护范围的上调。消费者因而有动机过度使用其撤回权，其向卖方退货的频率将会超过必要的限度。

又或者，以基于过往预防数据而定制的注意义务标准为例。对于一位通常以较高水平成功完成治疗的医生来说，其注意义务标准会要求其达到上述水平，因为这位医生的过往行为证明其可以合理成本达到该要求。然而，人力资本始终存在，医生因而会伪装成其他形态，其伪装的方式可以是避免从事高技能的实践，或者限制公布这类实践。而更普遍的做法是，人们

191

可能会避免采取额外的注意来减少已发生的事故所造成的损害，因为其担心这种行动将会被纳入注意义务标准的调整之中，继而增加自己被认定为过失的可能性。为了应对这类扭曲，各州采取了类似于《联邦证据规则》（Federal Rules of Evidence）第407条的安全港制度，《联邦证据规则》规定，被告在事故发生后所采取的任何措施的证据都不能作为证明其过失责任的证据。[8]然而，除了个别例外，这种阻却证据的努力是徒劳的。举例而言，在认定被召回产品的缺陷时，法院会允许陪审团听取有关危险产品的召回的证据。[9]如果生产者预见到陪审团会将"召回"视为其对过错的承认，那么生产者可能就会避免对危险产品的召回。我们将这种现象称为"伪装"，因为，当行为人的表现能够决定其法律后果时，那些能够并且原本愿意采取有效措施的当事人反而会选择避免这样做，以通过这种方式来影响其"表现"。

这一问题常见于其他领域。投保人可能会决定不对保险单所承保的损失提出赔偿主张，以避免其风险等级和保险费的调整。或者，投保人可能会安装虚假的预防装置，以赢得折扣资格。为了应对投保人伪装成为低于其实际风险的做法，保险公司正在使用一项基于可观测行为的私人化算法。这也将是其他

192

8　"事后措施（subsequent measures）的证据不得采纳来证明：过失；罪错行为（culpable conduct）；产品缺陷或者其设计缺陷；或者缺乏警示或说明。" Fed. R. Evid. 407.

9　David G. Owen, Proof of Product Defect, 93 *Ky. L.J.* 1, 30, 37 n. 210 (2004), citing John S. Herbrand, Products Liability: Admissibility, Against Manufacturer, of Product Recall Letter, 84 *Annotated L. Rep.* 3d 1220 (1986). 另参见 George C. Jackson & Fred W. Morgan, Responding to Recall Requests, A Strategy for Managing Goods Withdrawal, 7 *J. Pub. Pol'y & Marketing* 152, 158 (1988)。

筛选机制的宿命。测试将被用于决定人们参与各种项目（大学录取、经济资助）的资格，但是，这类测试有一个众所周知的副作用，那就是诱导申请人为了"完成测试"这一唯一目的而狭隘地努力。医院、诊所、学校以及其他服务机构均接受调查和排名，其目的在于为受众提供更优的信息，然而，"已有大量来自医疗和教育行业的证据表明，卖方正在试图与系统进行博弈，其代价是牺牲消费者的利益，这一现象尤其出现在被监测的属性未能覆盖所有属性的情况之下"。[10] 医院的"成绩单"包含了各种用以评估其所提供的医疗服务质量的评分，但是，已有各种报道指出，医院存在与系统进行博弈的行为，方式包括操纵自身治疗实践以及选择性地接收更为健康的患者，这些患者的治疗更容易成功，因而有助于为医院赢得更高的声誉评分。[11]

这些行为上的扭曲，同时存在于统一性法律和私人化法律之下。在统一性机制下，人们行为的扭曲是为了符合统一性标准，这些标准的达成会为其带来一定利益。正因如此，我们观察到，存在不成比例数量的人群，聚集于"刚好达到门槛"的位置上。[12] 在私人化机制下，权利与义务随着多种行为维度而变化，每个维度上的扭曲可能更小（因为其对最终回报的影响是

10 David Dranove & Ginger Zhe Jin, Quality Disclosure and Certification: Theory and Practice, 48 *J. Econ. Literature* 935, 956 (2010).

11 David Dranove et al., Is More Information Better? The Effects of "Report Cards" on Health Care Providers, 111 *J. Pol. Econ.* 555, 556–57 (2003); Brian Wallheimer, A Problem With Hospital Ratings—and How to Fix It, *Chi. Booth Rev.* (Dec. 3, 2019), https://review.chicagobooth.edu/public-policy/2019/article/problem-hospital-ratings-and-how-fix-it.

12 Daniel E. Ho, Fudging the Nudge, 122 *Yale L.J.* 574, 632 (2012).

渐进式的，而非一蹴而就），但其会困扰着诸多维度。

套　利

设想一下，一种私人化的法律机制为一部分人提供比其他人更多的消费者保护、更优质的质保条件，或者更高的违约损害赔偿。在此种设定之下，有可能出现一种操纵的不同类型：通过代理人购买。如果艾利尔被赋予某一商品的两年法定质保期，而欧姆瑞仅仅获得一年的质保期，那么套利就会发生：艾利尔可能会购买该商品以转卖给欧姆瑞。同样地，适用更严格的私人化交通规则的司机可能会请车内的乘客——比如，其配偶——来冒充司机登录，以便规避某些私人化限制。

套利的问题往往与价格歧视相伴而生。如果同质性产品在不同买方之间价格相异，那么，那些以更低价格购买到产品的人就可能将产品转手售予那些原本需支付高价的人。如果优步对一个家庭的不同成员收取不同的费用，人们就会用享有较低价格的账户来预约车辆。同样的机制还可能会挫败对于价格以外的其他属性的差别化尝试。如果货物具有同质性，且交易中的唯一变量是法定权利，那么，只要转售无法被禁止，私人化的法定权利就会面临套利。人们不再会从卖方那里购买产品，而是会转向其他享有更好交易条件的消费者。

针对法定权利的套利更有可能出现于"卖方定价统一"的情形。如果所有消费者支付的价格相同，但其中一些人获得了更多权利，这些享有权利者就会充当中间商，其购买产品，然后转卖给那些原本仅获得更低私人化保护的消费者。但是，即

193

使在权利和价格均被私人化的情况下，套利也可能发生。有些权利与价格组合可能相较于其他更具有吸引力。例如，消费者A可能以更低价格享有范围较广的撤回权，因为该消费者在购买时非常谨慎。那么，他就可能会购买该产品，再转卖给习惯性行使撤回权的消费者B。当然，系统可能会对这一模式加以应对，其方式是记录下"A购买的产品被相继退回"这一新的（未被预测的）事件，并事先性地调整其私人化保护。这可能会阻却一部分操纵行为。

抑制操纵的方式

私人化的法律能否解决操纵以及由其造成的扭曲问题？我们将识别一些能够缓和该问题的设计特点。其中一部分要求对私人化法律公式进行有意调整，使之能够对操纵行为免疫。另一部分则体现出对于"操纵问题严重性"的质疑，并表明，该问题或许没有预想的那么严重。

194　不可变特征

一部分被用于私人化法律待遇的特征是不可操纵的。如果一项法律指令依赖于人们的身高、视力、DNA、年龄、生理性别、兄弟姐妹的数量以及健康状况等无法进行策略性调整的因素，则其无法被操纵。如果私人化限速对于非常年轻和非常年老的司机更为严苛，则这些司机无法通过"尝试获得年龄参数方面的更高分值"来操纵其输入值。

围绕"什么是不可变的私人特征"这一命题，各种复杂的问题层出不穷。那些曾经被认为是不可变的特征——例如性别，如今也被广泛承认其可变性。那些被认为用于描述客观事实的分类——例如残疾，则越来越多地被理解为体现了社会价值或主观评价。不过，出于"设计一套操纵免疫机制"这一目标，我们并无必要解决上述纷争。我们的主张是功能性的：变更成本高的个人特征更不易成为策略性操纵的对象。私人化法律制度如若采用高成本因素作为输入值，则其能够保护自身免受扭曲行为的侵扰。诸如性别、财富、职业和教育程度等特征均具有可变性，但其成本或收益足够高，以至于人们不太可能仅仅出于"适用稍具优势的私人化指令"的目的而对其加以扭曲。

我们发现，此种不可变特征的使用会以另外一种方式引发社会成本。它突出了个人身份中的某些不可剥夺的特征，而对于这些特征，社会或许不再希望将其视为不平等待遇的基础。尤其令人担忧的是对于可疑分类的使用，例如种族和宗教，甚至生理性别和社会性别等。并且，由于改变上述特征的成本高昂，这类担忧的严重性有增无减。如果私人化的法律能够以"人们所使用的智能手机型号"之类的事实为依据，那么人们的感觉会好很多。不可变特征应当在何种程度上被使用的问题，必须在认识到这种使用所隐含的差别化的基础上加以回答。

假定性特征

如果私人化法律并非根据人们实际的可变性特征，而是根据假定的特征来定制指令，情况将会如何？如果私人化的过失责任法并非采用人们实际的避险技能，而是采用人们所能习得的最优技能，情况又会如何？不同于可被操纵的实际特质与技

195 能，可习得的最优特质与技能是人们难以轻易操纵的尺度。如果人们知道，注意义务标准不会因其习得或放弃某项新技能而受到影响，换言之，其所适用的标准反映的是其个人潜力，那么，每个人都将被驱使作出最优投资。

不可否认，使用假定性特征比使用实际特征更难。实际特征能够通过简单的测度与观察来衡量，而假定性特征则必须基于一个基本模型来推断，该模型中通常包括对于何为"最佳"的假设。然而，此种困难尚未阻止法律将该方法运用于定制注意义务标准或损害赔偿之中。法院总是谴责那些本可以以更低成本施加管理或减轻侵害效果，但却因其过失而没有这么做的人。最为典型的例子是，因对方违约而受到严重损害的当事人，往往被限定于获得低于其实际损害的赔偿，且其获赔数额以假定性损害为限，该假定性损害也即，若其采取了最优避险努力，其所能遭受的损害。[13]

对于"最优可习得技能"的衡量，切不能仅仅根据行业范围内的标准或平均潜力来加以确定，否则，该机制将轰然崩塌并陷入"统一性"的窠臼。当前，当法院基于对假定性特征的判断来作出指令时，其是在进行对于全体人群的整体分析。医生被要求理性行事，而"理性人"的概念则是基于他人的实践而塑造形成的。私人化的法律显然反对此种方法，且正因如此，对于每一主体假定性特征的评估任务将会变得更具挑战性，并需要更多的信息。

---

13 *Hadley v. Baxendale*, 156 Eng. Rep. 145 (1854); *Rockingham Cty. v. Luten Bridge Co.*, 35 F.2d 301 (4th Cir. 1929).

特征与指令的集成性

我们以上所指出的操纵问题中有一部分建立于一个隐含的假设之上，也即，人们知道系统如何运作，且能够预测算法将对其适用何种规则。他们能够推断出——不论这种推断有多么粗略——其实际行为的改变或者其对于新技能的投资将会影响待遇。而我们认为，上述假设往往只是堂吉诃德式的狂想，原因有三。

第一，操纵的一个主要障碍是私人化算法所使用的特征的广泛性。各种因素的累积（accumulation）意味着，每一个因素仅具有微小的、增量性的影响。如果每个因素均对私人化指令产生细微影响，人们就不会投入足够精力用以识别或改变这些因素。 196

既有的有关操纵可能性的直觉判断，是基于当前的机制而产生的，该机制根据唯一的，或者最多是屈指可数的因素来确定人们的待遇，每个因素都占有较大权重。例如，人们正确地预测到，提出保险索赔申请将会影响未来保费，错过还款期限将会有损于信用评级。当这些直觉被适用于私人化法律时，其方向是正确的，但其严重程度却具有误导性。尽管系统可能会根据这些直观因素来确定某些待遇，但其并不会赋予个别行为以显著权重。

为了论证这一现实逻辑，让我们考虑一下外科医生学习新医疗技能的动力以及其对于可能提高的私人化注意义务标准的担忧。医生的注意义务标准已经受到了有关其技能的其他指标——教育、经验、评级、专业——的影响，因此，仅当医生预见到其义务将被进一步调整时，操纵才有可能发生。医生有着与此无关的投资动力：更高的技能意味着更高的报酬，因为病人会预期到精湛的医术意味着更安全、更有效，并会为此付费。因此，"责任风险逐渐递增"的阴霾或许会使医生担忧，但尚不足以让其投资降温。事实上，算法很可能已经根据医生们的潜力和实际技能设定了私人化的注意义务标准，因而任何由于新的训练所产生的进一步调整的可能性均十分微小。

集成性维度的第二个方面更进一步缓解了对于操纵的疑虑。我们在前文中已述，每个指令的生成均以大量特征为基础；同样地，每个特征均影响着大量的私人化法律指令。在这样的系统中，个人属性中的每一个特定变化都可能以各不相同的方式影响数个（或许是无数个）指令。医生投资于提升医疗技能时，可能会"遭受"更高注意义务标准，但与此同时，其也可能在以专业技能为输入值的其他维度上享受到更有利的私人化指令。谁知道呢，该项投资或许会被纳入其驾驶档案，并得出更为宽松的速度限制；或许会助力于延长其法定退休年龄；又或许会对其机动车强制险的费用施加有利的影响。

197　　这种多维度的影响对于消费者操纵而言尤为相关。如果消费者试图通过表现得更具需求或更加脆弱来获得享受额外保护的资格，则其可能会发现，这种伪装会适得其反。举例而言，如果消费者为了获得更强有力的撤回权或质保安排而对自身情况加以操纵，则这种行为可能会反向影响其在其他领域的分值。他们可能会被认为有失谨慎，或者具有更高的事故风险，并继而被要求从事更高程度的预防行为，以满足其私人化注意义务标准。

　　特征集成性的上述两个方面，解释了私人化法律的密度与广度属性：大量彼此独立的因素结合起来，影响着大量彼此独立的指令。这种集成性，消减了任何具有针对性的操纵所带来的收益，因为其对任何目标指令仅能产生细微的边际影响；并且，其会对其他指令造成诸多计划外的、可能不受欢迎的边际影响。在此之外，第三个问题则源自集成性的特点：对于人们而言，知道哪些特征被纳入考虑、每个特征被赋予何种权重，以及该权重是否足够重要以至于值得对其操纵干预，是不现实的。如此之多的个人特征同时影响着如此之多的私人化指令，鉴于此，对于任何雄心勃勃的操纵者而言，信息问题都会极其难以解决。

　　有必要强调的是，此种信息问题不应当与透明度的缺乏混为一谈。我们在下一章中将阐释，即使多因素的私人化机制也能够实现完全透明。首先，在实时信息技术的帮助下，人们将可以在任何时间点上了解其所适用的私人化指令。此外，人们将有权观察到影响私人化算法的各种因素。当然，这需要专业的技术知识，而且除了"看门人"监管机构之外，几乎不可能有任何人会细致审查算法。事实上，即使在我们当前所处的并不复杂的世界中，人们也极少了解被用于制定统一性指令的因素。因此，那些寻求监督该系统的人将受益于透明度的提升，而其他那些希望操纵该系统的人将面临艰巨的任务。

　　但也不是不可能。算法操纵服务可能会倏然而至，向人们出售"如何操纵其私人化指令"的建议。专门从事各种操纵建议的行业已然存在，这些行业帮助人们获得更为有利但本不应得的待遇。税务顾问帮助人们调整自身活动以减少税收金额；

律师帮助人们适配于更宽松的监管待遇；网络服务商帮助商事主体提升其声誉分值；增信公司自称向人们提供提升其信用分值的小建议；法学院的职业规划服务为学生提供"如何更吸引未来雇主"的建议；如此等等。这类服务机构掌握着"影响特定待遇的因素与输入值"的专门知识。他们的任务有时十分困难，因为其从来不会完全确定哪些因素将决定一个人的待遇。在私人化法律下，算法是定量的、公开的、透明的，服务机构所使用的方法将变得更加缜密，其建议也将会更加精确。

可以肯定的是，操纵建议可以用反操纵措施来予以回击。线上平台采取各种检测措施来防止人们操纵自己的声誉评分，这些措施包括使用人工智能来识别虚假好评。[14] 最后，我们依赖于因素的多重性，将其作为抵御操纵的主要屏障。购买"如何操纵算法"的专家建议的做法只有在一定条件下是值得的，也即如此大费周章的成本小于其收益。操纵单一特征的成本（购买建议的价格＋改变行为的负担）可能是巨大的。但其收益却可能很小，因为，每个被操纵的特征仅能产生微小的增量效应。

阻却套利

如我们所见，操纵能够以套利的形式发生。如果消费者 A 相较于消费者 B 而言享有更优的保护，那么 A 就会先行购买再

---

14 例如，参见 Lirong Chen et al., Detection of Fake Reviews: Analysis of Sellers' Manipulation Behavior, 11 *Sustainability* 4802, 4803 (2019); Shangguang Wang, Reputation Measurement and Malicious Feedback Rating Prevention in Web Service Recommendation Systems, 8 *Inst. Electrical & Electronics Engineers Transactions on Serv. Computing* 755 (2015)。

转卖给 B。一般而言，当交易中存在一些能够让卖方进行追踪的私人化组件时，消费者市场中的套利行为就能被阻却。举例而言，为了防止价格套利，公司一旦发现赋予初始买方的标准利益被他人所主张，其就会取消这些利益。由"零售套利者"（retail arbitrageurs，也即那些以折扣价格大量买入商品，并在eBay 或亚马逊网站上转售的无证经销商）转售的产品，可能会丧失由生产者提供的质保与服务计划。与之类似，航空公司通过限制转售、实名购票、收取改签罚金等方式，防止机票套利，并成功实现其价格歧视。

如果私人化保护不是"对物性"地附属于产品之上，而是 199
"对人性"地仅仅赋予特定消费者，那么，针对合法权利的套利同样能够被阻却。例如，如果一个消费者购买了一台电脑，并且享有相对较广的私人化质保条件，那么，为了避免套利，卖方可能会要求质保时初始购买者必须在场（当然，在一定成本下，此种防御机制也能够被规避）。卖方也可以要求通过不可操纵的形式进行个人身份验证，例如带有照片的身份证。

通常而言，为了达到消除套利的效果，卖方可以将交易构建成一种持续的产品使用服务，而非对于特定同质性商品的一次性销售——这类商品可以随即在二级市场上实现套利。音乐发行商（例如，Spotify）通过出售音乐访问权而非可转售的复制品来对抗数字音乐文件的二级市场。[15] 当前用于防止转售"经授权"的数字产品的技术，包括"禁止此类转让"的合同约定，

---

15 参见 Aaron Perzanowski & Chris J. Hoofnagle, What We Buy When We Buy Now, 165 *U. Pa. L. Rev.* 315, 327–29 (2017)。

以及限制每位消费者可购买的产品数量等，这些技术同样能够有效阻却套利。

事实上，在数据无穷无尽的环境下，套利应当很容易被避免。如果人们的地理位置总是被追踪，如果人们的生物特征参数被众所周知——简言之，如果人们无法隐藏，那么，成功套利的机会将变得越来越小。私人化的法律并不一定依赖于此种监督方式。但是，作为私人化法律机制"燃料"的数据与技术，将能够被用于套利行为的监管。

第十一章　基于数据的治理

　　法律实施的优化需要信息。指令的制定需要有关其影响的信息；法律的执行需要基于质证的事实发现；法律的遵守亦需要关于"法律是什么"的信息。我们的法律机制的设计，很大程度上是以其生产和传递"计划与履行所需的信息"的能力为基础的。每一次法律改革所必须考虑的，不仅包括最优规则的设计，还包括信息流动的关键细节。事实上，我们也像其他许多法律学者一样，各自写过一本关于"法律如何处理缺失信息"的著作。[1]

　　尽管现有法律的信息工程已经非常庞大，但其在私人化法律所需的信息体量面前依然相形见绌。当前限速规范仅要求针对不同道路风险进行一次性评估，由一位道路工作人员挂起限速标识，并配备雷达枪探测违规行为即可。而这将会变成一项庞大的信息工程。其将需要关于每位司机的风险与技能的档案，由各种数据汇编而成，包括驾驶及投保记录、社交媒体及销售

1　参见 Omri Ben-Shahar & Carl E. Schneider, *More Than You Wanted to Know: The Failure of Mandated Disclosure* (2014); Ariel Porat & Alex Stein, *Tort Liability Under Uncertainty* (2001)。

数据、银行和信用卡记录，以及健康和健身档案等。此外，其还需要各种渠道来向行为人传递私人化指令，并需要一项执行设置，将实际检测到的速度与特定的私人化限速加以比较。[2] 在本章中，我们将探讨法律如何解决这一信息挑战。

我们在本书中呈现了一个理想的私人化法律版本，每个人享有自己的个人法律体系，指令沿着系谱而有所不同，甚至稍纵即变。它是一种模式，而非一套改革指南，而信息就是其主要的限制。然而，值得玩味的是，我们为什么要在此刻写下这本书。私人化法律的催化剂，也正是其他私人化方案背后的根本现象：海量私人数据的新繁荣。数字个人信息的收集和用以分析其内在模式的计算机方法的革新，也即"大数据革命"，让曾经晦涩不清的事实变得大有可用。许多既有法律原则存在的正当性在于高昂的信息成本，例如物权法中的物权法定原则，合同法与侵权法中的损害赔偿限制，以及过失责任法中的统一性注意义务标准等，这些法律原则能够被加以重塑，以提升法律的精确性收益。霍姆斯反对私人化过失标准的著名论断——"精巧地衡量一个人的能力与局限并不可能"——在此时此刻已不那么奏效。[3] 在我们的美丽新世界中，"信息是否可获得"是一项伪命题。数据始终存在。而挑战在于，找到我们能够利用这些信息来做的"有益之事"。

尽管大量信息被收集，但其掌握在商事主体手中。它们能否被政府获取并妥善处理？不同于其他行业或企业能够对数据

2　参见 Anthony Casey & Anthony Niblett, The Death of Rules and Standards, 92 *Ind. L.J.* 1401, 1411 (2017)。

3　Oliver Wendell Holmes Jr., *The Common Law* 73 (Λ.B.Λ. Pub. 2009) (1881).

进行深度挖掘并据此调整自身表现，法律深陷于独特的挑战与局限之中。我们将在本章中探讨上述的部分问题，并将对于"以人工智能取代人类"这一困境的补充评论留至"结论"一章中。

法律制定需要何种信息？

通常的答案是：有关"用于测量相关法律标准的特征"的信息。以私人化酒类购买的行为能力年龄法为例。立法者可能会将酒后不当行为认定为限制购买的原因，并指示监管者训练一项算法来识别能够预测这些风险的个人特征。这种基于大量统计数据的预测，对于机器学习而言最适合不过了。[4]算法将识别出相关输入值。最具信息量的输入值很可能是过往的酒精滥用与危险驾驶行为（我们在 t 时点所做的事情是猜测我们在 $t+1$ 时点将会做的事情的有力依据）。更微妙的预测因素可能包括吸烟、冲动（尤其是"功能失调型冲动"），以及与父母及同伴的特定关系模式。[5]没有汽车、驾照，或者没有与驾驶相关的残疾等情况均能够降低该风险，因为如果你无法开车，你就无

203

4　机器相比于人类，能够汲取更多的数据并更快地得出结论，这能够实现驾驶安全性的提高，以及某些手术错误的显著降低。对此解释，参见 Ajay Agrawal et al., Artificial Intelligence: The Ambiguous Labor Market Impact of Automating Prediction, 33 *J. Econ. Perspectives* 31, 32–33 (2019).

5　Diva Eensoo et al., Predicting Drunk Driving: Contribution of Alcohol Use and Related Problems, Traffic Behaviour, Personality and Platelet Monoamine Oxidase (MAO) Activity, 40 *Alcohol & Alcoholism* 140, 142–45 (2005); Tamara M. Haegerich et al., The Predictive Influence of Youth Assets on Drinking and Driving Behaviors in Adolescence and Young Adulthood, 37 *J. Primary Prevention* 231, 239, 241 (2016).

法酒后驾驶。

有些时候，这些被识别的特征是有迹可循的，此时一项关于其因果关系的合理解释将会被重新建立。例如，人们有可能发现，酒驾风险与人们在娱乐方面的预算呈正相关，而与其在书籍和电影上的支出呈负相关。而在另一些时候，预测可能是武断甚至令人费解的，缺乏合理的理论支撑。比方说，我们可能会发现，一个人父母的年龄或者其咖啡摄入量能够预测其酒精滥用。由于有漫无边际的数据需要梳理，许多预测因素可能会按照差异化的权重而排列起来。以下是几项私人化法律所需要的信息类别。

生理特征。人们的身体有时候是确定其最优私人化法律待遇的关键。矮个子司机由于视野受限，可能会比高个子司机造成更高的风险。生理受限的消费者可能更倾向于某些强制性保护（例如，远程合同的撤回能力）。患有特定过敏症的人在购买食品时需要接收针对过敏原的私人化披露，孕妇在接受医学治疗时需要一系列特别的风险披露。身体虚弱的卡车司机可能要适用更为严格的强制性下班时间规定。

有时，这些生理特征是不证自明的。但即使在这种情况下，其存在和重要性也必须加以衡量。该法律可以使用既有的健康记录（例如，由人寿保险公司、社保机构和车辆管理局所保留的记录），还可以要求人们提供其他情况下无法获得的信息。我们将会探讨一些诱导人们披露这类信息的策略。

思维、认知与情感特征。年龄是认知能力的一项粗略的指标，其很可能会在多项私人化规则中发挥显著作用。例如，机动车保险公司知道年龄与驾驶风险之间具有相关性，伤残保险

公司亦将年龄用于损害风险的定价。[6] 其他能够定义每个人驾驶
风险等级的因素也应当被考虑在内，例如冲动、反应速度、空
间感，以及风险厌恶。我们或许没有直接的证据证明一个人的
风险厌恶等特征，因此，那些已经明示的偏好不妨被用作代理。
保险公司早已开始监测这类因素。它们邀请司机在车内安装记
录设备（"车联网"），用以监测与风险相关的习惯，例如超速、
加速，以及急转弯和刹车时的 G 力等，其目标在于对保险费加
以私人化。[7] 同样的数据也将为私人化的限速算法提供信息。

　　与之类似，医生的情感与认知特征应当反映在其注意义
务标准之中。诸如冲动、傲慢或者寻求刺激等特征增加了医生
进行不必要冒险的可能性，因此，不论是医生或是医院，在作
出基于风险评估的关键决策时，均应当被要求采取额外的预
防措施。不同的医生可能具有不同的认知偏见倾向，例如锚
定（anchoring）、确定性偏误（confirmation bias），或者易得性
（显著性）直观判断［availability (salience) heuristic］等。[8] 如果
我们能够预测哪些个人特征与更严重的偏见倾向相伴出现，那

6　Robert L. Brown et al., Colliding Interests—Age as an Automobile Insurance Rating
　　Variable: Equitable Rate-Making or Unfair Discrimination?, 71 *J. Bus. Ethics* 103, 104,
　　110, 112 (2006); Mary Kelly & Norma Nielson, Age as a Variable in Insurance Pricing
　　and Risk Classification, 31 *The Geneva Papers on Risk & Ins.* 212, 213–15, 221, 223–
　　25, 228–30 (2006); David Strauss et al., Discounting the Cost of Future Care for Persons
　　with Disabilities, 14 *J. Forensic Econ.* 79, 81 (2001).

7　Dimitris Karapiperis et al., *Usage-Based Insurance and Vehicle Telematics: Insurance
　　Market and Regulatory Implications* 11, 12, 46 (2015).

8　参见 Alaa Althubaiti, Information Bias in Health Research: Definition, Pitfalls, and
　　Adjustment Methods, 9 *J. Multidisciplinary Healthcare* 211, 214–15 (2016); Pat
　　Croskerry, From Mindless to Mindful Practice—Cognitive Bias and Clinical Decision
　　Making, 386 *New Eng. J. Med.* 2445, 2446–47 (2013)。

么，更高的医疗义务，作为注意义务标准的一部分，就能够被选择性地放大适用于所需之处。

思维能力（mental abilities）对于强制性保护的设计而言格外重要，因为许多保护的存在理由就是保护对象在精神层面上的限制。例如，在产品广告中提供准确信息的义务最初是以"行路的傻瓜"（wayfaring fools）标准而制定的，其目的在于保护"无知的、缺乏思考的、轻信的人"。[9]随后，这种针对所谓"欺诈"（deception）实施过度保护的统一性标准，被"理性消费者"统一性标准所取代。在一个广告早已具备个性化并对消费者认知偏见加以利用的世界里，广告法也可如法炮制，依赖于相同的特征实现保护的私人化，并基于人们的思维能力来对广告进行解释。基于"无知消费者"或"一般消费者"的统一性标准将被私人化保护所替代。

思维能力对于私人化信息披露的设计而言至关重要。统一性披露之所以如此普遍地以失败告终，一个主要原因在于其与人类的认知和思维能力相脱节。[10]如果披露能够加以限定以匹配人们的思维能力，那么，其发挥作用或许还有一线希望。立法者在设计基于思维调整的披露时，可以依赖于那些已知与思维能力和认知偏见具有相关性的因素，如教育、语文和算术成绩，抑或阅读量等。

偏好。偏好信息对于缺省规则与强制性规范的制定而言至关重要。缺省规则试图模拟人们的愿景与计划，而这是由人们

---

9 *Charles of the Ritz Distribs. Corp. v. FTC*, 143 F.2d 676, 679 (2d Cir. 1944).

10 Omri Ben-Shahar & Carl E. Schneider, *More Than You Wanted to Know: The Failure of Mandated Disclosure* (2014).

的偏好所决定的。私人化的无遗嘱继承缺省可能会利用有关偏好的调查；或者尝试通过其他特征来加以预测，这些特征例如性别、收入、财富、家庭规模、宗教信仰，或者婚史——而其权重则是通过对实际遗嘱和调查的分析而得出。与之类似，私人化的器官捐献缺省规则可能依赖于已知的偏好模式，该模式部分由宗教信仰所决定。这些偏好并不是非此即彼的：不同宗教对待器官捐献的方式存在着显著差异，有时其取决于所捐献器官的类型或者接收者的身份。[11] 公众调查进一步发现了人们态度的差异性，以及解释此种差异的因素。[12] 我们将在下文中进行解释，仅需对一个人口样本进行调研并提取出决定人们偏好的因素，即可满足制定缺省的要求；而只需进一步推论形成一项公式，即可将私人化指令适用于全体人群。

人们往往拥有不同的饮食偏好，需要不同的营养数据、标签，以及针对其所摄入食品的警告。预测人们的个人异质性偏好可能十分困难，因为，个人的营养目标相较于其他属性而言会更加飘忽不定和富于变化，因而相关信息必须针对每个人加以提取。为此，人们可能不得不进行注册并选择其所需的披露方案。很多人想知道卡路里数量，有些人想知道胆固醇或钠含量数据，有些人则需要关于特定过敏原的警告。人们参与此种分类活动的动力在于，避免那些不太有用的、"完整版"的标签。

---

11 关于针对器官移植的宗教态度的文献研究，参见 Paolo Bruzzone, Religious Aspects of Organ Transplantation, 40 *Transplantation Proc.* 1064 (2008)。

12 例如，参见 U.S. Dep't of Health and Hum. Serv., 2019 National Survey of Organ Donation Attitudes and Behaviors (Feb. 2020), https://www.organdonor.gov/about-dot/grants/research-reports。

习惯。我们不仅需要有关先天特征的信息，也需要有关行为的信息。行为模式能够助力于最优法律指令的制定。例如，对利益冲突的监管。医生、财务咨询专家以及其他顾问可能会受到利益冲突的影响。医生有时会因开具处方而收到来自制药企业的经济激励。金融经纪人有时会因引导客户进行特定投资而从第三方处获得奖金。大量的心理学研究表明，顾问经常受到此种冲突动机的影响，即使是在潜意识层面。[13] 仅凭性格数据来区分出最具偏见的顾问是十分困难的，但是，对其习惯加以检验或许能够使识别成为可能。提供建议的相关数据（例如，医生的处方记录）可以被用于分析，甚至可以与旁交易（side deals）的数据加以匹配。那些显示屈从于冲突的顾问可能会适用更高的监管待遇：更严格的禁止收取额外报酬规定，更积极的冲突披露要求，以及更高的注意义务标准。现行的统一性机制为所有人施加了基本无效的披露义务；[14] 此外，亦有观点主张彻底地对任何旁支付（side payments）加以统一禁止。而与上述方案不同，一项基于"已披露的习惯"的私人化机制能够实现按需调整。

与被规范行为不存在直接关联的习惯能够为私人化提供有

---

13 "隐性偏见（implicit bias）在没有意识的情况下发生，而且，其常常与一个人的个人信念不相一致。"参见 Elizabeth N. Chapman et al., Physicians and Implicit Bias: How Doctors May Unwittingly Perpetuate Health Care Disparities, 28 *J. Gen. Internal Med.* 1504, 1504–1505, 1507 (2003); Sunita Sah & Adriane Fugh-Berman, Physicians Under the Influence: Social Psychology and Industry Marketing Strategies, 41 *J.L. Med. & Ethics* 665, 667 (2013); Jess White, Doctors Reveal Their Biases in New Survey, *Healthcare Bus. & Tech.* (Jan. 21, 2016)。

14 Daylian M. Cain et al, The Dirt on Coming Clean, 34 *J. Legal Stud.* 1, 5 (2005).

价值的输入值。例如，保险公司已经发现，安全驾驶和写作习惯之间存在相关性。其发现，感叹号以及"总是"或"从不"等词语的频繁使用与过度自信有关，而过度自信又与较高的事故率存在联系。反过来，其同时发现，简短而具体的写作风格、清单的使用，以及在特定时间安排会议的做法，与个人的组织性和责任感有关，这反映出较低的风险，应当适配于更低的保险费。[15] 习惯分析有助于预测借款人的信用风险。通过分析上千人的电子邮件和联系方式中的特点，研究发现，"回复邮件的速度有多快、是否在邮件主题栏中写下标题"等细节可以生成一项"帮助预测你是否会偿还贷款的分值"。[16] 这种习惯分析也可以被运用到针对风险控制的监管框架之中。

信息从何而来？

法律指令由法院（事后地）或者监管机关（事先地）颁布。这些机构以不同的成本获取不同的信息。信息的获取，无疑是选择制定事后性还是事先性规则时的一项核心因素，[17] 而其也将在私人化规则中发挥类似的功能。法院与监管机关会掌握不同

---

15 例如，参见 Graham Ruddick, Admiral to Price Car Insurance Based on Facebook Posts, *The Guardian* (Nov. 1, 2016), http://perma.cc/5MCW-5QQG。一般参见 Niva Elkin-Koren & Michal S. Gal, The Chilling Effect of Governance-by-Data on Data Markets, 86 *U. Chi. L. Rev.* 403 (2019)。

16 参见 Clancy Yeates, How Your Social Media Account Could Help You Get a Loan, *Sydney Morning Herald* (Dec. 30, 2017), http://perma.cc/Z83N-RE8Q。

17 Louis Kaplow, General Characteristics of Rules, in *Encyclopedia of L. & Econ.* 504 (Boudewijn Bouckaert & Gerrit De Geest eds., 2000).

的数据，以及不同的运用该数据的能力。当然，法院并无资格设计私人化算法。但其可以对已经存在的工具加以运用，并将当事人提供的特别信息输入其中。举例而言，当法院定制私人化注意义务标准来确定司机责任时，法院可以要求当事人提供有关司机个人性格的证据，并将这类证据用于私人化指令的生成。相比之下，监管机关则事先性地生成指令，其需要大量数据库来创建筛选算法，并将之应用于全体人群。这类综合性工程所必需的信息必然来源于以下几个方面。

推定（presumptions）。法院只能依赖当事人来提供信息，或者邀请当事人接受各种生理与认知的筛选测试。为了确保此类证据的获取，法律体系中可以引入"可反驳的推定"。设想一下，法院如何能让被告披露有关其技能的信息。法院可以建立一个简单的推定——所有加害人均具有平均技能水平。在统一性过失机制中，此种推定将是终局性的。然而与之不同的是，在私人化机制下，被告将被鼓励提出反驳这种推定的证据。低技能的加害人将有激励向法院提出这样的证据，以显示其真实技能，其目的在于享受更宽松的私人化标准。当然，问题在于，高技能的加害人并不会如此。通过证据开示，原告可能会获得某些有关被告高技能的证据；且某些时候，法院也能够从被告的沉默中推断出其具有高技能。不过，此类信息只会部分地被加以呈现，而其类型的划分也未必完美。

为了提高被告向法院提供其技能相关信息的激励，法院不妨采用一种策略性的，而非现实性的推定——一种针对最低成本证据提供者的"惩罚性备选方案"。法院可以建立"被告具备高技能"的推定，实际上威胁被告其注意义务标准将被设定在极高水平，即最高技能加害人的最优注意义务标准。此时，除了位于"技能系谱"顶端的加害人之外，其他所有加害人均有激励揭示其"低于推定技能"的特征，以获得适用更低过失标准的资格。随着私人信息被越来越完整地披露，法院即可越来越充分地实现标准的私人化。

此种推定的使用并非没有成本。一些被告将面临是否提供其医疗、心理或者其他敏感信息的两难境地。"低技能"可能会在其他地方导致不利后果，例如在工作场合。不过，侵权案件的原告披露诸如医疗状况等敏感信息的情况十分常见。如果其这样做是为了扩大赔偿数额，那么为了获得更宽松的私人化注意义务标准又有何不可？

推定与自述（self-reporting）是信息传递的特殊方式，其对于由"统一性指令的当前世界"向"完全私人化的未来"的转型阶段而言再合适不过。这一转型阶段的特点即，首先依赖于不完全且非系统性的数据。而从长期来看，更多系统性的大数据资源将会一一出现。

大数据。能够筛选海量电子存储数据的计算机，现在已被普遍用于识别那些能够预测个人特征、偏好与行为的模型中。海量数据库与预测性分析方法的结合已被用于许多项服务的私人化。私人化法律指令的成功或许会极大地取决于大数据的可用性。

大数据之所以能让公司，甚至能让法律对未来行为加以预测，是因为购物、互联网搜索、信用支付、地理位置、健身记录以及社交网络习惯的模式揭示了人们的性格、特征和价值观的各个方面。心理学家已经通过实证研究将富有责任心、外向

209 等性格特征与数据中的各种表现和模式联系了起来。比如，并不出乎意料的是，外向的人在社交网站上更为健谈、更倾向于自我表达，而富有责任心的人则更可能在政治上趋于保守。[18] 我们也许并不喜欢这种联系，但正是基于此类相关性，此刻的我们才越来越可能对人们的性格特征加以预测，而无需基于自愿的性格测试。

当然，"市场营销公司与政治竞选活动在个性化广告推送时采用大数据分析"与"律师或法官在法律领域动用技术能力推行类似方法"并不能同日而语。对于机构能力的担忧具有合理性，不过，利用此类方法的成本正在迅速降低。预测性分析已经被用于一部分刑事司法领域（量刑、假释、取保候审），[19] 并且被越来越多地用于代替针对案件"把握性"的法律咨询。[20]

最终，为了创建私人化指令，监管机关将不得不拥抱大数据科学，将其作为一种手段，来决定何种条款应当被植入语义含糊的合同或者遗嘱，何种强制性保护应当由消费者和雇员所享有，以及如何为每个加害人量身定制注意义务标准。此类工

---

18 例如，参见 Dana R. Carney et al., The Secret Lives of Liberals and Conservatives: Personality Profiles, Interaction Styles, and the Things They Leave Behind, 29 *Pol. Psychol.* 807, 824 (2008); Baiyun Chen & Justin Marcus, Students' Self-Presentation on Facebook: An Examination of Personality and Self-Construal Factors, 28 *Computers in Hum. Behav.* 2091, 2097 (2012); Tracii Ryan & Sophia Xenos, Who Uses Facebook? An Investigation into the Relationship Between the Big Five, Shyness, Narcissism, Loneliness, and Facebook Usage, 27 *Computers in Hum. Behav.* 1658, 1662 (2011)。

19 AI, Predictive Analytics, and Criminal Justice, *Brookings* (Feb. 19, 2020), https://www.brookings.edu/events/ai-predictive-analytics-and-criminal-justice/.

20 Daniel M. Katz, Quantitative Legal Prediction—Or—How I Learned to Stop Worrying and Start Preparing for the Data-Driven Future of the Legal Services Industry, 62 *Emory L.J.* 909, 936-42 (2013).

具的存在也将使私人化指令对于计划自己行为的当事人而言更
具可观测性，这一点尤其体现在（先于裁判的）监管阶段。

　　而最具价值的问题在于，大数据从何而来。政府掌握着一
部分个人数据——国税局与社会保险记录、交通摄像头、国家
安全局的监视、银行的强制性报告、婚姻信息、法院记录、财
产登记、抵押贷款等。在刑事审判中，犯罪档案中的信息被用
于量刑与假释的决定。在其他领域，相当多的个人信息要么是
已知的，要么则可以根据公共档案（也即来源公开的信息）加
以推测。由政府运行的健康计划拥有海量的有关人们健康状况
的记录，不过，1974 年的《隐私法案》（Privacy Act）在很大程
度上禁止了政府与其他机构共享这类记录。[21] 尽管允许少数的例
外，[22] 但只有当上述限制被取消后，健康信息才可能被获取，而　210
这些健康信息往往对私人化规则而言至关重要。

　　一部分与私人化法律最为相关的数据存在于政府数据库
中。有关收入、资源、生理及其他方面的残疾、支出类别、生
活安排等的信息储存于税收与社会保险记录中。[23] 此外，不论
你是否喜欢，政府能够并且已经通过一系列监控程序来追踪人
们的位置、通信以及关系。[24] 数字通信的元数据收集一事因爱

21　Privacy Act of 1974, 5 U.S.C. § 552a (2014).
22　U.S. DOJ Off. of Privacy & Civil Liberties, Overview of the Privacy Act of 1974 (2015 Edition) 68-115; The Privacy Act of 1974, Electronic Privacy Info. Ctr., https://epic.org/privacy/1974act/#exceptions (last visited July 15, 2020).
23　Anya Olsen & Russell Hudson, Social Security Administration's Master Earnings File: Background Information, 68 *Soc. Security Bull.* 29, 29, 37-41 (2009).
24　Barton Gellman, Inside the NSA's Secret Tool for Mapping Your Social Network, *Wired* (May 24, 2020), https://www.wired.com/story/inside-the-nsas-secret-tool-for-mapping-your-social- network/.

德华·斯诺登（Edward Snowden）的揭露而广为人知，然而这种做法当前仍在继续。[25] 跟踪监测人们的新冠肺炎暴露情况的各种计划也在选择性地实施。[26] 这一领域的私人化追踪与监控所带来的好处似乎足够显著，84% 的美国成年人和三分之二的英国公民表示，其支持政府使用追踪数据和健康数据来减少病毒的传播。[27]

如果私人化的法律利用来自商业平台的数据，则其结果将会更为精确。谷歌、脸书或亚马逊是否会允许政府访问其数据？数据库是私有财产，其所有者并不愿意加以共享，因为这会损害其商业模式。[28] 商业平台的用户可能会限制其使用，或者隐藏一部分个人信息。又或者，人们可能会有策略地分享一部分信息，而非其他信息，以此影响其私人化指令。

像"23andMe.com"这样的基因检测网站则展现了上述担忧的一个极端版本。人们对于将此类信息与政府（或其他实体）211 共享感到尤其不安，而事实上，DNA 网站的确提供了一系列一

---

25 Stuart A. Thompson & Charlie Warzel, Twelve Million Phones, One Dataset, Zero Privacy, *N.Y. Times* (Dec. 19, 2019), https://www.nytimes.com/interactive/2019/12/19/opinion/location-tracking-cell-phone.html.

26 有关实施追踪的早期尝试及其所面临的困难，参见 Natasha Singer, Virus-Tracing Apps are Rife with Problems. Governments are Rushing to Fix Them., *N.Y. Times* (July 8, 2020), https://www.nytimes.com/2020/07/08/technology/virus-tracing-apps-privacy.html。

27 Anindya Ghose et al., Trading Privacy for the Greater Social Good: How Did America React During COVID-19?, available at SSRN: https://ssrn.com/abstract=3624069; Helen Warrell, Majority in U.K. Support Use of Mobile Phones for Coronavirus Contact Tracing, *Fin. Times* (Apr. 17, 2020), https://www.ft.com/content/1752affb-24dc-4ad9-8503-78f9ce1adca9。

28 Elkin-Koren & Gal, *supra* note 15, at 414, 421.

反常态的强有力的隐私保证。[29] 政府可能会出于刑事调查等目的而强制要求转移基因数据，但超出临时搜查令范围的更广泛的政府访问权将有可能会损害平台收集数据的能力。

商事企业不太可能向政府提供对于其庞大数据库的免费访问权。这些企业是否会受到强制？当联邦调查局（FBI）寻求苹果公司的协助来获取一名已死亡的恐怖分子的加密 iPhone 数据时，苹果公司始终态度嚣张，并最终违抗了法院命令。该公司面对着其"保护用户隐私"的誓言流下了"鳄鱼的眼泪"。谷歌，另一个自诩的隐私殉道者，也很快故作姿态地拒绝将个人信息转移给执法机构。强行地大规模推进专有数据转移将为政府带来严峻的宪法挑战。[30]

也许，"将数据传输给政府"可以成为讨价还价的一部分——"把数据给我们，我们就会适当放松数据监管"。但如果用户对于自己的数据被交由公权力机关一事感到不安或反感，那么这种策略就难谓大获全胜。一种不同的讨价还价思路是，

---

29 "23andMe"网站在其《隐私声明》中表明，其"不会向执法部门或监管部门提供信息，除非法律要求其遵守有效的法院命令、传票，或者对基因或个人信息的搜查令"。Privacy Highlights, *23andMe* (Jan. 1, 2020), https://www.23andme.com/about/privacy/.

30 Tim Cook, A Message to Our Customers, *Apple* (Feb. 16, 2016), https://www.apple.com/customer-letter/; Alex Johnson, Google CEO Backs Apple in FBI Fight Over Cracking San Bernardino Gunman's iPhone, *NBC News* (Feb. 18, 2016), https://www.nbcnews.com/storyline/san-bernardino-shooting/google-ceo-backs-apple-fbi-fight-over-cracking-san-bernardino-n520421. 一般参见 Michael Hack, The Implications of Apple's Battle with the FBI, 7 *Network Security* 8, 9–10 (2016); Stephen J. Otte, Whether the Department of Justice Should Have the Authority to Compel Apple Inc. to Breach its iPhone Security Measures, 85 *U. Cincinnati L. Rev.* 877, 890–93 (2017)。

与用户达成交易：用户可以选择是否允许政府获取其私人数据，用于改善其私人化法律领域。举例而言，在缺省规则的设计中，私人化法律可以被设置成一种"选择排除"的选项，此时，倾向于适用统一性规则的人们可以退出该计划。"限制政府数据"则属于"部分排除"一类。既然越来越多的司法辖区制定了数据可携性（data portability）规则，也即允许用户在不同平台之间转移其个人数据，人们同样可以选择哪些数据能够被监管机构所访问。

尽管政府对于某些包含基因信息的私人数据库的访问权有限，但其很有可能从其他来源获取基因数据。遗传学是医学的前沿领域，出于医学研究与治疗的目的，各种基因组数据库被建立了起来。包括 2008 年的《反基因歧视法案》（Genetic Information Nondiscrimination Act）在内的既有法律禁止了对于基因数据的某些方式的使用（例如，出于医疗保险歧视目的而使用），[31] 但如果私人化规则能够带来较高的社会价值，则法律不得不授权其使用此类数据。

调查与样本。以"模拟人们的偏好"这一私人化缺省规则的设计目标为例。人们可以接受有关自身偏好的调查，但是，"事先性地识别每个人对于每件事的偏好"所引发的成本将令人望而生畏，而事后性地询问其偏好又愚蠢至极（人们可能会伪造自己的偏好）。我们需要一种降低调研成本的方法。普锐理与斯特拉希利维茨设想了这样一种算法，其能够将样本调查与大

---

31 Genetic Information Nondiscrimination Act of 2008, Pub. L. No. 110-233, 122 Stat. 881 (codified as amended in scattered sections of 29 & 42 U.S.C.).

数据相结合，以有效地预测人们的偏好。[32]

第一步是选择一群人（"豚鼠"）作为抽样组，并调查其对于某一特定问题的偏好。[33] 例如，在设计无遗嘱继承的缺省时，调查其遗产分配偏好。又例如，在设置强制性消费者保护时，询问受访者在不同类型的交易中对于撤回权的偏好，以及其愿意为该权利支付的对价。此外，还需调查受访者在习惯、活动、生理与情感特征、病史等方面的信息。他们的回答将基于其他外部数据来源加以确认和补充，这些来源例如信用卡对账单、社交媒体档案、互联网浏览历史，以及医疗数据。在这一阶段的调查完成时，有关"豚鼠"的大型数据库将被搭建起来。

私人化方案的第二阶段是训练算法，要求算法利用调查数据中所有的相关特征来预测人们的偏好。该算法将被"投喂"所有关于参与调查者的已知信息，并识别出人们的一般特征以及该特征与法定缺省规则的偏好之间的相关性。该筛选算法的准确性将通过对比"预测结果"和"测试组（未向算法透露其偏好的样本参与者）的实际偏好"来加以验证。

第三阶段，也是最后一个阶段，是使用该筛选算法来预测全体人群——任何不包括在调查组中的人——的偏好。这一阶段的关键假设是：在样本中，如果具有特定的一组基本特征的人对于特定缺省具有特定偏好，那么具有大致相同特征的人也会具有这种偏好。当然，这一假设需要不断地进行测试，例如，定期将算法所预测的输出值与原调查之外的人们的实际偏好进

213

32　对于该方案最初形成的有关细节，参见 Ariel Porat & Lior J. Strahilevitz, Personalizing Default Rules and Disclosure with Big Data, 112 *Mich. L. Rev.* 1417, 1450−52 (2014)。

33　*Id.* at 1450−53.

行比较。如果算法具有充分的可靠性、能够经受住此类测试，则其能够为私人化的缺省规则提供预测。

毫无疑问，基于调查的筛选算法的构建过程中存在无数项技术挑战。首先，我们需要激励人们参与"豚鼠"调查并真诚地回答问题。适度的法定赔偿可以作为其对价。同时，人们会获得一项承诺，即其提供的答案将被用于塑造其独有的私人化规则，这种方式能够鼓励人们保持真诚。而在注意义务标准和强制性规范的设计中，人们则可能需要相反的承诺，也即其提供的答案将不会被用于对付他们，这种方式能够防止操纵行为。

所有这些表明，数据是存在的或者可以被生产的。然而，如果政府将为了特定目的而收集的数据用于其他更广泛的领域，这种做法是否妥当？我们主要的担忧在于隐私以及政府的越权问题。我们稍后将对这类问题加以讨论。

遵守私人化指令

显示"55英里每小时"的高速公路统一标志会被无数个私人化的限速指令所取代。实施已久且顺理成章的"不动产在夫妻之间平均分配"安排会被一个神秘公式所取代。72小时的贷款冷静期会被私人化期限所取代。在如此多的差异面前，人们如何知晓自己应当遵循何种指令？在失去统一性的简明优势之后，法律要如何指导人们的行为？

了解法律，即使在当前的统一性安排下也并非易事，而在统一性规则消失之后，其似乎会变得无限复杂。每个人都能看到高速公路上"55英里每小时"的标志，但他们如何能够知道针对其个人的瞬息万变的规则？统一性指令千人一面，所以人们可以通过口口相传或四处窥探来研究其他人的法律待遇。人们也可以通过教育或惯例来了解统一性法律，但是，如其定义，惯例是以团体为基础的，而非私人化的。如果私人化指令因时 214 而变，那么即使从自己的经验中学习也变得并不可能。

直觉告诉我们，信息障碍似乎是不可逾越的。即便法院有可能运用算法来做出私人化的司法裁判，人类行为人也不可能在每次冒险行为之前做出有依据的明智评估。

了解自己。我们认为，上述直觉是绝对错误的。以私人化注意义务标准为例。有可能真实的情况是，基于对自身独特特征的了解，每个人更容易预测出什么对其自身而言是合理的，却相对不那么容易推论出什么对于社会一般人而言是合理的——这是一个"似非而是"的悖论。虽然私人化机制所使用的总体信息量更为庞大，但人们对于"有关每个特定行为人的信息"的预测和处理却更为容易。人们了解自己的弱点。人们知道自己是否笨手笨脚、反应迟钝、目光短浅、心不在焉，抑或反复无常。人们也了解自己的优势——其是否具有技术和经验。人们能够意识到自己的精神状态，是微醺、疲倦，抑或无聊。尽管众所周知，人们看待自己时总会带着偏心的认知滤镜并充满宽容，但是，对于不可原谅的责任的恐惧则会降低这种"自我偏袒"的影响（并请注意，即使在统一性机制下，也可能存在类似的对于法律标准的扭曲信念）。虽然算法能够处理更丰富、更细致的信息，但人们对于体现自身属性的私人化注意义务标准同样有着大致的理解，这有助于人们至少粗略地预测自己的指令内容。

即使不完美，人们对自己的了解也可能比对社会平均特征

285

的猜测更有根据、更加准确。统一性标准依赖于平均值，为了推断出平均值，人们需要了解社会中技能和风险的分布情况。这类信息是保险公司而非普通人所掌握的。通过观察过往案例和遵循社群规范，人们或许能够对统一性义务做出有根据的猜测。然而，在一个依赖于事后性标准（有别于事先性规则，事后性标准并不会张贴明线指令）的体制下，这种学习是迟缓且并不完善的。而与之相对，私人化标准则不需要加以学习，因为其利用了人们已经掌握的关于自己的信息。[34]

215　　我们并不想轻描淡写私人化法律机制下的行为人所面临的巨大信息挑战。即使人们对自己的"个人最优行为是什么"了如指掌，其依然有必要预测一个不完美的法院将为自己施加的私人化标准。为了克服一部分信息成本，人们将需要机器向他们实时传达指令。司机可以在接入网络的汽车仪表盘上设置私人化限速的闪烁提示，这类汽车能够获取有关其车况的实时数据。[35]消费者可以接收到交易附带的私人化保护提示。当然，并不是所有法律规范都有必要在人们眼前过一遍；许多规则可以基于需要而获取。当大卫与阿比盖尔想知道其无遗嘱继承的缺省规则时，他们登录了我们虚构的 Wills.gov 网站，输入其社会保险号，并查看了自己的缺省规则。此类知识也可通过私人化的电子公告栏加以传送。同一个算法在生成私人化指令的同时

34　这一主张假设人们了解自己的性格特征，但这种假设并不总是正确的。例如，新手司机可能尚未意识到自己的技能。在这种情况下，通过观察来学习统一性标准可能是一个更好的选择，远胜于让人们调整行为来适应其主观上所感知到的技能。

35　参见 Anthony J. Casey & Anthony Niblett, Framework for the New Personalization of Law, 86 *U. Chi. L. Rev.* 333, 340 (2019)。

可以设置一个公共接口，用来事先性地与行为人沟通有关其利益的实施结果。

渐进的私人化（gradual personalization）。为了促进人们遵守私人化指令的能力，法律可以采用较为粗略的私人化，这一点在缺少实时信息辅助的情况下尤为重要。法律可以采用一个具有若干分散档位的"开关"，而非一个可以连续调节的私人化"旋钮"。从统一性法律向私人化法律转变的第一个阶段，可能是沿着为数不多的定性级别来区隔出不同指令——我们称之为"渐进的私人化"。此时，法院不得不从有限的菜单中加以选择——例如，高、中、低标准的三级结构——并将人们网格式地归入这些组别。渐进的私人化与刑事量刑指南机制异曲同工，该制度根据具体案件的特点，对刑期进行定性的分级调整。通过将定制限定于若干个具体选项，裁判将更为粗略，但其所需的信息和成本都将更低。举例而言，为司机设置私人化限速时，渐进性机制可以将速度分为40、50与60英里每小时三个档位，而每位司机均被指定其中的一个档位。

渐进的私人化相较于完全的私人化而言更具可行性，也更容易实施。其颗粒度的水平（也即级别的数量）可取决于个人属性的差异幅度、法院进行更精细的私人判断的成本，以及人们预测更精细的分区的能力。这样一种实用主义的、粗略的私人化模型，能够在缺乏大数据与人工智能加持的领域加以推行。 216

隐私与数据保护

我们终于来到了"隐私"一节，对于某些读者而言，该命题就像是"房间里的大象"。私人化法律的实施，以"向政府让渡大量公民信息"为条件。这种由商业平台实施的海量数据的收集与使用（有时是滥用），已经成为我们这个时代主要的且迫在眉睫的问题。不少法律被颁布实施，用以限制商业性的数据收集，并彻底禁止某些特定用途。这些数据有可能落入政府之手并被用于私人化规则的制定，这一应用前景加剧了许多人对于隐私和数据滥用的担忧。网站进行个性化广告推送是一回事；而法院和立法者追踪公民的一举一动又是另一回事了。斯诺登对美国政府收集个人数据行为（这与私人化法律相比微不足道）的揭露，暴露了这种不安定感，并使人们一段时期内的在线行为噤若寒蝉。[36]

我们认为，私人化并不必然与数据保护利益相冲突。我们很难用几页文字对这一两难困境作出公正评价，不过，请允许我们提供一些初步看法。我们的论点将分为两部分，分别针对数据保护中的私人利益和公共利益两个方面。

人们的隐私利益

数字化的个人信息包含了人们可能不想让他人知悉或利用的事实。大量有关数据隐私的文献将侵犯隐私所带来的潜在伤害分为个人情感损害与声誉损害两个主要部分。人们想要保持一些信息不为他人所知，并会因其被泄露而感到愤愤不平。这

---

36 Alex Mathews & Catherine Tucker, Government Surveillance and Internet Search Behavior 16–17 (Feb. 17, 2017) (unpublished manuscript), https://papers.ssrn.com/sol3/papers.cfm?abstract_ id=2412564; Jonathon W. Penney, Chilling Effects: Online Surveillance and Wikipedia Use, 31 *Berkeley Tech. L.J.* 117, 145–61 (2016).

种损害很明显是私人性的，例如，一个用于寻觅婚外情伴侣的网站被黑客攻击，造成信息的泄露。[37] 个人情感与声誉利益的重要性似乎显而易见，因为企业所适用的数据库中包含着人们 217 并不公开分享的信息。这些数据通过批评人士所称的"监视"（surveillance）程序收集而来，借助该程序，公司"在个人家中设置一个永久据点，并从该据点对人们施加监控"。[38] 数据法的私人利益范式相应地反映在法律所赋予的（自我）保护措施类型上，这类措施主要包括"通知与选择"以及私人损害赔偿，它们赋予了人们控制自己个人隐私环境的权力。[39]

此种私人利益，有时会在人们试图遮蔽自己的个人信息时显现，但是，在数字时代，这类隐私利益的强度已经变得模糊不堪。人们往往宣称对自己的个人数据具有强烈的隐私利益，但其转身就会为蝇头小利而放弃这些利益。[40] 这种"言行不一"的来源与影响众说纷纭，但有一件事却清晰明了且无可争议：对于隐私的考虑因人而异。有些人对电子数据隐私的偏好较弱，

37　参见 William L. Prosser, Privacy, 48 *Cal. L. Rev.* 383, 389 (1960)。

38　Jacob Silverman, Just How "Smart" Do You Want Your Blender to Be?, *N.Y. Times* (June 14, 2016), https://www.nytimes.com/2016/06/19/magazine/just-how-smart-do-you-want-your-blender-to-be.html.

39　Daniel J. Solove & Woodrow Hartzog, The FTC and the New Common Law of Privacy, 114 *Colum. L. Rev.* 583, 592 (2014). 另参见 James P. Nehf, The FTC's Proposed Framework for Privacy Protection Online: A Move Toward Substantive Controls or Just More Notice and Choice?, 37 *William Mitchell L. Rev.* 1727, 1733 (2011)。

40　Alessandro Acquisti et al., What Is Privacy Worth?, 42 *J. Legal Stud.* 249, 253–54, 267 (2013); Spyros Kokolakis, Privacy Attitudes and Privacy Behavior: A Review of Current Research on the Privacy Paradox Phenomenon, 64 *Computers & Security* 122, 122–23 (2017).

而另一些人则具有更强烈的利益。[41]

我们希望你已经开始预见到接下来的走向了：如果隐私的考虑是限制私人化法律适用的原因之一，且如果人们对于隐私的偏好强度各有不同，那么解决方案应当是私人化的私人化法律！不同的人有不同的参与。如果一个人的资料显示其对信息隐私有着强烈偏好，那么其就会免于适用某些私人化法律部门，或者至少，适用基于更少量的敏感个人信息的私人化。允许人们简单地选择排除私人化法律或许是一项诱人的方案，这种选择排除可以是批量的，也可以是逐一进行的。但是，这可能会引发逆向选择（adverse selection），即人们只有在私人化指令比统一性后备选项的负担更轻时，才会选择受私人化指令的约束。在任何情况下，尽管私人化法律可能会冒犯那些具有强烈隐私利益、本该被排除于某些数据收集之外的人，但是其他人（从数据共享习惯来看似乎是大多数人[42]）将会充分参与并从更贴合自身的指令中获益。

在保护隐私的同时释放数据的有效利用——这一社会目标只是法律需要解决的又一项权衡问题，且正如任何其他法律政

---

41 Danah Boyd & Eszter Hargittai, Facebook Privacy Settings: Who Cares?, *First Monday* (July 27, 2010), https://journals.uic.edu/ojs/index.php/fm/article/view/3086/2589; Lee Rainie, American's Complicated Feelings About Social Media in an Era of Privacy Concerns, *Pew Res. Ctr.* (Mar. 27, 2018), https://www.pewresearch.org/fact-tank/2018/03/27/americans-complicated-feelings-about-social-media-in-an-era-of-privacy-concerns/; Rani Molla, People Say They Care About Privacy but They Continue to Buy Devices That Can Spy on Them, *Vox* (May 13, 2019), https://www.vox.com/recode/2019/5/13/18547235/trust-smart-devices-privacy-security.

42 例如，参见 Susan Athey et al., The Digital Privacy Paradox: Small Money, Small Costs, Small Talk, NBER Working Paper No. 23488 (2017)。

策一样，其并不必要以通用型规则来实现。如果隐私考虑能够成为限制法律规则实施以及整体限制私人化法律的正当性依据，那么，隐私偏好的人际差异也就要求对此种"权衡"加以私人化实施。将某些人的隐私价值强加于所有人、强迫所有人参与或禁止参与私人化法律的做法是有违公平的。只要隐私是一项私人利益，对其保护就应当是私人化的。

当然，这一解决方案中存在一项悖论：为了识别具有强烈隐私偏好的人群子集并确保其免于私人化法律部门的适用，我们需要关于他们的数据。这不必是一个全面的档案，因为需从这些数据中得出的唯一预测即隐私利益的强度。而如果那些希望被认定为"隐私敏感型"的人能够手动地表明自己的身份，那么这一悖论就会迎刃而解。[43]

数据保护的社会利益

个人数据中的私人利益很重要，但并非是决定性的。个人数据的收集与使用影响着其他利益，其中包括强大的社会利益。在那些被获取数据的人之外，其还影响着机构与群体，并反映出隐私的损害与保护之外的利益。大数据的使用可以创造巨大的社会效益，但也会带来社会危害——这赋予了社会决定人们的数据得到多少保护的权限。

个人数据集的社会影响超出了隐私的衍生效应。有关隐私的文献证实了这种次级效应，并哀叹于逐渐消亡的隐私所引发的社会性退化（societal degradations）。学者们认为，商业公司

219

43　Porat & Strahilevitz, *supra* note 32, at 1468-69.

对于个人信息的充分使用会造成人们的道德滑坡,并影响人们参与公民生活。这有可能反过来造成"民主协商"(democratic deliberation)的衰落和对"繁荣的公民社会"的破坏。[44]

我们认为,大数据企业的社会影响要远比这广泛得多。其中包括与隐私无关的社会危害——我们称之为数据污染(data pollution)。与此同时,其也以有益的方式影响着公共利益。因此,数据政策应当以对多种社会影响的评估为指引,这些社会影响可能大大超过隐私利益的总和。

数据分析产生了巨大的社会效益,但也请关注其社会危害。尽管数据是推动进步的强大引擎,但正如其他燃料一样,其会造成污染,这一污染会影响他人以及社会整体。"脸书-剑桥分析"(Facebook-Cambridge Analytica)机构在2016年总统大选中遭遇的灾难性丑闻表明,基于数据的私人化待遇可能会侵染公共利益,比如,选举的公正性。此外,数据集还可能提供某种立场,使待遇的私人化沦为对某些群体的滋扰性歧视。例如,我们在本书的前面章节中提到过,推广STEM职业规划的广告推送给女性的频次如何少于男性,[45]或者暗示逮捕前

---

44 Julie E. Cohen, Examined Lives: Informational Privacy and the Subject as Object, 52 *Stan. L. Rev.* 1373, 1374–76, 1389–90 (2000); James P. Nehf, Recognizing the Societal Value in Information Privacy, 78 *Wash. L. Rev.* 1, 69–71 (2003); Paul M. Schwartz, Privacy and Democracy in Cyberspace, 52 *Vand. L. Rev.* 1609, 1653 (1999); Daniel J. Solove, Conceptualizing Privacy, 90 *Cal. L. Rev.* 1087, 1089–90, 1152 (2002); George Ashenmacher, Indignity: Redefining the Harm Caused by Data Breaches, 51 *Wake Forest L. Rev.* 1, 13–14, 20–23 (2016).

45 Omri Ben-Shahar, Data Pollution, 11 *J. Legal. Anal.* 104, 114 (2019), citing Anja Lambrecht & Catherine Tucker, Algorithmic Bias? An Empirical Study of Apparent Gender-Based Discrimination in the Display of STEM Career Ads, 65 *Mgmt. Sci.* 2966, 2966 (2019); Amit Datta et al., Automated Experiments on Ad Privacy Settings, 2015 *Proc. on Privacy Enhancing Tech.* 92, 95 (2015).

科的广告如何更多地出现于黑人常见姓名的搜索结果中。[46] 此种数据驱动的实践对于社会而言如饮鸩毒。为 STEM 职业推送广告的企业通过将广告限制于某些受众而"理性地"获利，帮助用户查询他人逮捕记录的广告商则通过在某些搜索结果旁增设广告位来"优化"其业务。这种恶性活动正是因私人化的数据分析而成为可能。其污染了我们的生态系统，这种影响，在范围与程度上远远超出了隐私方面的负面影响（如果有的话）。 220

尽管上述负外部性的例子出现于个性化广告领域，但其所凸显的社会风险却蕴含于所有数据驱动的私人化机制中。我们的这一简短讨论如同一张"路线图"，标记着私人化法律世界中潜在的保护关卡。很有可能，某些数据的使用或者某些指令的私人化将引发计划之外且始料未及的社会损害。依赖于人们一致行动的公共产品可能会受到威胁，我们在第九章中对此已有讨论（彼时我们将之视为协调的问题，并提供了解决方案）。对于某些领域或者某些人而言，"数据最小化"为其所需。而在其他场景下，"目的限制"可以被用于将特定规则排除于私人化之外。举一个极端的例子，尽管人们基于言论自由权所享有的自治利益各有不同，言论自由权仍然不应当被私人化，这是因为，言论限制的影响超出了演讲者本身，其影响着听众以及民主制度的健康。

此外，同样重要的是，不要忽视数据所带来的积极社会影响。DNA 数据库长期以来在侦破犯罪方面发挥着社会价值，随

---

46 Latanya Sweeney, Discrimination in Online Ad Delivery, 11 *ACM Queue* 1, 34 (2013).

着其商业服务的扩展，其还将大有作为。"谷歌趋势"（Google Trends），这项将谷歌的搜索数据用于不同于其收集和存储目的的服务，提供了关于各种社会现象的富有价值的线索，例如医学疾病和社会难题的传播。[47]地理位置跟踪数据可用于改进社交距离保持的技术并减缓流行病的扩散。[48]事实上，商业平台与政府所掌握的大数据是优化各种流行病应对策略的主要工具。[49]

　　数据驱动的私人化规则的价值必须与数据污染对社会的潜在危害相权衡。举例而言，私人化的安全义务可以使道路安全得到前所未有的改善。两项近期研究评估了机动车保险公司所采用的"按驾驶方式付费"（pay-how-you-drive）计划，该计划实现了保费的私人化，并激发了人们对于预防措施的自主私人化，正是由于激励的优化，该计划参与者的致命事故率降低了

221

47　参见 John S. Brownstein et al., Digital Disease Detection—Harnessing the Web for Public Health Surveillance, 360 *New Engl. J. Med.* 2153, 2154–55 (2009); Seung-Pyo Jun et al., Ten Years of Research Change Using Google Trends: From the Perspective of Big Data Utilizations and Applications, 130 *Tech. Forecasting & Soc. Change* 69, 69, 71 (2018)。

48　Lauren Goode, Facebook and Google Survey Data May Help Map COVID-19's Spread, *Wired* (Apr. 24, 2020), https://www.wired.com/story/survey-data-facebook-google-map-covid-19-carnegie-mellon/.

49　参见 Julie Shah & Neel Shah, Fighting Coronavirus with Big Data, *Harv. Bus. Rev.* (Apr. 6, 2020), https://hbr.org/2020/04/fighting-coronavirus-with-big-data; Christian Yates, How to Model a Pandemic, *The Conversation* (Mar. 25, 2020), https://theconversation.com/how-to-model-a-pandemic-134187。另参见 Stephen L. Roberts, Big Data, Algorithmic Governmentality and the Regulation of Pandemic Risk, 10 *Eur. J. Risk Reg.* 94, 98–99 (2019)。

30%—50%。[50] 美国每年大约有 4 万起高速公路死亡事故，因此，私人化安全计划的潜在社会效益会是一个天文数字。隐私和数据方面的担忧必须达到真正难以承受的水平，才能使此种利益的丧失具有正当性。

50　Imke Reimers & Benjamin R. Shiller, The Impacts of Telematics on Competition and Consumer Behavior in Insurance, 62 *J.L. & Econ.* 613, 615, 628-30 (2019). 另参见 Yizhou Jin & Shoshana Vasserman, *Buying Data from Consumers: The Impact of Monitoring Programs in U.S. Auto Insurance* 2, 38 (Dec. 2019) (unpublished manuscript), https://scholar.harvard.edu/files/jmp_jin.pdf。

第十二章　结论：法律机器人技术

本书为私人化的法律开发了一个基准模型。一般法律规则的制定，要求阐明该法律意图促进的目标及必须满足的限制条件。而特定的私人化指令则会针对每个人而生成，以最优地满足这些目标和限制条件。这种"量身定制"是在大数据与算法处理的帮助下进行的，以确定人们各不相同的相关特征，这些特征证明了人们不同待遇的正当性。

我们想说服读者，私人化法律是一个值得讨论的话题。尽管有时候我们听上去比实际上更为热心，但本书并非意在提倡立即在任一特定领域推行私人化指令。如果私人化法律能够推进特定法律目标、克服协调与操纵问题，其所依赖的数据不会延续以往的不公正，且其设计也并不违反平等保护，那么，私人化法律就应当作为一项全新的法理平台来加以进一步论证。诚然，事实上私人化法律从未在大数据驱动的算法的助力下以我们所讨论的方式被实施，但这并非忽视其潜力的有力理由。

当我们在本书前面章节中提出私人化法律的范本时，我们意识到，根据个人特征而量身定制的法律指令早已存在。法官与陪审团常常被要求按照个别当事人的个人情况、历史，及其可预见的未来，来对其义务、权利与救济加以定制，这需要借助一些直觉以及立法者的指引。民事损害赔偿往往寻求以未来收入预期为依据，使每个受害人获得主观视角下的完整补偿；刑事量刑则有时反映每个被告人的累犯可能性，甚至"自由的丧失"对其而言的私人成本；而侵权法中的注意义务标准则为受过技能提升培训或具备更多知识的行为人设定更严格的门槛。当评论者对法律的颗粒度评头论足时，其很难找到一种良法理论来支持法律指令的统一性及其对个人情况的无视。个别理论　　224
认为统一性的正当基础在于其节省了信息成本，该理论也意识到，威慑、赔偿、分配正义等法律的其他目标则将被牺牲。[1]

　　同样，当我们着手思考并写作私人化法律时，我们最初也更关注于实质性环节，也即为不同人制定不同规则，而更少地关注于算法工具。我们阐释了私人化所带来的收益，而不考虑其如何实现、是否需要人工智能组件的相伴。例如，我们着眼于过失责任法中的"理性人"概念，并探讨了当存在"制造高风险"与"制造低风险"的两类人时会发生什么样的问题。我们指出，为每一类型定制不同的注意义务标准将会降低事故成本。同样地，我们关注于强制性消费者保护的监管机制，并再次得出结论——为不同人分配不同保护将会提升此类监管的收益。直至认识到私人化的抽象价值之后，我们才转而讨论"法官如何对人们加以分类"的命题。

　　我们在本书中呈现的私人化法律模型是一张"路线图"，其

1　例如，参见 Louis Kaplow, The Value of Accuracy in Adjudication: An Economic Analysis, 23 *J. Legal Stud.* 307, 382 (1994)。

最大限度地扩展着法律规范私人定制的密度与广度。对于所有可用数据与计算机算法的依赖，勾画出了私人化法律所能触及的最远前景。不过，其也放大了私人化法律的种种问题，在个人化是出于本能而非系统性地运行的情况下，这些问题很容易被掩盖或忽视。

机器所制定的规则让我们在很多方面不寒而栗，其中之一即是，其在以同情的方式认识并识别每个人方面存在着清晰可见的失败。如果不采用机械方式，私人化法律或许会极富感染力，其会以每个人的微妙的、直觉性的描述为依据。一个依循直觉的法院会崇尚"个人化的量刑……（因为）法院尊重每一个被剥夺自由、公民权利和财产的人的固有尊严"，或者更一般地说，法院会保障"被告人……站在公开法庭上直视着法官的眼睛为自己进行辩护……的权利"——此时，法院将指令的个人化视为一种胜利，一种"我们的法律传统几个世纪以来对被告人人格的承认"的胜利。[2]

225　　　这是对的吗？"直视别人的眼睛"是否真的能使每个人意识到自己的人格？或者，这只是一种扩散认知偏见与成见的途径，让人们误以为注视者总是潜意识地望向被注视者。人类法官以"尊严"之名所实施的随意的指令私人化，也许并未免于不平等待遇和误导性预设的困境，相反，其有可能加剧这些困境。这类不平等待遇难以捕捉，却容易被忽视。然而，随着更多有关

2　*People v. Heller*, 316 Mich. App. 314, 318-19 (2016), citing *People v. Triplett*, 407 Mich. 510, 515 (1980).

人类法官偏见的证据的问世，[3]我们尚不清楚，将"区别待人"的工作交给人工智能是否会引发更大的疏离感。

如果我们已知的私人化指令被逐步扩展，直至本书所论述的算法层面，那么，我们将获得一个独特的视角来思考那些根本性的问题——法律视域下的平等意味着什么，协调的实现有何要求，何种数据应当被纳入法律决策之中。我们在本书中运用大部分笔墨来思考数字化的私人化规则的潜在影响。在最后的几页中，我们则将致力于思考运算的机器人方法以及指令的传播问题。我们认为，将大数据与算法运用于法律的执行，将会放大各种二元关系的紧张与对立——技术统治与精英统治，数据与直觉，人类与机器，结果与过程，一贯性与同情心。为了实现算法私人化的精确性，系统必然要经过以"技术实施"为终点的关键变革。此种结构是否会减损其人性或人文性？私人化的法律是否会更少地致力于人类尊严的维护，是否会更少地将人作为个体来对待？

法律与人工智能

> 唯有人能成就不可能：他能分辨，他选择、判断……唯有他能扬善惩恶。
>
> ——歌德，《神一般的人》

3　例如 David L. Faigman et al., Implicit Bias in the Courtroom, 59 *UCLA L. Rev.* 1124, 1146-52 (2012); Jeffrey J. Rachlinski et al., Does Unconscious Racial Bias Affect Trial Judges?, 84 *Notre Dame L. Rev.* 1195, 1221 (2009)。

226　　"不同人适用不同规则"要求我们识别出人们在何种方面有所不同。是否"唯有人"——在当前语境下，也即一位依赖于直觉和经验的专业法官——能将一般性的法律命令适用于具体案件？或者，是否应当接受来自数据与人工智能的指引？

我们不需要调查关于人类偏见和认知局限的诸多文献就能认识到，依赖于法官直觉而进行法律指令私人化将存在严重问题。法官们或许能够识别出某些显著的相关性，但其必定会忽略更为微妙的相关性，并难以衡量各种因素的相对重要性。人与人之间的相关差异必须经过观察、处理和记忆。而法官在整个职业生涯中所积累的相关信息，可由算法在几秒之内完成访问与分析。理想的分类需要的不仅仅是数据；其需要周密的模型来评估数据，需要透明的决策模式来判断各种成本与收益如何权衡，需要审慎的态度来避免毫无根据的干预。此外，其还需要某些手段来估计潜在偏见，并对这些偏见加以纠正。如果法律有志于测量诸如人们的风险和技能等复合性特征，那么最稳健的策略即是依赖于严格的、计算机辅助的手段。

"法律指令能够由计算机程序成功生成"的构想，是受到两项观察的启示。第一，人工智能已经在法律应用方面显示出巨大前景。第二，法律之外的诸多待遇也已在由大量数据驱动的预测算法的助力下有所改进。我们已在本书的在先章节中讨论了第二项启示，现在，让我们对在法律内部崭露头角的算法进行简单的分析。我们的正面案例是，机器是如何在刑事取保候审裁定中取代法官的自由裁量权的。

在批准犯罪嫌疑人取保候审时，法院试图预测，嫌疑人如果在审判前被释放，其会如何行动。他们是否会逃跑？是否会再度犯罪？法官会作出预测，但这些预测远非完美。法官会犯两种类型的错误。其会将很大比重的嫌疑人羁押待审，其中包括许多本可以安全释放的人。（据估计，在任一时点，美国监狱中的 75 万名羁押者中约有三分之二是在等待审判。[4]）而在那些法官选择释放并认定其不会构成危险的人中，有许多人事实上的确实施了犯罪行为。一个好的预测模型会致力于降低这两种错误——任何时点上在监狱待审的羁押者的惊人数量，以及被释放者进行的犯罪。其也可能会有一个额外的目标，也即缓和种族差异，这一点在刑事司法体系中至关重要。 227

　　在对概念的验证研究中，一个研究团队将纽约取保候审案例的大型数据集用于算法训练，训练其作出此类预测。团队随后将算法的预测与测试案例中法官作出的取保候审裁决进行了比较，以此测试算法的效果。这场"对抗赛"以戏剧性的方式展现了潜在的改进空间。与人类法官相比，算法释放了更多羁押者，其更准确地选择了危险性较低者，并大大减少了取保候审阶段的种族差距。[5] 举例而言，根据估算，依靠该筛选算法，入狱人数能够降低 42%，且不会造成被释放者犯罪率的增加。更有甚者，如果有关种族的信息被纳入算法，且算法被指示减少种族差异，则其会减少 40% 的少数族裔入狱——再强调一次，此时并不增加被释放者的犯罪率。[6]

4　Jake Horowitz & Nina Catalano, Americans Back Limiting Pretrial Detention, Expanding Release, *Pew* (Nov. 21, 2018), https://www.pewtrusts.org/en/research-and-analysis/articles/2018/11/21/americans-back-limiting-pretrial-detention-expanding-release.

5　Jon Kleinberg et al., Human Decisions and Machine Predictions, 133 *Q.J. Econ.* 237, 277 (2017).

6　*Id.* at 268, 278.

　　人情味和"直视法官眼睛"的权利原本旨在控制和利用个人直觉、同情心和判断力，但事实证明，这是有代价的。人类法官可能会受到许多无形因素的影响，比如被告人的情绪或肢体语言，并可能高估这些因素的重要性。算法则并不具有关于这些事实的信息，其显然可以避免在同情和怨恨等因素上的情绪超载。在取保候审的情境下，经过训练的犯罪预测算法所选择羁押的被告人之中，已婚和就业人士的比例高于法官的决策选择，这表明，法官过度权衡了这些令人同情的特征。[7] 而算法则摆脱了法官所推测的一些非正式印象和驱使法官作出决定的经验，其所作出的取保候审决定实现了更少的犯罪数量，更少的入狱人数，以及更少的种族歧视。

　　我们想要对算法裁判的局限性保持清醒的认识。让我们来讨论其存在的两个局限，范围与数据。如果我们试图将取保候审领域的实践扩展至其他司法裁判，则会面临一个重要的范围限制。取保候审决定基于对特定结果的预测，这是算法尤其擅长的一项任务，其不必处理社会偏好、因果关系，抑或成本效益权衡等棘手问题。私人化法律的某些领域就像取保候审决定一样，需要对每个人的特定属性或行为进行预测。例如，缺省规则和信息披露旨在反映人们的偏好，其可以依靠调查数据所训练出的算法来预测这些偏好。无遗嘱继承规则试图预测死者原本想要如何分配遗产。抵押贷款披露试图预测每个借款人会对何种风险和未来意外事件格外担忧。类似地，驾驶年龄规则旨在限制高风险人群的准入，其可以依靠由事故与保险数据所

7　Jon Kleinberg et al., Human Decisions and Machine Predictions, 133 *Q.J. Econ.* 279.

训练的算法来预测事故风险。

与之相对，量刑决定、注意义务标准以及强制性保护则以众多因素为依据，这些因素的优化涉及多项彼此竞争的社会偏好。算法预测能够助力于更优规则的生成，并最终改善决策，然而，其必须经过明示的规范性权衡来加以补全。算法或许可以准确预测一部分人具有更高风险，但我们仍然需要一项社会福利函数，来确定该群体应当采取何种代价高昂的预防措施，以及是否其个人情况是由本应被消除的历史因素所造成。与之类似，算法或许能够准确预测某个被告人的累犯风险，但如果纯粹出于公共安全的目标，其可能会作出惩罚少数族裔或者有违可责性理念的决定。种族公平与公共安全之间必须有所平衡。[8]

算法的第二个主要问题是其基于偏见数据和缺陷信息所进行的训练。被训练用于预测风险和累犯的量刑算法很可能会在数据中发现，少数族裔构成更大风险，然而，这一结果可能在很大程度上是由历史种族主义、执法实践中的差异对待，或者其他刑事司法系统中的不平等问题所导致。[9]又或者，被训练用于预测法院在不当解雇案件中的判赔金额的算法，将会审查全部的过往裁判，并得出结论——对于相同的侵权行为，女性与少数族裔所获赔偿更低。这又一次是由于旧数据中浸染的偏见所致。以此种方式训练算法，将会造成歧视模式的永久化，并会加剧差别化对待。此种偏见，即是不具代表性的或不完整的

---

8 Sam Corbett-Davies et al., Algorithmic Decision Making and the Cost of Fairness, in *Proceedings of KDD 2017* 797, 799, 801 (2017).

9 Sandra G. Mayson, Bias On, Bias Out, 128 *Yale L.J.* 2218, 2264, 2279 (2019).

训练数据的混合产物。

229   不过，以上针对算法的警示颇具一丝讽刺意味。算法被作为人类决策的替代方案而投入实践，但其却因保留了人类决策的固有偏见而备受指责。不过，该问题的确真实存在，尤其对于特定人而言——这些人认为人类法官和其他机构能够在驱使之下消除历史偏见，因而担心转而使用算法系统将会使社会丧失一次宝贵的变革机会。令人感到些许安慰的是，当人类法官犯错误时，该错误仅限于法官面前的一起案件。而相反，当算法犯错误（其错误地赋予某项本应被忽略的因素以权重）时，其影响是广泛的，所有案件均会牵涉其中。据此，我们很容易想到，如果我们必须与偏见和错误共存，那么这些偏见和错误也最好是人类的。幸运的是，我们并不需要应对这一特定困境，因为，减轻和消除历史偏见与决策错误的路径，对于算法而言或许远比对于人类而言要更为清晰。

当一个人类决策者带有隐性偏见时，其隐性偏见将会很难证明，也更难修正。我们可以尝试操纵提供给人类的信息，或者提醒其注意潜在的偏见，但是，任何改进都将是缓慢、零碎，且难以衡量的。如果刑事司法数据体现出执法偏见以及就业机会分配中的社会性歧视，设想一下，对其修正将会是何等困难。的确，法官的错误仅限于其手中的案件，而不会通过代码"倍增"。但是，当许多法官的许多偏见相乘时，我们所得到的误判总数将会轻松超过算法错误。毫无疑问，借助算法，偏见的识别将更为容易，测量将更为准确，通过各种统计策略对其加以修正将会更具可能。[10]算法更适合于自我修正与调整，且这一修正和调整并不依赖于造成历史偏见的社会制度的更深层次的改革。

举例而言，在设定算法的过程中，"跨群体的待遇平等"可以作为一项明示约束被输入算法。告知算法某人作为受保护群体成员的身份信息能够使算法识别差别化影响（无论这种影响是否源自偏见数据），并发出指令以减少或消除此种影响。[11]　230重要的是，对法律中所使用算法的设计过程的监管，不仅可以减少其所发布指令中的偏见，还能够使算法所优化的深层目标更加透明。正如评论所述，"对于法律体系而言，发现'其选择的依据为何'和'为何其选择这些因素'将变得更加可行"。[12]

除此之外，法律算法在设计中所面临的数据挑战，为筛选作为"算法分析中的潜在预测指引"的特征提出了要求。尽管是由算法识别相关输入值，但某些变量会引发特殊的担忧。其中一项重要难题在于，是否应当排除种族或族裔背景等可疑分类。事实上，消费信贷领域的反歧视规则已明确禁止债权人收集借款人的某些信息。[13]但是，鉴于与被禁止特征具有相关性的其他代理因素依然被允许使用，该策略的成功值得

---

10 Nicole T. Lee et al., Algorithmic Bias Detection and Mitigation: Best Practices and Policies to Reduce Consumer Harms, *Brookings* (May 22, 2019), https://www.brookings.edu/research/algorithmic-bias-detection-and-mitigation-best-practices-and-policies-to-reduce-consumer-harms/.

11 Jon Kleinberg et al., Discrimination in the Age of Algorithms, 10 *J. Legal Analysis* 113, 151–58 (2019).

12 *Id.* at 116.

13 Equal Credit Opportunity Act, 12 CFR § 202.5(b).

怀疑。[14] 而反直觉的是，正如我们在第八章中所述，允许使用被禁止因素的相关信息，反而能够消除算法设计中因其他因素所致的"计划之外"的代理效果。[15]

将人工智能引入法律，特别是引入裁判和法律指令的生成，可以被看作是背离了人本主义路径和人类独有的道德能动性。在本书中，我们丝毫不认为，机器将推翻人类对于"是非对错"的判断。然而，如果我们到达了一个特定节点，也即机器在"将我们的法律与道德标准应用于具体案件"方面彻底地优于人类——正如其在取保候审场景下似乎已经做到的那样——这是否意味着我们到达了一个"人类发出的指令应当被禁止"的节点？

人类的设计

真正的问题并非机器是否会思考，而是人是否会思考。有关"会思考的机器"的谜题，早已围绕着"会思考的人"而展开。

——B. F. 斯金纳，《强化的依随性：理论分析》
（*Contingencies of Reinforcement: A Theoretical Analysis*），1969 年版，第 288 页

---

14 Sarah K. Harkness, Discrimination in Lending Markets: Status and the Intersections of Gender and Race, 79 *Soc. Psychol. Q.* 81, 91 (2016); "一位原告基于差别化影响的主张来挑战实践中的做法，其认为，该做法'对少数族裔造成了不成比例的不利影响'，且这种影响无法基于任何法律原理证明其正当性。"（着重号为本书作者后加）*Texas Dep't of Hous. & Cmty. Affairs v. Inclusive Cmtys. Project, Inc.*, 576 U.S. 519, 519 (2015).

15 例如，参见 David G. Pope & Justin R. Sydnor, Implementing Anti-Discrimination Policies in Statistical Profiling Models, 3 *Amer. Econ. J.* 206, 207, 211–15 (2011).

　　基于算法的私人化法律，并不会取代人类对于法律指令在底层设计方面的判断。其将人们从自身并非特别擅长的事情中解放出来，并使人们将精力放在决定系统价值与方向的决策上。自动驾驶系统可以凭借其更精准且不受干扰的控制力来驾驶飞机，但其仍需人类来设定目的地、随环境变化做出调整、在出现故障时切断算法，并不断改进其设计。

　　法律并不是飞机。飞机驾驶算法的要求是减少颠簸，而非实施社会中微妙的规范性选择。正因如此，如果将法律任务从人类手中夺走而转交给"自动法官"，则会令人深感不安。且如果任务并非以预测为主，还同时涉及是非对错的判断，那么这种不安就会尤其强烈。不过，如果算法所取代的是律师——这群基于自身法律知识与专业经验进行区分和类比来提供法律建议的人，那么这种不安就会缓解许多。算法缺乏律师的决断力，但其可以通过搜索数据和发现线索的强大能力来加以弥补。因此，诉讼预测软件已经能够相当准确地估计法院对于一些常见诉由的解决结果。[16] 赋予诉讼当事人购买低廉的算法建议（而非按小时计费的律师服务）的权利——或者，更优版本是，让保险公司和被告同样从该建议中获益从而促使案件迅速准确地和解——这并不会引发重大的担忧。只要提供法律建议的算法依据的是过往法院裁判的数据，那么其就能够维持人类法院的权威，并同时节省法官与律师的劳动。这一过程能够使法律维持现状，而法律的变革则可通过"改变算法指示"这一更快捷的 232

---

16 例如，参见 Sangchul Park, *How Machine Learning Can Broaden the Perspective of Legal Analysis: Systematizing Trademark Similarity Tests* (Mimeo, University of Chicago Law School, 2020)。

方式实现（例如，指示算法对更近的判例赋予更多权重）。

人类对于法律机器的不适感会随着其对人类决策的取代而急剧增加。即便算法能够比法官做出更优的取保候审决定——羁押更少的人，释放更不具危险性的人，缓解种族差异——人类的控制在关键阶段仍是至关重要的。总有事情是算法做不到或者做不好的。此时，我们希望的是，人类的决断力能够从"预测"这一辅助性任务中解放出来，而关注于算法的设计。人类将选择何种数据用于算法训练、何种数据构成偏见，以及何种限制与目标应在算法的筛选决策中被遵循。

人类对于法律机器的不适感或许会在"算法负责生成法律指令"时达到顶峰。法律制定的过程，是接受妥协并平衡各种目标的过程。法律的目标与价值必须事先性地加以准确界定，这样算法才知道其最大化的对象是什么。这种编程要求立法者做一些其从未做过的事情。例如，如果法律要规定统一的酒精购买行为能力年龄，则这一门槛年龄的选择应当以"自由"和"公共安全"的大致平衡为基础。与之相反，如果法律需要将该年龄规则加以私人化，则其就需要具体的量化指示，告知其对于彼此竞争的目标分别赋予多大权重。

事实上，本书所讨论的正是机器最令人不安的角色。正因如此，在本书的结尾，我们不得不落脚于对这一"整体工程"的思考，也即，要求算法实施人类所提出的关于"因人而异的规则"的指示。我们的措辞是"实施"，而非创造。这是我们将简要阐述的关键前提。

人类不太擅长某些技术性任务。而"识别多种因素如何影响结果"正是人类的缺陷之一。在侵权案件中，法院或许想知道特定被告是否引发了更高风险，但在缺乏数据与统计工具的情况下，法院所掌握的被告风险信息将十分有限，其判断"何种因素更重要"的能力也较弱。

人类可以向大数据分类算法寻求有关事实问题的建议，并借此将注意力前所未有地集中于机器做不到的事情上——量化并阐释彼此竞争的各种价值之间的权衡妥协与优先顺位。当裁判侵权案件的法院了解到哪些人引发更高风险之后，其仍须确定纠纷双方的特定当事人应当如何承担额外的负担。有可能，最优威慑得出的是一种方案，矫正正义得出的是另一种方案，而分配正义则得出第三种方案。这些价值之间的权衡是必要的，而其并非机器所能描述。

不过，在人类追寻正确价值平衡的道路上，机器或可助一臂之力。尤其凸显机器价值的一点是，法律体系所期待的法律实施，并非依赖于法官或陪审团心血来潮的规范立场，而是依赖于不同法院长期以来的规范性评价的集合。算法能够通过预测法官的平均路径，来助力于新案件的解决。尽管对于社会价值的终极选择由法院作出，但机器能够聚合各种分析工具并实现其系统化。

在本书之前的章节，当我们介绍私人化法律时，我们提及了凯西与尼布利特的重要发现，也即，在算法命令系统下，法律的目标必须事先性地加以精准确定，并以此转换为代码。[17]这将是一场法律制定的革命，其将取代现行法律对于多种相互竞

233

17　Anthony J. Casey & Anthony Niblett, A Framework for the New Personalization of Law, 86 *U. Chi. L. Rev.* 333, 339 (2019).

争的目标的追求，并抛弃普通法"具体案例具体权衡"的思路。立法者在审议或起草成文法时，不再能仅仅罗列一长串"法律目的"的清单。法院在识别相互冲突的目标并寻求平衡时，也不再能掩饰其意识形态偏好，其不得不遵循定量指引，并施加真实确切的权重。不再有"点到为止"了。

对于罚金、罚款以及主要权利的强制性规范的私人化将会极具挑战性，因为，这类法律的分配影响着多种社会目标的拼接与缝合，这些目标有时相互冲突，有时争议不断。强制性消费者保护或许会在帮助一部分人的同时伤害另一部分人。其能够使市场内部人享受更高的交易安全，但却使市场外部人面临更高的成本与壁垒。其可能会促进一些创新，但抑制另一些创新。更严厉的刑事制裁可能会增强威慑与惩罚，但却会阻碍犯罪者改过自新。其或许能够威慑一部分违法者，但也为另一部分人施加了超过必要程度的刑期。而严格的民事责任则可能会促进履行，但却同时抑制活力。其可能会保护弱势群体，但却使保险费用高到难以承受的地步。通常来说，更广泛的法定权利会为其享有者提供价值，但却给相应的义务人带来额外成本与负担。在我们的当前制度下，规则制定与法院执行成文法的过程，使得各种目标与价值的相互交织成为可能。当法院宣称要"平衡"这些目标时，其并不具备可供支配的尺度。而在私人化法律下，立法者必须事先性地设定确切的优先顺位，也即何种目标或目标的权重组合应当优先实现，而法院也将具备严谨的辅助工具用以遵循上述顺位。

对于需要价值判断的情形，施加法律指令的计算机程序将不会取代人类的自由裁量权，但其会迫使人类在进行规范性评价时，打磨其自由裁量权并减少模棱两可的表述。在自动驾驶汽车问世后，我们在历史上第一次非常接近于将"谁应当生存、谁应当死亡"的实时决定权交至算法手中，由算法解决现实世界的"电车难题"。然而，即便如此，人类决策将会持续控制机器的决策方式。人类会通过编程来告知机器，何种后果是重要的、如何对其赋予权重、何种成本与收益应当纳入考虑，等等。这些问题的答案可以从"社会福利函数"这一基本原理中推导得出。又或者，程序员可以指示机器模拟特定政体下经过调研证实的主流价值，以此实现机器训练。

举例而言，我们可以指示算法将司机的注意义务标准进行私人化，从而最大限度地减少事故成本与事故预防成本。决定"何种损失将纳入计算"以及"损失如何计算"的，将是立法者，而非程序员。立法者将决定"生命的价值是什么"以及"其取决于什么"，可能的答案例如一个人的年龄、收入、被抚养人数量等。如果算法已经基于过往数据进行了风险预测训练，则其将会按照编入其程序的价值函数来衡量风险。原则上，这一步骤与监管机关在制定统一性的跨行业风险规避规则时通常采用的成本效益方法并无太大区别。他们采用数据来计算可能性与风险，植入代表不同类型损失的规范性评价的量化估值［例如一个质量生命年（quality life year）的价值］，并生成最优的统一性指令。而如果数据能够实现不同个体风险值的区分，则统一性指令就可以被私人化指令所取代。

同样存在其他方式能让算法获知法律的规范性目标。例如，采用另一项算法来预测人类的道德偏好。与其依赖于中心化的是非判断，不妨采用民主的方式要求人们对各种道德困境作出

235　回应，并由算法根据其回应结果来识别其偏好模式。麻省理工学院的"道德机器"（Moral Machine）项目对数百万人进行了调查，其询问受访者"司机在各种不可避免死亡的情况下应当采取何种行动"。该调查诱使人们展现了自己的道德立场，也即人们会对各种因素赋予多大权重，这些因素例如潜在受害人的年龄与健康状况、当事人遵守交通规则的情况、行人与司机安全的相对权重等。[18] 该研究证明，道德机器至少在两个方面优于人类决策者。第一，受访者所青睐的道德指令具有显著的地域差异，而机器则能反映当地价值。第二，研究表明，自动驾驶汽车能够将道德决策的相关信息以及人类司机无法获取的信息（例如潜在受害人的身份与生活前景）纳入考虑。

　　当然，我们对于此类有关人类主流道德的调查的依赖应当有一定限度。"用他人的直觉判断来指引我们自己"是一种有失忠诚的做法。在没有现实的利害关系和思考时间的情况下，人们未必会给出具有充分意识的答案。人们回答说，自动驾驶汽车应当更多地保护行人而非乘客，但其同时也坦陈，自己不会购买如此编程的汽车。[19] 在其他场景下，当被问及对于非市场性资产与道德产品的估值时，人们往往忽略了收入限制，这表明，调查有待于更仔细地加以设计和阅读。[20]

　　如果政治系统不仅需要负责按照明确的目标来制定一般性

18　Edmond Awad et al., The Moral Machine Experiment, 563 *Nature* 59, 60-61 (2018).

19　Jean-François Bonnefon et al., The Social Dilemma of Autonomous Vehicles, 352 *Sci.* 1573, 1574-75 (2016).

20　Michael Ahlheim, Contingent Valuation and the Budget Constraint, 217 *Ecological Econs.* 205, 210 (1998).

法律指令，还需要负责在指令中嵌入如何权衡各项目标的具体编程指示，那么，政治系统究竟会如何重构？这是一个引人入胜的问题，本书将驻足于此。显然，当前的松懈之处有待于立法和监管的完善。这可能会使某些法律的制定变得更为困难，甚至无法实现。有时，立法层面的讨价还价的结果趋于精准，因为各方均会摇唇鼓舌地力争自己的优先利益。他们会求同存异。在当下，当法官们被要求"一案一议"地实施这些制定法时，法官们会宣称对各种相互竞争的目标加以评估。但由于立法者在设定这些目标时并未提供有关其优先顺位的指引，法官们享有着一定程度的自由来"夹带私货"。同理，当监管者颁布（统一性）明线规则来执行某项法律时，其也拥有自由裁量权，在一系列可能的规则中进行选取，以更多或更少地促进法律目标的实现。

关于普通法的"权衡"思路，以及专门监管机构在指令的制定中体现其自由裁量与专业性的做法，能说的有太多太多。这种自由程度孕育了多样性与相互竞争的合法立场的聚集，也吸纳了诸多立法时并不可用的信息。[21] 这种规则制定的方式，使各种社会目标的融合成为可能，并实现了基于新问题、新证据而对社会优先顺位的动态调整。如果以一种基于预设目标选择的、不那么模棱两可和灵活的优化函数，来取代一以贯之的裁判方法或者自由裁量式的监管规则制定，则有可能会牺牲现行体系的重要优势，特别是协商性分歧解决机制以及分散性的专

---

21 参见 Louis Kaplow, General Characteristics of Rules, in *Encyclopedia of Law and Economics* 502, 512 (1999)。

业知识积累。

不过，新制度能够迫使立法者精确地阐明法律所意图促进的各种彼此竞争的目标，并根据其相对重要性加以排序，这同样具有正面价值。第一，法律的目标将更加透明。第二，法律的目标将更容易被解释。第三，目标的识别将反映出民主化进程，而非个别法官或管理者路径依赖式的突发奇想或意识形态。让我们就这些优势进行简要分析。

目标的预先规划，能够使法律意欲实现的效果变得清晰透明。我们再无必要借助大量案例与裁判研究来对法律目标加以逆向还原，或者煞费苦心地提取裁判背后的价值依托。多么混乱隐晦的工程！与此同时，我们也敏锐地意识到，"透明度"是一个被过度使用的臭名昭著的法律概念，其常常无法实现自己雄心勃勃的目标。[22] 当我们谈及算法的透明度时，我们希望能够捕捉并利用其保障功能，这种保障远比"阳光是最好的防腐剂"的恭维说辞更为有力。[23] 对于私人化法律算法内在原理的揭示，更是会让法律本身变得清晰可见。当相互冲突的利益和目标在争夺法律的走向时，制定明确的平衡机制和精准的权重赋值，能够使目标冲突的最终结果更加具体。[24]

但仅靠透明度还并不足够。"算法应用于法律"的主要困境

---

22 Omri Ben-Shahar & Carl E. Schneider, *More Than You Wanted to Know* 53 (2014).

23 Louis D. Brandeis, *Other People's Money and How the Bankers Use It* 92 (1914).

24 例如 Resolution of 16 February 2017 with Recommendations to the Commission on Civil Law Rules on Robotics *Eur. Parl. Doc.* (INL 2015/2103) (2017); EPRS, *A Governance Framework for Algorithmic Accountability and Transparency* 1, 4–6 (2019); Algorithmic Awareness-Building, European Union, https://ec.europa.eu/digital-single-market/en/algorithmic-awareness-building (last visited Sept. 13, 2020)。

在于可解释性（explainability）。[25]当人类法官作出量刑或者民事损害赔偿的决定时，其能够解释自己的理由。我们至少能够感知到，行使自由裁量权的人是一位经验丰富的裁判者。而当算法"黑箱"作出一项指令时，人们对此的可能解释（有时是误解）是，该指令反映出基本规则的不公平性与歧视性。许多近期研究成果表达了对于所谓"压迫算法""自动化不平等""人工非智能""黑箱社会"以及"数学杀伤性武器"的担忧。[26]而即使算法的运行具有公平性，人类也很难对此确信不疑。举例而言，如果一位司机在道路上观察到其他车辆被允许以更快速度行驶，则其可能会因自己受到"低人一等"的对待而心怀怨恨。为了缓和这种道德滑坡，算法的可解释性至关重要。尽管并非每一项实时指令都能够被解释，但仍然有必要对于算法的生成方法、算法所使用的决定性因素以及其所促进的目标提供简单的解释。[27]这种"解释请求权"通常与算法决策相伴而生。例如，在联邦法中，消费者有权要求对方就算法为其生成的信

---

25 Ashley Deeks, The Judicial Demand for Explainable Artificial Intelligence, 119 *Colum. L. Rev.* 1829, 1849 (2019); Philipp Hacker et al., Explainable AI Under Contract and Tort Law: Legal Incentives and Technical Challenges, *Artificial Intelligence & L.*, Jan. 2020.

26 参见Meredith Broussard, *Artificial Unintelligence* (2019); Virginia Eubanks, *Automating Inequality: How High-Tech Tools Profile, Police, and Punish the Poor* (2018); Cathy O'neil, *Weapons of Math Destruction* (2016); Frank Pasquale, *The Black Box Society: The Secret Algorithms That Control Money and Information* (2016); Safiya Umoja, *Algorithms of Oppression* (2018)。

27 Umang Bhatt, Explainable Machine Learning in Deployment, in *Proceedings of the 2020 Conference on Fairness, Accountability, and Transparency* 648, 648–49 (2020); Wojciech Samek & Klaus-Robert Müller, Towards Explainable Artificial Intelligence, in *Explainable AI: Interpreting, Explaining and Visualizing Deep Learning* 5, 7 (Wojciech Samek et al. eds., 2019); Hacker et al., *supra* note 25, at 3.

用评分进行解释。²⁸ 法国行政法则以更具一般性的强制性规范规定了算法待遇的实施必须附上对于待遇参数及其权重以及其所处理的数据及来源的解释。²⁹

人们普遍感觉到，"政府掌握个人数据"是一个令人担忧的趋势。我们亦有同感。当然，人们所担忧的是，政府可能会对这些资源加以滥用。毕竟，政府机关、法院与警察对于有关我们性格、活动与关系的大量信息的获取，与亚马逊网站利用数据向我们出售更多诱人的小饰品的行为并不能同日而语。只要存在适当的机制来遏制滥用，那么透明度就将是至关重要的，而应当透明化的内容包括数据如何使用以及指令的可解释性等。

而值得铭记的一点是，在政府越权的风险之外，私人化法律同样具有"净化"立法与执法的潜力。立法往往是各种特定利益之间的较量，在立法过程中，各个团体的偏好足以影响法律的走向，只不过，一切尽在不言中，有时甚至不甚明了。"法律就像香肠一样，"正如冯·俾斯麦所言，"最好别看到其制作过程。"尽管如此，如果立法者不得不宣告一项法律意图实现的目标，那么很有可能，这种秘密的政治影响将会有所缓解。举例而言，规定强制性医疗保险的目标在于让谁受益，是被保险

---

28 12 C.F.R. § 1002.9.

29 Lilian Edwards & Michael Veale, Enslaving the Algorithm: From a "Right to an Explanation" to a "Right to Better Decisions"? 16 *IEEE Security & Privacy* 46, 48−49 (2018). 另参见 Regulation (EU) 2016/679 of the European Parliament and the Council of 27 April 2016 on the Protection of Natural Persons with Regard to the Processing of Personal Data and on the Free Movement of Such Data, and Repealing Directive 95/46/EC (General Data Protection Regulation), 2016 O.J. L 119/1, Recital 71, https://gdpr-info.eu/recitals/no-71/。

人、此前未购保险者、保险公司，抑或制药行业？如果医疗保险强制性规范的实施不得不基于私人化的监管指令，且实施条件为立法者必须对其预设目标加以明确说明，以使程序员将该指示编入代码，那么，具有特定利益取向的有权团体就会更加难以渗透并无形地扭曲这一立法结果。

明日破晓

> 伟大的事情都有着微小的开端。
>
> ——《阿拉伯的劳伦斯》（霍里逊影业，1962 年发行）

我们追问着，一个有着私人化法律的世界将会是什么样子。我们意识到，不论是一般意义上的规则，抑或具体意义上的法律规则，其均以一定程度上的"跨个体定制"为特征。我们的基准观点是，指令的统一性，也即私人化水平为零的基准位置，是一种极端的解决方案，其挥霍了良法本应产生的诸多益处。"简单"或许极具吸引力，但我们早已指出，确定最优通用型规则并不是一件简单的事情。事实上，正如本书在先所述，极端的统一性是那么的难以置信，正因如此，法律中长期存在着少量的指令个人化。而一旦这一壁垒被打破，问题就将会是，应当且能够在多大程度上实施私人化。针对这一问题，我们提出了一项分析框架。私人化与"量身定制"成功的关键在于信息，因此，我们相信，当前社会正在经历的这场信息革命将会使更多的私人化法律的引入成为可能。

但"更多"是多少呢？多少法律部门能够被私人化？我们

239

认为，缺省规则提供了一个很好的起点。由于人们可以通过合同绕开缺省规则，因而缺省规则对于分配和衡平仅能起到适度的影响。如果这些规则的公认目标是省却"选择排除"这一麻烦环节，并且或许进一步助推人们作出有益选择，那么，其实现上述目标的最佳方法即是预测人们在获得充分建议的情况下将会如何选择。统一性范式孕育着"多数性"缺省的思路，如果摒弃该范式而建立个人最优的缺省则能够更好地实现上述目标。事实上，早在大数据革命以前，已有人提出了缺省规则应当根据当事人的具体特征进行调整的思路。[30] 此外，通过赋予人们批量退出私人化缺省（也即转而选择适用通用型缺省这一后备选项）的选择权，私人化法律的推行将会更为轻松，这也使缺省规则成为一个可行的起点。

哪些缺省规则能够首先实行私人化？如果缺省规则所支配的是单方决策而非双方的合同意志，那么预测个人偏好将会更为容易。无遗嘱继承分配、器官捐献，以及退休储蓄，均是人们管理私人事务时所作出的选择，且在这些领域，已有大量数据被用于个人偏好的识别与预测。相比之下，在合同场景中，个人偏好则必须与对方当事人的意志进行协调，在这一过程中，能力与习惯往往能起到逆转法定缺省的效果。而在以消费者法和保险监管为代表的交易法领域，缺省规则的设计则会对某一方的需求加以特别关注，这也为私人化缺省的建立提供了天然的土壤。

240

---

30 该研究指出，长期存在的侵权损害赔偿的定制即是私人化的一种类型，而"合理性"这一标准实现了法律在一定程度上的灵活性。Ian Ayres, Preliminary Thoughts on Optimal Tailoring of Contractual Rules, 3 S. Cal. Interdisc. L.J. 1, 5–6, 18 (1993).

第十二章 结论：法律机器人技术

假设在未来，私人化指令能够扩展至权利与义务、许可与保护，抑或惩罚与赔偿等的设计中，那么这一"千里之行"毋宁始于眼前的几小步。在差别化能够带来显著优势的领域，在法律目标已达成共识的领域，在人际差异的相关数据趋于可靠的领域，以及非统一性的分配效果甚为可取的领域，私人化指令将会破土而出。举例而言，对决定人们高龄驾驶的行为能力的规则加以私人化的时机已经成熟。人们的寿命通常而言会超过其安全驾驶的行为能力年龄，只不过人们会在不同时间到达这一年限。有关人们生理机能和驾驶技能的数据可被获得。此种分配效应主要存在于人们之内，而非人们之间。而如果私人化尚不完美，我们同样可以设置个人调整程序，用以修正个案，并学习如何改进算法。

* * *

喜剧《万世魔星》中有一个令人难忘的场景，喜欢冷嘲热讽的布莱恩被人们误认为是先知，他恳求一群热情的追随者们不要将自己奉为弥赛亚来崇拜。"你们都是个体"，"你们都是不同的"，他向人群哀求道，但人们像复读机一样整齐地附和，"是的，我们都是个体"，"是的，我们都是不同的！"[31] 只有一个害羞的家伙站在人群中，谦卑地说："我不是。"

"将人视为个体"是在道德秩序下促进公民自治的核心义务。这是一个内涵丰富的概念，其既要求赋予人们对自己生活

---

31 *Monty Python's Life of Brian* (HandMade Films et al. 1979).

的掌控力，又要求对人们的差异性加以尊重。我们在家庭、友情等私人领域中践行着这种尊重，在职业与商业关系中期待着这种尊重，当政治制度对这种尊重加以回应时，我们为之喝彩。然而，就像布莱恩的追随者一样，我们仍然自相矛盾地投身于一种理想之中，这种理想根植于我们的法律体系，其否认我们的独特性，并将我们视为承载法律指令的别无二致的容器。

241　　私人化的法律能够将我们从这一两难困境中解救出来。人们之间的差异性能够得到公开的尊重和承认。人们平等地适用规定罪恶与美德、权利与义务、惩罚与奖励的规范性原则，每个人将以个体为单位接受统计模型的评估与筛选。在该体系下，程序公平并非局限于一种单调乏味的"统一性"概念。相反，衡量程序公平与否的依据在于，统计的实施能在多大程度上捕捉人们的关键差异。

　　统一性法律已经陪伴我们度过了几千年。它易于实施，它呈现了"表面上平等"的光环，它为群体提供了安全。不过，数据的可用性以及其他领域的私人化机制的可期前景将会激励我们向着一个新的法律制度——适合于那些说出"我不是"的人的法律制度——迈出脚步。

索　引*

（索引中的页码为原书页码，即本书边码）

---

* 为便利电子版用户，跨越两页（例如，52-53）的索引术语有时可能只出现在其中一页上。

图书在版编目（CIP）数据

私人定制的法律：为不同人制定不同规则 /（美）欧姆瑞·本-沙哈尔，（以）艾利尔·普锐理著；王俣璇译 . -- 北京：商务印书馆，2025. -- ISBN 978-7-100 -24320-9

I. D902

中国国家版本馆 CIP 数据核字第 2024JQ6295 号

私人定制的法律

为不同人制定不同规则

〔美〕欧姆瑞·本-沙哈尔
〔以〕艾利尔·普锐理　　　　著
王俣璇　译
耿利航　审校

商 务 印 书 馆 出 版
（北京王府井大街 36 号　邮政编码 100710）
商 务 印 书 馆 发 行
北京中科印刷有限公司印刷
ISBN 978 - 7 - 100 - 24320 - 9

2025 年 4 月第 1 版　　　　开本 880×1230　1/32
2025 年 4 月北京第 1 次印刷　　印张 11¼　插页 1

定价：88.00 元